LA NOVELA FEMENINA CONTEMPORÁNEA
(1970-1985)

AUTORES, TEXTOS Y TEMAS
LITERATURA

Colección dirigida por Laureano Bonet

3

Biruté Ciplijauskaité

LA NOVELA FEMENINA CONTEMPORÁNEA (1970-1985)

Hacia una tipología de la narración en primera persona

ANTHROPOS
EDITORIAL DEL HOMBRE

Primera edición: noviembre 1988

© Biruté Ciplijauskaité, 1988
© Editorial Anthropos, 1988
Edita: Editorial Anthropos. Promat, S. Coop. Ltda.
  Vía Augusta, 64, 08006 Barcelona
ISBN: 84-7658-105-X
Depósito Legal: B. 26.087-1988
Impresión: Ibynsa, Badajoz, 147. 08018 Barcelona

Impreso en España - *Printed in Spain*

A las mujeres extraordinarias de mi vida:

Regina Sidzikauskiené
Jeanne Goguel
Annot Jacobi
Bruni Sismondo Ridgway
Nilita Vientós Gastón

A mi madre, siempre

NOTA PRELIMINAR

La idea de este estudio surgió mientras trabajaba en mi libro sobre la novela del adulterio en el siglo XIX. Las grandes novelas sobre la mujer adúltera han sido escritas por hombres. Entonces, surgía la pregunta: ¿cómo hubieran sido tratadas esta problemática y estas figuras en manos de una mujer? El deseo de profundizar en dicha investigación se confirmó con la lectura de la sugerente monografía *The Divided Self* de Inta Ezergailis, libro que —entonces así lo creía— señalaba varios derroteros por explorar, sin agotarlos. Un aspecto quedaba sobre todo por elaborar: ¿existe algo que se pueda llamar «escritura femenina»? Tras varios años de reflexión y la lectura de unas seiscientas novelas, no he adelantado mucho más allá de las conclusiones de Ezergailis: el problema sigue aún sin resolver.

Para poder formular algunas observaciones generales parecía obligado, no sólo repasar la crítica existente sobre el tema, sino abarcar el mayor número posible de obras de ficción, lo cual permitiría obtener una visión ante todo panorámica. Opté por concentrar la investigación sobre novelas escritas en primera persona, que presentan más aspectos innovadores. Luego hubo que poner un límite temporal: los últimos 15 años. El año 1970 no tiene significación especial; fue escogido por motivos de comodidad. Tratándose de novelas contemporáneas surgió, además, el dilema de su accesibilidad, que motivó otra restricción: me ocupo sólo de obras que he podido leer en su lengua original. En fin, puesto que la intención primaria había sido investigar los modos de crear una *nueva* escritura —escritura de mujer que escribe conscientemente como mujer (lo cual no implica necesariamente un enfoque feminista)— he eliminado las obras que emplean estrategias narrativas más bien tradicionales, con lo cual desaparece casi enteramente el caudal producido en los países del bloque soviético, donde sigue predominando el interés por el contenido. Me limito a la novela europea: la tradición del continente americano se apoya en estructuras sociales y actitudes mentales considerablemente diferentes, y las obras publicadas en él constituyen otro caudal inagotable. Se infringen los límites sólo en los casos en que una novela que no cabe legítimamente en el marco propuesto parece presentar un interés o una significación especiales.

La profusión de novelas tanto como de textos críticos ha impuesto un rumbo distinto al originalmente concebido: parecía más útil tratar de establecer una tipología e investigar los procedimientos narrativos dentro de cada tipo. Lo que ofrezco al lector, pues, son consideraciones que se apoyan en crítica existente (tanto la escuela americana como la francesa), acompañadas de un análisis más pormenorizado de algunas obras, cuya elección es arbitraria, dentro de cada categoría. Más que sugerir soluciones, he intentado apuntar algunos fenómenos en proceso de formación, con la esperanza de que las preguntas que se plantean y la bibliografía reunida puedan ser útiles para trabajos ulteriores.

Una invitación al Forschungsinstitut de la Universidad de Siegen en el verano de 1983 me facilitó el tiempo indispensable para iniciar las lecturas bajo la generosa orientación de dos colegas: para la literatura francesa, Ursula Böhmer; para la alemana, Helmut Kreuzer. Una beca de la Fundación Camargo, en primavera de 1985, completada por la Escuela Graduada de la Universidad de Wisconsin, me permitió dedicar un semestre entero a la redacción de algunos capítulos. El no haber perdido ánimos a mitad de camino, se lo debo a las iluminadoras conversaciones con Joan Kung, quien no llegará a ver el libro, y a la atmósfera congenial del Institute for Research in the Humanities en Madison. La paciencia de Sharon Granke convirtió los garabatos jeroglíficos en texto legible, y el interés y comprensión de Laureano Bonet convirtió ese texto en libro. A todos, mi más sincero agradecimiento.

B.C.

Madison, 1 diciembre 1987

CAPÍTULO I

LA NOVELA FEMENINA
COMO AUTOBIOGRAFÍA

Comentando la ficción de los últimos años en las lenguas alemana y francesa, varios críticos observan una inclinación notable hacia la narración en primera persona y subrayan el alto porcentaje de autores femeninos.[1] Una constatación semejante podría extenderse a la producción literaria en Inglaterra, los Estados Unidos, España, y hasta cierto punto Italia y Portugal. En muchas de estas novelas la protagonista no sólo es mujer, sino además escritora: se trata de su emancipación en dos niveles diferentes. Al autoanálisis se une el problema de la expresión. Según Béatrice Didier, la reflexión sobre la escritura se vuelve una meditación sobre la propia identidad.[2] Se habla cada vez más del proceso creativo como de un camino hacia la auto-realización.[3]

La forma personal parece ser una característica destacada de la escritura femenina, pero a través de los siglos su uso y su función cambian considerablemente. En sus principios, la prosa femenina se limitaba a *Cartas* y *Memorias*.[4] En éstas, la identificación es total; no se trata de usar la forma autobiográfica como la expresión de un personaje ficticio o de un narrador con vida propia. Por otra parte, las novelas femeninas de fines del siglo XVIII

13

y principios del XIX adoptan modos de narración al uso
corriente y no procuran crear un estilo original. Entre
otros, lo comentan G.H. Lewes (*The Lady Novelist*, 1852)
y John Stuart Mill (*The Subjection of Women*, 1869), sugiriendo que deberá pasar mucho tiempo aún antes de que
la mujer encuentre su propia expresión. En el siglo XVIII
el hecho mismo de presentarse como escritora parece
una conquista importante. Silvia Bovenschen hace notar
que una serie de críticos de ese tiempo elogian el estilo
«femenino» de las cartas. Su poca organización, su «na-
turalidad» son vistas como una innovación estética en el
siglo en el que predominan el orden, la disciplina, la razón. Ya entonces se comentan la capacidad y la inclinación de la mujer a fijarse en detalles pequeños, recogidos
espontáneamente, sin conseguir, sin embargo, una visión
sintética.[5] Resulta curioso observar que lo que en los siglos anteriores se considera como «falta de oficio» —oraciones cortas, sin ilación; «defecto» que aún en este siglo
Ezra Pound critica en la obra de Gertrude Stein— hoy
ha llegado a ser una característica estilística que se busca conscientemente.

Según Tony Tanner, la escritura significa para la mujer en el siglo XIX una liberación que compensa el encar-
celamiento del cuerpo.[6] También Patricia Meyer Spacks
observa que en los siglos anteriores la mujer intentaba
conseguir control retrospectivo escribiendo sobre los
acontecimientos que no podía controlar en su vida real.[7]
Afirmación que se acerca mucho a otra de Germaine
Greer: que las mujeres se han aficionado al psicoanálisis
porque en su rutina diaria no tenían con quien hablar.[8]
A su vez, Jung decía con una sonrisa socarrona que el
verdadero origen del psicoanálisis se encontraba en los
confesionarios, siempre más asediados por mujeres que
por hombres. Entre los últimos decenios del siglo XIX y
los primeros del XX la escritura femenina atraviesa varias transformaciones, pasando del grito histérico al
murmullo apenas perceptible, y de la protesta airada a
la expresión natural de quien ha adquirido derechos de
ciudadanía.

Virginia Woolf sugería en 1929 de forma optimista

que la era de las autobiografías había pasado, que la mujer no necesitaba ya escribir para expresar su rabia, su amargura y su protesta. Por fin iba a poder concebir la escritura como arte.[9] Varias décadas más tarde, Marguerite Duras se queja de que en sus novelas, la mujer pocas veces pasa más allá del estado autobiográfico, hecho que parece molestar también a Julia Kristeva, quien recomienda la «purgación de todas las reminiscencias» para llegar a la madurez creadora.[10]

La dirección de la escritura femenina se amolda a la estructura de la sociedad. Elaine Showalter, en su estudio de la novela inglesa del siglo XIX, propone una división en varias etapas: 1) *femenina*, que se adapta a la tradición y acepta el papel de la mujer tal como existe; 2) *feminista*, que se declara en rebeldía y polemiza; 3) *de mujer*, que se concentra en el auto-descubrimiento.[11] Será útil tener en cuenta esta división, aunque no se pueda aplicar con la misma precisión a la literatura de todos los países. Al investigar la psicología de la mujer, Janine Chasseguet-Smirgel señala que la facultad creadora, supuestamente inferior en la mujer, es parcialmente producto de su situación social; relegada siempre a la sombra del razonar masculino, no ha tenido oportunidad de desarrollarse. Christiane Rochefort lo ve como un fenómeno biológico —el cerebro de la mujer no es igual al del hombre—, pero cree que esto es debido a su situación en la sociedad.[12]

Varias escritoras jóvenes confiesan que han tardado mucho en decidirse a escribir como consecuencia de la reserva que presentían en el público.[13] Esto podría explicar el curioso fenómeno de que varias de entre ellas hayan escrito su primera novela en forma autobiográfica con un protagonista masculino; por lo menos así creaban distancia entre su propia personalidad y la *persona* que presentaban. (Piénsese, entre las novelas españolas, en *El bandido doblemente armado* de Soledad Puértolas, *Luz de la memoria* de Lourdes Ortiz, la trilogía *Sic transit* de Carmen Kurtz, *Juan sin Tierra* de Dolores Medio, *La gangrena* de Mercedes Salisachs.) Otro modo de crear distancia consiste en establecer un marco con la voz narrativa en primera persona para centrar luego el interés en un personaje diferente, que no habla: *La larga noche de un aniversario* de Teresa Barbero, *La enferma* de Elena Quiroga. Hay, además, aquellas que han ofrecido narraciones en tercera persona cuando en realidad trataban de hechos autobiográficos.[14]

Se debe recordar que en los siglos anteriores varias escritoras que se hicieron famosas habían merecido la calificación de escandalosas a causa de su vida privada: George Sand, Ann Bradstreet, Sibilla Aleramo; ya en este siglo, Franziska von Reventlow y Else Lasker-Schüler. (Nadie ha intentado ver asomos de locura en un Rousseau, un D'Annunzio, un Tolstoi por causas semejantes.) Recordando las teorías de Freud acerca de la energía creadora libidinal, no parece extraña la afirmación de Mary Kathleen Benet: «Las mejores escritoras eran también las amantes más sabias».[15] Por otra parte, Ellen Moers sugiere que existe una relación entre la excelencia de una mujer como madre de familia y su escasa creatividad, observando que en el siglo XIX las escritoras más productivas han sido vírgenes y solteras. Otros críticos han llamado la atención al hecho de que las primeras autoras que han insistido en crear una escritura diferente eran lesbianas.[16] Según Cristina Peri-Rossi, en Latinoamérica aún muy recientemente toda mujer que se atrevía a defender su posición como escritora corría el riesgo de verse proclamada atea, prostituta o comunista.[17]

Las observaciones citadas apuntan hacia el hecho de que hasta hace poco, la mujer no ha podido dedicarse a escribir *tout court*; escribía *en contra*, *en defensa de*, o casi como una petición. Su actitud más frecuente hoy sigue siendo la de búsqueda en cuanto a la voz y la palabra, aunque su situación social haya mejorado no poco. Si en el siglo XIX la mujer tenía que probar que *sabía* escribir, y por eso se suscribía a los cánones de la «escritura correcta» establecidos por los hombres, hoy puede permitirse salir en busca de una expresión original debida ya sólo a su íntima personalidad. Otto Rank decía que cuando una mujer neurótica llegaba a ser curada, volvía a ser mujer; el hombre volvía a ser artista.[18] Es decir, lo que para un hombre representaba un paso, para una mujer eran dos. Hoy la primera etapa parece ser superada, pero la relación consigo misma sigue siendo indefinida, el cuestionamiento continúa. De aquí la abundancia de novelas escritas en primera persona.

Ha evolucionado el concepto mismo del «yo». Desde mediados del siglo XX aparece en la ficción con más frecuencia como *persona*. Auburtin hace notar que hoy el pronombre personal frecuentemente se usa con una función paradigmática, sintetizando la conciencia femenina.[19] Lo que interesa a las autoras contemporáneas no es ya sólo contar o *contarse*; es hablar concretamente como mujeres, analizándose, planteando preguntas y descubriendo aspectos desconocidos e inexpresados. Es un constante esfuerzo de concienciación que necesita un lenguaje adecuado. El recurso de primera persona sirve como el modo más apropiado para la indagación psicológica. Lo que se propone como el discurso «liberado» cumple dos propósitos: expresa la reacción a la represión social de los tiempos pasados y lleva hacia el auto-conocimiento. Para transmitir modos de percepción femenina se renuncia al lenguaje y a las normas de composición forjados por los hombres, se introduce un léxico diferente y se modifica el uso de la sintaxis. La narrativa adquiere puntos de contacto con procedimientos psicoanalíticos, pero también retrocede a la expresión primaria vigente antes de que se establecieran los cánones y códigos del mundo civilizado.

La nueva novela intenta llamar la atención hacia aspectos antes descuidados. En la búsqueda de identidad se descartan lo apolíneo, el logocentrismo, el procedimiento ordenado, prefiriendo la asociación libre de inspiración dionisíaca. Con esto se introduce también una diferente percepción del tiempo; en vez de una exposición lineal, dentro de cánones racionalmente establecidos, se va hacia la sugerencia casi poética o mística y la repetición cíclica. Los silencios, «que se llenan de enormes reverberaciones» (Duras), invitan a la ambigüedad. Una de las características más destacadas de la nueva escritura femenina es la renuncia al enfoque extradiegético u «objetivo» (Didier y Rochefort lo consideran un rasgo decididamente masculino) y el esfuerzo de expresar lo interior lo más inmediatamente posible. Reflejar la realidad ya no es lo primordial. El reportaje objetivo desaparece en favor de la vivencia subjetiva.[20]

Elizabeth Bruss ha señalado la importancia de considerar la función asignada al texto autobiográfico: su dimensión ilocutoria.[21] Hace notar que puede servir varios propósitos a la vez: auto-descubrimiento, pero también corrección o destrucción de la imagen del «yo» concebida desde fuera. Manfred Jürgensen ha reducido la definición de esta meta a dos palabras: aclaración y rectificación.[22] A causa de su dimensión dialógica, la novela necesita ser leída en contexto; el modo autobiográfico intensifica esta necesidad. Philippe Lejeune sugiere que un texto autobiográfico va siempre en dos direcciones: reproduce una trama subconsciente, pero es configurado según el deseo de *representar*, es decir, de crear un modelo. Una declaración de Michel Leiris, cuya obra he estudiado sobre todo, confirma esta dimensión ambivalente. Según él, escribir autobiografía es «trouver l'ordre de la vie»: tratar de descubrir el orden existente, pero a la vez, ir ordenando la propia vida a través de la escritura.[23]

La novela autobiográfica femenina intenta reunir las dos funciones: nace como diálogo con la novela masculina tradicional por una parte, y con lo que se solía considerar como «estilo femenino», por otra; además, negando éste, trata de descubrir o crear un nuevo modo de expresión que revele lo más hondo del «yo» individual y a la vez representativo de la mujer en general. El dilema de si debe ser juzgada con enfoque autobiográfico o ficcional se intensifica como consecuencia del hecho de que muchas de estas novelas femeninas contienen elementos claramente autobiográficos (Cardinal, Struck, Martín Gaite).

El uso del «yo» permite gran variedad de enfoques: concentrarse en transmitir una visión inmediata de lo que está ocurriendo —intención que predomina en la novela actual— o crear una relación retrospectiva, que implica superposición temporal y acumulación intensificada del significado. Son útiles en este respecto las observaciones de Jean Rousset, quien ha estudiado las diferentes posibilidades del uso de la primera persona en la novela. Establece tres grandes grupos: 1) el «yo» actúa extradiegéticamente; es el autor o narrador quien toma la palabra; 2) el «yo» aparece en un diálogo entre dos personajes; 3) el «yo» se oye en un soliloquio. En el primer caso el relato suele desarrollarse en el pasado; en el tercero, en el presente, o entrecruzando constantemente tiempo narrado y tiempo del narrador. A esta clasificación habría que añadir las consideraciones de Lubomir Dolezel acerca de las facetas del narrador en primera persona: 1) el «yo» observador que presenta un relato casi objetivo, el cual se parece a lo que se escribe en tercera persona; 2) el «yo» retórico que une observación e interpretación, es decir, que no está completamente instalado en el mundo personal; 3) el «yo» íntimo que observa, interpreta y actúa siempre desde una conciencia decididamente subjetiva.[24] En la novela actual es más frecuente la tendencia hacia la voz verdaderamente personal del protagonista, quien tiene menos interés en informar que en investigarse. El uso de superposición temporal, con asociación libre, permite más libertad y a la vez mayor ambigüedad. El caso extremo, que se da sobre todo entre los autores franceses, es la escritura en primera persona que se interesa ante todo por la escritura misma, no por la experiencia contada. La auto-investigación entra como proceso, pero interesa más la forma de este proceso. En este tipo de narración se prefiere el presente y se deja el fin abierto.

Michel Beaujour sugiere una denominación nueva para la escritura autobiográfica más innovadora: no autobiografía, sino autorretrato. El autorretrato se escribe desde el presente y es una revelación continua, mientras que la autobiografía implica una visión panorámica reflexiva. El autorretrato es un examen de conciencia desde dentro y se construye con fragmentos y epifanías, incluyendo sueños y su análisis. Presenta un estilo elíptico y puede tener algún parecido con las adivinanzas, ya que surge de un espacio informe y es transmitido por una conciencia desorientada. El texto sirve entonces como un espejo aún vacío que está esperando para recoger la imagen que se descubra. Este tipo de discurso no se somete a reglas y hace recordar lo que decía Kant de la disposición innata de la mujer: «Nada de deber, nada de tener que, nada de ser obligada a».[25]

La preponderancia de la narración autobiográfica entre las mujeres escritoras podría explicarse también por las observaciones hechas por Michèle Montrelay sobre la diferencia básica en la actitud frente a la escritura entre el hombre y la mujer. Según ella, el hombre se separa de sí mismo al escribir, tiende a objetivar, establece entes y mundos nuevos. En la mujer, al contrario, la palabra es una extensión de ella misma, lo cual produce una escritura más inmediata.[26] Didier Anzieu sugiere que el discurso autobiográfico frecuentemente nace como «una respuesta a la represión».[27] Las investigaciones de Lacan sobre la función de la palabra en psicoanálisis parecen confirmarlo. Habrá que volver sobre este aspecto más adelante.

En general se podría decir que la novela autobiográfica femenina sigue hoy dos direcciones principales: la configuración del «yo» social, que tiene algún punto de contacto con la novela picaresca, y el proceso de la concienciación, que contradice la afirmación de Georg Simmel de que la mujer es «ser» y el hombre, «devenir». (Robert Musil señalaba ya en 1929 que, de repente, la mujer ya no quería «ser un ideal», sino que se proponía forjar ideales ella misma.)[28] El aspecto creativo es muy importante en la literatura femenina actual; escribir se vuelve igual a crearse.

Elizabeth Abel ha reunido numerosos ensayos acerca de lo que ella ve como la manifestación más característica en la escritura femenina de hoy: la novela de formación (*Bildungsroman*), que ella propone denominar «novela del despertar» para subrayar las diferencias entre las estrategias narrativas masculinas y femeninas.[29] La palabra española `concienciación` transmite con más exactitud este nuevo viraje. Se trata de una novela de formación, pero sobre todo del desarrollo de la conciencia que va más allá del aprendizaje de un Lazarillo o un Wilhelm Meister. Esta diferencia de matiz es evidente en la evolución de la novela femenina en España desde los primeros años de la posguerra hasta hoy. Novelas como *Nada*, de Carmen Laforet, o *Entre visillos*, de Carmen Martín Gaite, se ocupan de la formación de la muchacha en su contexto social. El fondo histórico es imprescindible en la mayoría de las novelas escritas en los años cincuenta. Cuando tratan el mismo período a mayor distancia, el procedimiento cambia. Así, Mercè Rodoreda ha sabido unir las dos direcciones; sus narraciones siguen teniendo como eje la experiencia histórico-social, pero a la vez, presentan el despertar de la conciencia en un lenguaje nuevo, como en las últimas páginas de *La Plaça del Diamant*. En *El cuarto de atrás* de Martín Gaite la experiencia histórica aparece ya sólo como un fondo de recuerdos que explica la psique de la protagonista en el momento actual y que tiene casi el mismo valor que los sueños.

El surgimiento de la novela de concienciación tiene en sus orígenes una situación semejante a la del nacimiento de la novela picaresca. El pícaro era un ser marginado que hasta entonces no había entrado en la literatura con voz propia. Debía luchar por conseguir una posición social aceptable para hacerse oír, y escribía en primera persona para justificar sus acciones, volviendo siempre sobre el hecho de que su caso debía ser considerado a través de un prisma especial. Insistía en el mérito que representaba el hecho mismo de haberse lanzado a escribir y pedía ser juzgado con criterios diferentes. (Recuérdese el prólogo de *Lazarillo*.) Aún a principios de este siglo la mujer se encontraba en una situación semejante. Por consiguiente, las primeras novelas autobiográficas cuentan sus experiencias en la lucha por afirmarse como un ser independiente, con derecho a establecer un lenguaje aparte; un lenguaje hecho de silencios, medias palabras, disfraces, adaptado a su vida. Abel propone considerar *Mrs. Dalloway* como una novela típica de formación, estructurada de modo que cada escena contribuya a formar una idea del carácter de Clarissa, pero narrada tan clandestinamente que la historia misma quede apenas insinuada y no adquiera forma coherente.[30] Según ella, la novela de formación escrita por mujeres tiende a sustituir acomodación activa o rebelión (orientada socialmente) por concentración interior, lo cual implica una narración menos lineal y a veces impone una estructura doble que por una parte se rige por normas convencionales y por otra, por vivencias íntimas. También Annis Pratt llama la atención sobre el cambio de dirección: «La inversión de la novela de formación es una inversión irónica de las normas que rigen a los representantes de los dos sexos y que la sociedad da por supuestas en el comportamiento de la gente en general».[31] Abel señala que en el siglo XIX el proceso de concienciación frecuentemente llevaba a la protagonista hacia el adulterio. En otros casos, en el nivel de la superficie se ha hablado de una posible locura o, en siglos anteriores, de la brujería.

La opresión y la represión en la vida real llevan a la introspección y a rarezas en el comportamiento. La locura como liberación es un tema que ha motivado investigaciones científicas y ha encontrado un eco en los análisis literarios. Hasta cierto punto puede ser considerada como parte del camino hacia la concienciación. Varios estudios encuentran un nexo causal entre el fenómeno de la locura y la expresión literaria. Shoshana Felman admite como una de las causas de la locura «el silencio de un lenguaje ahogado, reprimido». Phyllis Chesler, en su estudio de las enfermedades mentales, habla de «impotencia cultural y castración política», a las que era reducida la mujer. Según Juliet Mitchell, hoy se dan menos casos de neurosis histérica precisamente porque la mujer está adquiriendo más libertad de expresión.[32] Como una reacción contraria, nacen más personajes ficticios neuróticos inspirados en las teorías psicoanalíticas sobre la mujer y sus angustias. Béatrice Didier hace notar que varios de los personajes de Marguerite Duras surgen de esta coyuntura. Otros, como la protagonista de *La Malcastrée* de Emma Santos, emergen directamente de la experiencia de un tratamiento médico.

Junto a la mujer histérica, se vuelve a estudiar el fenómeno de la bruja, llegando a la conclusión de que en realidad ser acusada de bruja muchas veces equivalía a querer afirmar su individualidad y, por ello mismo, presentarse como una amenaza del orden social establecido o, sencillamente, mostrar una hipersensibilidad hacia las fuerzas de la naturaleza.[33] Afirmarse como mujer con una visión que surgía desde dentro y se oponía a la imagen estereotipada (recuérdese la recomendación de Balzac: mostrarse superior y sublime a través de renunciamientos y sacrificio) implicaba automáticamente una marginación.

Pratt y Ezergailis coinciden en observar que la novela femenina de concienciación parte del punto cero. Ezergailis habla de la «conciencia amputada» que la mujer trata de recuperar a través de la escritura. Pratt, analizando novelas y novelistas del siglo pasado, constata que el punto de partida de la protagonista es frecuentemente la alienación y que el resultado final no pocas veces consiste en la desilusión. Rosowski subraya que el despertar casi siempre es un despertar para darse cuenta de los límites impuestos. Auburtin indica la «profunda angustia vital» como el denominador común de estas novelas, mientras que Heilbrun apenas entrevé salida posible: «Las escritoras han expresado su sufrimiento. Pero no pueden, o por la mayor parte no han podido, imaginar a sus personajes pasando más allá de este sufrimiento, tal como lo han hecho ellas. El problema más persistente de la mujer ha sido descubrirse una identidad no limitada por los usos y costumbres ni definida por la relación con un hombre. Su búsqueda de identidad ha tenido menos éxito en el mundo de la ficción que fuera de él».[34]

Una investigación reciente de la novela femenina en Alemania lleva a una conclusión semejante. Jürgen Serke concede a la autora contemporánea el poder de presentar una «visión o utopía» más positivas que en el caso de muchas novelas escritas por hombres, pero su conclusión no es muy esperanzadora: «el saldo final muestra una acumulación desbordante de dolor».[35] No obstante, incluye en su antología declaraciones de dos autoras por

23

lo menos que tienen actitud claramente afirmativa: Luise Rinser y Barbara Frischmuth. Tal vez haya que buscar en este «dolor insuperable» el origen de la estructura irónica, basada en el desdoblamiento, muy frecuente en la novela femenina de concienciación.[36] El desarrollo de la novela de concienciación será el objeto de estudio del capítulo II.

El desdoblamiento y el punto de vista crítico por una parte y la intuición incontrolada por otra permiten acercarse al «yo» más profundo cuya presentación consiste a menudo en un examen pormenorizado, con muchas ramificaciones, *flash-backs*, detalles al parecer incoherentes más bien que en una narración tradicional. Este enfoque pide estrategias narrativas más innovadoras. Muchas de las novelas contemporáneas emprenden la búsqueda de la personalidad auténtica planteando la pregunta sobre el núcleo primario del «yo». La exposición en primera persona se presta particularmente bien a este fin; la indagación psicológica se convierte a veces casi en un proceso psicoanalítico. Se intenta alcanzar el subconsciente, adoptando técnicas derivadas con igual provecho de Freud, Jung, Lacan.

Una distinción básica que establece Jung entre el *ego* —lo masculino— y el subconsciente —donde predomina lo femenino— especifica que en el subconsciente hay que buscar ante todo sueños y recuerdos. Estos componentes aparecen con frecuencia en la novela contemporánea. Según Simone de Beauvoir, la mujer se resiste más que el hombre a rechazar los recuerdos. Pratt llega hasta decir que la novela representa para la mujer «una restauración a través del recuerdo».[37] Tanto en las entrevistas con mujeres escritoras de hoy como en muchas novelas surge constantemente como un ingrediente importante. Una de las declaraciones más interesantes, que describe el proceso en detalle, es la de Friederike Mayröcker: «Para poner en marcha mi "máquina de concienciación", aprieto el botón del recuerdo de algún punto en el pasado, haciendo surgir con ello algo en el centro de mi conciencia con gran intensidad y con dinamismo propio; es estático, y a la vez funciona como punto de irradiación para múltiples posibilidades de asociación».[38] Para muchas, el recuerdo está íntimamente asociado con la primera experiencia de amor, que sigue siendo uno de los temas importantes en la novela femenina. Pero incluso respecto a este tema ha cambiado el enfoque; interesa cada vez más lo que pasa dentro de la psique, se investiga cómo el amor contribuye a la concienciación, para lo cual se indaga también el inconsciente.

La formulación más completa del procedimiento psicoanalítico que llega a convertirse en novela es la de Marie Cardinal en *Les Mots pour le dire* (1975), donde se resume el tratamiento de siete años, dividiendo su atención, así como en *Autrement dit* (1977), entre el yo-paciente y el yo-escritora. Ambos libros representan un intento de definir también el proceso de la escritura. Las palabras de animación que el «yo» ficcional recibe del médico en *Les Mots* podrían verse casi como una definición del método que más de una escritora joven adopta para escribir sus novelas: «Parlez, dites tout ce qui vous passe par la tête, essayez de ne pas faire de tri, de ne pas réfléchir, essayez de ne pas arranger vos phrases».[39]

Las innovaciones estilísticas en estas novelas son muchas. Por de pronto, se transforma la sintaxis. Se incorpora con facilidad el lenguaje casi incoherente de los sueños. Es notable la orientación hacia el símbolo, pero no por eso se renuncia a la expresión oral. Aumentan las epifanías. Se procede a quitar el ropaje exterior, con sus expresiones lingüísticas tradicionales. Se quiere ahondar cada vez más en la raíz misma de las acciones. Los procedimientos hacen pensar en lo que decía Jung sobre la necesidad, para todo «héroe», de recogerse y reconocerse interiormente antes de salir a la publicidad. El «descenso» al subconsciente es el camino frecuentemente escogido en la novela psicológica y psicoanalítica hoy.[40]

Jung ha insistido repetidamente en que la individualidad emerge claramente sólo cuando se asimila el material subconsciente. Según él, el proceso creador tiene siempre una cualidad femenina: la participación del *anima* que emerge del inconsciente y tiene su origen en la intuición. Por otra parte, sugiere —en esto coincide con

25

los filósofos y tratadistas del siglo XVIII— que la facultad creadora no se da con frecuencia en la mujer. Las escritoras actuales están tratando de desmentirlo. En su escritura siguen un camino que Jung ha señalado para llegar a la conciencia individual: separar y presentar el «yo» despojado de su máscara exterior. Lo que interesa hoy es buscar los «esquemas secretos» de los sueños. No se intenta crear personajes estables, sino que se les presenta fluctuando, relativos, desiguales. La novela tradicional se fijaba más en la *persona* del protagonista. La actual prefiere presentar lo que se adivina como potencial latente. Anaïs Nin propone, para conseguir este nuevo tipo de personaje y configuración de la novela entera, el uso «mágico» del lenguaje; un lenguaje que nazca de ritmos interiores. Según Montrelay, estos ritmos son la salida de lo reprimido que va transformándose en algo positivo al salir.[41] Otro fenómeno-recurso que le viene a la novela desde la experiencia psicoanalítica es el uso del escucha o del interlocutor, quien desencadena el flujo de la confesión, y del espejo en relación con el deseo. Estos aspectos se estudian con más detalle en el capítulo III dedicado a la novela psicoanalítica.

El énfasis en lo interior y lo exclusivamente personal lleva a lo que Christa Wolf ha denominado «la nueva subjetividad» que, según ella, no necesariamente significa renuncia al contexto social ni a la realidad objetiva si se sabe evitar el solipsismo. La nota subjetiva provoca con frecuencia una expresión más lírica: algo que Georg Simmel elogiaba ya en 1923 como auténticamente femenino.[42] La mujer fue admitida primero en la república de las letras como poeta precisamente por el poder «mágico» de su palabra y los procedimientos intuitivos e irracionales, que eran valorados en la poesía pero no debían entrar en la narrativa.

La novela actual se sitúa frecuentemente en un espacio que se encuentra a medio camino entre novela y poesía. La yuxtaposición, a veces violenta, de dos modos de percepción y de formulación produce iluminaciones instantáneas. La vivencia personal no se separa totalmente de la actuación social. La mujer prefiere estar siempre «en relación», una relación íntima y continuada. Si el «yo» masculino habla al público cuando no lo hace para sí mismo, el «yo» femenino prefiere el tono íntimo de la confesión, el diálogo personal. El «yo» lírico femenino aún surge, como se ha notado, con mucha angustia y mucho dolor a cuestas, pero no faltan autoras que canten su gozo de ser mujeres y disfrutar de una sensibilidad más abierta a lo poético. Se volverá a la modalidad lírica en el capítulo V, que trata de la rebelión contra lo tradicional.

Una faceta notable de la nueva narrativa femenina en primera persona es la novela histórica, que ha experimentado una verdadera regeneración en los últimos decenios. No había sido muy popular entre las mujeres. Hoy las escritoras quieren reivindicar también este sector y se acercan a la tarea con procedimientos originales. Coinciden con toda una escuela de mujeres historiadoras que han escrito un número considerable de monografías sobre figuras que se habían hundido en el olvido. Las novelistas muestran el mismo afán de repristinación. De preferencia, presentan la narración en primera persona. Esta es la innovación más importante en este campo: transmiten la historia desde una perspectiva subjetiva, femenina, no tomada en cuenta antes, que presta más atención a la vida interior que a los acontecimientos públicos. La historia sigue siendo el eje estructural, pero es historia filtrada por una conciencia individual. La concentración en lo subjetivo permite ramificaciones tangenciales, invita a remozar y ampliar la temática considerada como histórica. En narraciones sobre temas históricos no se puede hablar de procedimientos estilísticos que pertenezcan exclusivamente a este grupo. Es precisamente el entreverar los discursos lírico, psicoanalítico e irónico, con epifanías que llevan a la concienciación, lo que añade interés particular a estas novelas, que se examinan en el capítulo IV.

La búsqueda de una expresión libre, tanto en el tema como en su configuración, es un rasgo constante en la narrativa actual. Las tentativas en esta dirección se agrupan en el capítulo V bajo el título «novela de rebelión». Rebelión que se expresa de modos muy distintos, por lo cual se establecen dos grupos principales: 1) la novela erótica, en la cual el acento cae sobre la emancipación sexual, que a la vez rehúsa el uso del lenguaje tradicional (Monique Wittig y Christa Reinig son las voces más determinadas y comentadas; Esther Tusquets lo consigue moldeando sus novelas de un modo muy particular), y que por primera vez introduce abiertamente el problema del amor lesbiano; 2) la novela polémica: una denominación bajo la cual caben procedimientos y ramificaciones diferentes como, por ejemplo, el intento de crear un discurso completamente nuevo (Hélène Cixous) o la protesta que se concentra en el contenido, denunciando la condición de la mujer en la estructura social vigente (Rosa Montero, Emma Santos). En una gran parte de novelas se entrecruzan ambos aspectos.

Un modo original de «protesta» podría verse en la novela lírica, donde la femineidad se afirma por el uso de un lenguaje atribuido a la mujer desde siempre, pero con una conciencia nueva de las posibilidades de este lenguaje. Esta modalidad rara vez se da en «estado puro»; es más frecuente que se incorpore a los tipos de novela examinados en los capítulos anteriores, salvo en los casos donde lo lírico se convierte en la fuerza principal. Entra en el capítulo V como una reacción casi a la voz polemizante, yuxtaponiendo el viejo y el nuevo lenguaje femenino.

A estos grandes grupos de la escritura femenina habría que añadir otros, como, por ejemplo, la narración fantástica, tan bien representada en España por Cristina Fernández Cubas. Los procedimientos mismos de este tipo de narración divergen menos, sin embargo, en la obra de autores masculinos y femeninos, precisamente por su concentración en el elemento fantástico. Como se ha indicado en la Nota Preliminar, el propósito de este trabajo es señalar los modos y estrategias que se presentan como los más innovadores. Por consiguiente, quedan casi fuera de la discusión autoras cuya obra se sitúa más bien dentro de la línea tradicional de narrar.

En el último capítulo se investigan, a modo de resumen, los procedimientos estilísticos más salientes de la nueva novela, basándose en obras analizadas en los precedentes así como en los escritos teóricos que estudian las diferencias generales entre lo masculino y lo femenino. La dificultad de precisar lo que es el estilo femenino estriba en el hecho de que las autoras mismas se resisten a «catalogar» sus procedimientos, aduciendo que el logocentrismo es una actitud eminentemente masculina y procediendo más bien por negación. Incluso sus escritos teóricos son personales y no pocas veces emocionales, sin formulación normativa. También en ellos sobresale más el proceso que el resultado final: «textes [...] dits théoriques mais qui sont aussi des méditations, des réflexions, des spéculations, des témoignages, des explosions où la dimension poétique et l'élément autobiographique sont souvent présents».[43] Didier observa con razón que el «yo» cuenta la historia del devenir, de la auto-realización de la autora, una conciencia en movimiento constante. Ella se inclina a ver este modo de expresarse como «exercices spirituels qui procèdent fondamentalement à une "anamnèse"».[44] Ampliamente entendido, esto sería precisamente el proceso de concienciación.

Sobre un punto todas las autoras parecen estar de acuerdo: la necesidad de rechazar el lenguaje y el discurso heredados. Lo que proponen como sustituto varía, ya que una característica que destacan todas es precisamente lo fluctuante, lo inasible, lo que sigue los movimientos de la vida, lo que está aún en formación y no pocas veces en contradicción. Por eso mismo, en palabras de Cixous, resulta casi caótico, desconcertante. Cixous se ha pronunciado en varias ocasiones acerca de lo que ella entiende por escritura femenina: «La escritura es una puerta en mi interior, la entrada, la salida, la morada de la otra que soy y no soy, que no sé cómo ser, pero que siento atravesarme, que me da vida, me desgaja, me inquieta, me modifica».[45] No en vano ha hablado Luce Irigaray de la «incomplétude de la forme» en la mujer misma, sugiriendo que hasta ahora se ha quedado «dans la puissance non actualisée».[46] Las creadoras de la nueva novela tratan de probar que esta energía en potencia está hallando expresión adecuada. La sugerencia de Sófocles, que la mayor gracia de la mujer estriba en su silencio, ha pasado a la historia. Entre grito y canto, la voz femenina va afirmándose con una fuerza original aun mientras sigue buscando derroteros nuevos.

Tratando de resumir la evolución de la novela femenina en primera persona en un párrafo, se podría decir que se ha encaminado del realismo social hacia la realidad psicológica; de estructuras establecidas a configuraciones más libres; del lenguaje convencional a expresión más personal y variada. Se puede observar una inclinación hacia lo informe que frecuentemente se asocia con lo oral, espontáneo, o con el canto improvisado. Aumentan las presentaciones intensamente líricas que no por eso pecan de sentimentales. De todas estas novelas está surgiendo casi un nuevo arquetipo de la escritora en el sentido que le da Jung: como *facultas praeformandi*, donde cabe cualquier contenido. Muchas de estas narraciones nacen como un diálogo con la novela tradicional y con la situación social de la mujer que, según Irigaray, la volvía afásica. Para afirmarse, se orientan hacia dentro y encuentran su voz más persuasiva a través del uso de primera persona.

NOTAS

1. Véase Bernd Neumann, «Die Wiedergeburt des Erzählens aus dem Geist der Autobiographie», *Basis*, 9 (1979), pp. 91 ss.; Reinhold Grimm, «Elternspuren, Kindheitsmuster», en *Vom Anderen und vom Selbst. Beiträge zu Fragen der Biographie und Autobiographie*, ed. de R. Grimm & J. Hermand, Athenäum, Königstein/Taunus, 1982, pp. 167-182; Nota preliminar a *Im Jahrhundert der Frau. Ein Almanach des Suhrkamp Verlags*, Suhrkamp, Frankfurt/Main, 1980; Graziella Auburtin, *Tendenzen der zeitgenössischen Frauenliteratur in Frankreich*, Hart & Herchen, Frankfurt/Main, 1979; Ursula Böhmer, «*se dire-s'écrire*: Frauen, Literatur, Psychoanalyse in den siebziger Jahren in Frankreich», en *Die Literatur der siebziger Jahre* (número especial de *Zeitschrift für Literaturwissenschaft und Linguistik*), ed. de H. Kreuzer, Vandehoeck & Ruprecht, Göttingen, 1979, pp. 60-81.
2. Béatrice Didier, *L'Écriture-femme*, Presses Universitaires Françaises, París, 1981.

3. Véase Inta Ezergailis, *Women Writers. The Divided Self*, Bouvier, Bonn, 1982.

4. Tienen importancia especial en el siglo XVIII.

5. Véanse los textos de Gellert, Hegel, Steinhausen, v. Hippel que cita Silvia Bovenschen en *Die imaginierte Weiblichkeit. Exemplarische Untersuchungen zu kulturgeschichtlichen und literarischen Präsentationsformen des Weiblichen*, Suhrkamp, Frankfurt/Main, 1979. Simone de Beauvoir lo observa aún en los años cuarenta, en *Le Deuxième sexe*, Gallimard, París, 1949.

6. Tony Tanner, *Adultery in the Novel. Contract and Transgression*, Johns Hopkins University Press, Baltimore, 1979, p. 111.

7. Patricia Meyer Spacks, «Women's Stories, Women's Selves», *Hudson Review*, XXX, 1 (primavera 1977), p. 46.

8. En *Women Writers Talking*, ed. de Janet Todd, Holmes & Meir, Nueva York-Londres, 1983, p. 147.

9. Virginia Woolf, «Women and Fiction», en *Women and Writing*, ed. de Michele Barrett, Harcourt, Brace, Jovanovich, Nueva York, 1979 y *A Room of One's Own*, Harcourt, Brace, Jovanovich, Nueva York, 1957.

10. Marguerite Duras, Entrevista, en *La Création étouffée*, ed. de Suzanne Horer & Jeanne Socquet, Pierre Horay, París, 1973, p. 181; Julia Kristeva, «Oscillation du "pouvoir" au "refus"», *Tel Quel* (verano 1974), reproducido en *New French Feminisms*, ed. de Elaine Marks & Isabelle de Courtivron, University of Massachusetts Press, Amherst, 1979, p. 166. Véase también su *Polylogue*, Seuil, París, 1977.

11. Elaine Showalter, *A Literature of their Own. British Women Novelists from Bronte to Lessing*, Princeton University Press, Princeton, 1977, p. 13 (reproducido como «Toward a Feminist Poetics», en *Women, Literature, Theory*, ed. de Elaine Showalter, Pantheon Books, Nueva York, 1985, pp. 125-143).

12. «Die weiblichen Schuldgefühle», en *Psychoanalyse der weiblichen Sexualität*, ed. de Janine Chasseguet-Smirgel, 1964, Suhrkamp, Frankfurt/Main, 1974, pp. 134-191, p. 183; Christiane Rochefort, entrevista en *Women Writers Talking*, ed. de Janet Todd, p. 213.

13. Según Irmtraud Morgner, le costó diez años reunir bastante valor para intentar publicar lo que escribía (véase Jürgen Serke, *Frauen schreiben. Ein neues Kapitel deutschsprachiger Literatur*, Fischer, Frankfurt/Main, 1982, p. 336).

14. Véase Carolyn G. Heilbrun, *Reinventing Womanhood*, W.W. Norton, Nueva York, 1979 y Alicia Ostriker, *Writing Like a Woman*, University of Michigan Press, Ann Arbor, 1983, p. 2.

15. Mary Kathleen Benet, *Writers in Love*, Macmillan, Nueva York, 1977, p. 9.

16. Ellen Moers, *Literary Women*, Double Day & Co., Garden City, NY, 1976, p. 92. También Julia Kristeva dijo en cierta ocasión que las ocupaciones de ama de casa distraían de la dedicación a cosas más serias, y que la mujer se veía ante una opción cuando descubría en sí el deseo de escribir. Esta opción no parece presentarse de un modo tan radical a los hombres.

17. Véase «Cristina Peri-Rossi: Asociaciones», Montserrat Ordóñez, escribiente, *Eco* (Bogotá), 248 (junio 1982), p. 504.

18. Referido por Sharon Spencer, *Collage of Dreams. The Writings of Anaïs Nin*, Swallow Press, Chicago, 1977, p. 102.

19. *Op. cit.*, p. 34.

20. Véase lo que dice a este respecto Nathalie Sarraute en «Esthétique», en *L'Usage de la parole*, Gallimard, París, 1980, pp. 85-99.

21. Elizabeth Bruss, *Autobiographical Acts. The Changing Situation of a Literary Genre*, Johns Hopkins University Press, Baltimore, 1976.

22. En sus palabras, «Aufklärung und Korrektiv». Introducción a *Frauenliteratur. Autorinnen - Perspektiven - Konzepte*, ed. de Manfred Jürgensen, Peter Lang, Berna & Frankfurt/Main, 1983.

23. Philippe Lejeune, *Lire Leiris. Autobiographie et langage*, Klincksieck, París, 1975, p. 20 y *Je est un autre. L'Autobiographie, de la littérature aux médias*, Seuil, París, 1980. Lo había formulado ya Colette: «Imaginez-vous, à me lire, que je fais mon portrait? Patience: c'est seulement mon modèle» (citado, de *La Naissance du jour*, en Michel Mercier, *Le Roman féminin*, Presses Universitaires Françaises, París, 1976, p. 45). Véase también lo que dicen sobre este problema René Démoris, *Le Roman à la première personne*, Armand Colin, París, 1975 y Roy Pascal, *Design and Truth in Autobiography*, Routledge & Kegan Paul, Londres, 1960.

24. Jean Rousset, *Narcisse romancier. Essai sur la première personne dans le roman*, José Corti, París, 1973, pp. 17-31; Lubomir Dolezel, *Narrative Modes in Czech Literature*, University of Toronto Press, Toronto, 1973, p. 3- 14.

25. Michel Beaujour, *Miroirs d'encre. Rhétorique de l'autoportrait*, Seuil, París, 1980. Kant citado por Silvia Bovenschen en *Die imaginierte Weiblichkeit*, p. 232.

26. Michèle Montrelay, *L'Ombre et le nom*, Minuit, París, 1977, p. 151.

27. Didier Anzieu, *Le Corps de l'oeuvre*, Gallimard, París, 1981, p. 109.

28. Georg Simmel, *Philosophische Kultur*, Gustav Kiepenhauer, Potsdam, 1923, p. 302. Musil citado por Serke, *op. cit.*, p. 67.

29. Introducción a *The Voyage In: Fictions of Female Development*, ed. de E. Abel, M. Hirsch, E. Langland, University Press of New England, Hanover & Londres, 1983, pp. 3-19.

30. Elizabeth Abel, «Narrative Structure(s) and Female Development. The Case of *Mrs. Dalloway*», en *The Voyage In*, pp. 161-185.

31. Annis Pratt, *Archetypal Patterns in Women's Fiction*, Indiana University Press, Bloomington, 1981, p. 34.

32. Shoshana Felman, *La Folie et la chose littéraire*, Seuil, París, 1978, p. 13; Phyllis Chesler, *Les Femmes et la folie*, Payot, París, 1975; Juliet Mitchell, *Psychoanalysis and Feminism*, Allen Lane, Londres, 1974, p. XXI.

33. Mercier, *op. cit.*, p. 27; Pratt, *op. cit.*, p. 122; Susan J. Rosowski, «The Novel of Awakening», *Genre*, XII, 3 (otoño 1979), pp. 313-332.

34. Ezergailis, *op. cit.*, p. 17; Pratt, *op. cit.*, p. 356; Auburtin, *op. cit.*, p. 162; Heilbrun, *op. cit.*, p. 72.

35. *Op. cit.*, p. 37.

36. Véase Marianne Hirsch, «The Novel of Formation as Genre: Between Great Expectations and Lost Illusions», *Genre*, XII, 2 (otoño 1979) pp. 293-311 y Ezergailis, *op. cit.*, p. 29.

37. Beauvoir, *Le Deuxième sexe*, VI, XXII; Pratt, *op. cit.*, p. 176.

38. En *op. cit.*, p. 139.

39. Marie Cardinal, *Les Mots pour le dire*, Grasset, París, 1975, p. 82.

40. Véase Carol P. Christ, *Diving Deep and Surfacing. Women Writers on Spiritual Quest*, Beacon Press, Boston, 1980.

41. Anaïs Nin, *The Novel of the Future*, Macmillan, Nueva York, 1968, p. 112; Montrelay, *op. cit.*, p. 51.

42. Wolf en Jürgensen, *op. cit.*, p. 39; Simmel, *op. cit.*, p. 289.

43. Anne-Marie de Vilaine, «Le Corps de la théorie», *Magazine Littéraire*, 180 (febrero 1982), p. 25.

44. *Op. cit.*, p. 258.

45. Citado en inglés por Eileen Boyd Sivert, «*Lélia* and Feminism», *Yale French Studies*, 62 (1981), pp. 45-66, p. 60.

46. Luce Irigaray, *Speculum de l'autre femme*, Minuit, París, 1974, pp. 284 y 206.

CAPÍTULO II

EL PROCESO DE CONCIENCIACIÓN

La novela moderna se destaca por su orientación hacia la indagación. No se contenta con narrar o exponer; quiere descubrir las motivaciones interiores de toda acción individual así como de los acontecimientos públicos. Ya Balzac sugería que descubrir las causas de los grandes movimientos soterraños de la sociedad era la tarea más alta del escritor. Su novela realista ponía énfasis sobre todo en la vida colectiva. El existencialismo ha enseñado a retrotraer la atención hacia el individuo. En el siglo XX es muy frecuente la pregunta «¿quién soy?, ¿cuál es mi papel en el mundo?». Se podría considerarla como el punto de partida de la novela de concienciación, que se desarrolla como una especie de *Bildungsroman*, pero usando técnicas más innovadoras. Desplaza el énfasis del devenir social, activo al cuestionamiento interior. Para saber quién soy debo saber quién he sido y cómo he llegado al estado actual. De aquí la abundancia de novelas que reevalúan el pasado desde el presente, es decir, desde una conciencia ya despierta. Esto no es un fenómeno nuevo: lo hacía ya el héroe-narrador picaresco, pero con el propósito de justificar sus actos; la mujer contemporánea sigue preguntándose por su propia esencia, buscando su identidad, se acentúa el proceso abierto.

La novela de concienciación que se escribe en la segunda mitad del siglo XX tiene muchas facetas. Aunque hay una notable tendencia a rememorar la vida pasada detalladamente, lo cual produce un nuevo surgimiento de la modalidad *roman-fleuve* (Doris Lessing, Olivia Manning, Carmen Kurtz, Rosa Chacel, Montserrat Roig, Ana María Matute, Elena Quiroga, Barbara Frischmuth, Jeanne Bourin), incluso dentro de las trilogías se evita contar paso por paso, prefiriendo la yuxtaposición de fragmentos que se juzgan de importancia primordial. Teresa Barbero ha escogido para su *La larga noche de un aniversario* un lema de Lawrence Durrell que hace recordar el propósito formulado por Azorín en *Las confesiones de un pequeño filósofo* (cap. II) y que podría considerarse válido para la mayoría de estas novelas: «Lo que necesito es registrar las experiencias, no en el orden en que se produjeron —porque eso es historia—, sino en el orden en que me impusieron por primera vez su significado».[1] Algunas de estas novelas se concentran en un solo momento de la vida en el pasado que ha tenido influencia decisiva en la evolución de la protagonista, que es presentado como base para una epifanía.

La novela de memorias suele moverse en dos direcciones. No es un sencillo recordar, reconstituir los años juveniles, más bien se trata de juzgar la vida pasada con criterios de la vida actual con el propósito de establecer metas para el futuro.[2] Frecuentemente, el/la protagonista reúne rasgos que le acercan al autor/a. Uno de los mejores ejemplos de la vuelta constante a la novela de formación con base autobiográfica es Christa Wolf. Aunque da nombre y figura distintos a sus protagonistas, en todas ellas se percibe un reflejo de su propia experiencia.[3] Así, el escribir se convierte en «el intento incesante de llegar a ser yo misma», en «el interminable camino hacia mí misma».[4] La novela entera es un lento descifrar y crecer hacia una meta ideal. Recuérdese a este respecto la definición de la confesión que ofrece Rosa Chacel: es «*última voluntad*».[5]

En términos generales, la evolución de la novela de formación sigue la línea señalada al hablar del desarrollo global de la novela femenina de nuestro tiempo: va desde una escritura que tiene asomos de testimonio, de realismo y de crítica social, es decir, muy bien integrada en el contexto, hacia la investigación interior. Esto es particularmente visible en España si se comparan las novelas tempranas de la posguerra, que son novelas de formación aún más bien tradicionales (*Nada*, de Carmen Laforet; *Viento del Norte*, de Elena Quiroga; *Primera memoria*, de Ana María Matute) con las que están surgiendo ahora: *Ramona, adéu*, de Montserrat Roig; *Julia y Walter, ¿por qué te fuiste?*, de Ana María Moix; *Y no serás juzgado*, de Teresa Barbero. El contexto sigue siendo muy importante también en éstas —entre las jóvenes escritoras más de una da pruebas de fuerte compromiso social y político—, pero ahora sirve más bien como telón de fondo, no como otro aspecto global por «biografiar». El punto de transición, lo representan obras como *Entre visillos*, de Carmen Martín Gaite, o las novelas de Mercè Rodoreda, cuya trama se apoya muy firmemente en los acontecimientos históricos, pero que los incorpora ya de un modo más subjetivo y los deja percibir a través de la conciencia de la protagonista cuya voz —más oral, más personal— oímos. El frecuente empleo de la asociación libre les permite desligarse de la «ordenación del mundo histórico» que, según tantos críticos, es una tendencia masculina, y orientarse hacia el ideal predicado por Simone de Beauvoir: la novela de vida interior.[6]

En sus consideraciones sobre la evolución de la novela femenina alemana de los últimos años, Jürgen Serke hace notar que ésta tiene mayor intensidad y mayor «pasión de vida» que las masculinas, ya que sólo recientemente las mujeres se han visto libres para expresar esta pasión. Según él, la nueva subjetividad que surge en la novela femenina permite ampliar horizontes, mientras que los hombres, si se entregan a la subjetividad, se encuentran desorientados, se pierden en ella.[7]

Carol Gilligan ofrece algunas observaciones en el sector psicológico que resultan interesantes con respecto a la novela de formación escrita por hombres y por mujeres.[8] Ve dos reacciones diferentes. En su evolución, dice, los hombres van despojándose cada vez más de las relaciones; así se sienten más fuertes y seguros de sí mismos. Las mujeres, al revés, intentan conservar las relaciones o crear lazos nuevos. Esta afirmación es compartida por Nancy Chodorow. Desde un enfoque diferente, Claudine Herrmann llega a una conclusión parecida: según ella, el sistema masculino consiste en la discontinuidad, el femenino, en la continuidad. Graziella Auburtin lo ha comprobado a base de sus lecturas de la novela francesa contemporánea, donde ha notado una abundancia de protagonistas masculinos que descartan despiadadamente todo vínculo para conseguir el ideal que se proponen.[9] La nueva novela de formación presenta con frecuencia más de una protagonista principal, lo cual correspondería a las observaciones de Gilligan acerca de la existencia femenina como una red en vez de una línea recta y aislada. Alice Jardine lo corrobora en su estudio de las estructuras de la novela francesa contemporánea.[10]

Otra observación sugeridora de Gilligan se refiere al «obstáculo principal» en la evolución de la mujer: lo que ella llama su «ética de sacrificio». Es un aspecto que aparece con frecuencia —visto críticamente— en la generación más joven y que forma una parte integrante del proceso de concienciación. Aunque rechazan el ideal propuesto por Balzac, crean más de una figura femenina, incluso entre las emancipadas, que actúa empujada por la compasión y entrega su libertad al hombre porque cree poder protegerle. (Un buen ejemplo son las mujeres en *L'hora violeta*, de Montserrat Roig. Luise Rinser y Barbara Frischmuth hablan de una «nueva conciencia de entrega».)[11] El tema de la libertad surge repetidamente; se subraya la necesidad de un aprendizaje en este campo, que llega con el despertar de la conciencia.

La novela de concienciación abarca muchos aspectos de la vida femenina. Sería difícil ponerle límites exactos. Para establecer cierto orden en la discusión, proponemos considerar las modalidades siguientes: concienciación por medio de la memoria; el despertar de la conciencia en la niña, que pone más énfasis en los años juveniles; el pleno darse cuenta de lo que es ser mujer; la maduración como ser social y político; el llegar a afirmarse como escritora. Dentro de éstas, hay otros aspectos que llaman la atención, como la relación entre madre (o padre) e hija; el tema cada vez más importante de la maternidad presentado desde el punto de vista de la madre; la técnica muy interesante del «espejo de las generaciones» para mostrar cambio y continuidad en la existencia femenina. (La imagen del espejo sirve hoy casi siempre para desencadenar el proceso de concienciación.) En todas, la memoria tiene un papel importante y configura el discurso. Sólo la formación de la mujer como escritora no implica siempre este recurso.

1. Concienciación por medio de la memoria

Simone de Beauvoir afirma que las mujeres se agarran al recuerdo más que los hombres. Numerosas novelas contemporáneas femeninas presentan el paso de niña a mujer, que frecuentemente es marcado por la «adquisición del recuerdo»: un empezar a ver el pasado —los días de la inocencia— con ojos distintos (e.g. Mari Cruz en *L'òpera quotidiana*, de Montserrat Roig, quien sólo con la primera experiencia amorosa siente que por fin tiene recuerdos, es decir, que sale del nimbo de la «inocencia» común a toda muchacha joven). Una de las protagonistas de Roig sugiere que la novela es más que ficción; implica la dimensión de lo recordado. Béatrice Didier establece una diferencia en el modo de funcionar la memoria en el hombre y la mujer: depende de la percepción del tiempo, distinta en los dos. Ya se ha aludido a la observación de Claudine Herrmann acerca de la discontinuidad como un rasgo esencial del hombre. Didier postula que así es su visión del pasado: como algo terminado y clasificado en cajoncitos herméticos. Para la mujer, el tiempo y el pasado se sitúan más bien dentro de la concepción bergsoniana; como la *durée* que no se interrumpe ni deja de existir. Por eso, dice, el «retorno» del hombre es siempre el retorno al Otro, mientras que la mujer vuelve a lo Mismo. Esto explicaría el hecho de que las mujeres tienden a «évoquer le temps où il ne se passe rien», ya que la sensación del tiempo en ellas está desligada de la acción y más bien vinculada a la emoción.[12]

Ann Belford Ulanov discute varios fenómenos de la existencia femenina bajo un enfoque amoldado a las teorías de Jung. Sugiere que la percepción del tiempo es siempre cualitativa en la mujer y cuantitativa en el hombre. Según ella, cuando se trata de la mujer, no se debería hablar de *chronos*, sino de *kairos*. El tiempo femenino es siempre personal, lo cual influye su percepción global del mundo y de la vida, que suele producirse como una iluminación repentina frente a la exposición masculina, que se destaca por racional, progresiva y lógica.[13] Las novelas de Mercè Rodoreda y de Montserrat Roig parecen confirmarlo.

La mayoría de las escritoras hoy hablan de la necesidad de anular el tiempo lineal. Su uso de la memoria y del recuerdo ha sido sintetizado por Margaret Jones al definir la evolución general de la novela femenina en España: la memoria como crónica va transformándose en memoria analítica.[14] Doris Lessing insiste en la luz que echa la experiencia presente sobre el tiempo recordado y la imposibilidad de presentar el pasado tal cual era: «el modo de que recordamos —todos— un período de nuestra vida, la secuencia de los acontecimientos, y encontramos allá más de lo que veíamos en aquel entonces. [...]. El pasado recordado con esta disposición mental aparece inmerso en una sustancia que entonces parecía ajena a él, desligada de su experiencia».[15] El recordar no se limita a evocar; tiene una función suplementaria, un poco como la repetición en los versículos bíblicos, donde produce intensificación del significado.

Hoy, muchas autoras quieren llegar, aun usando memoria personal, a crear una novela que presente una experiencia paradigmática, es decir, no les basta el interés limitado que pueda suscitar la vida de una mujer individual; quisieran extender la historia a la dimensión significativa, o simbólica. Muy dentro de esta línea se sitúa la escritura de Teolinda Gersão, quien logra recrear un momento importante de la historia de Portugal a través de la conciencia subjetiva y la exposición lírica de una mujer, complementándola con la experiencia de otras mujeres; así, se convierte en paradigmática.[16] En este tipo de novela la memoria se vuelve fluctuante, entreverándose constantemente con la percepción actual.

Una novela española de los últimos años que experimenta con éxito en el campo de la concienciación a través de la memoria es *La maraña de los cien hilos*, de Rosa Romá (1976). Hace ver dos modos muy diferentes de funcionar la memoria. La novela, que reúne algunas características de novela policíaca, psicoanalítica, fantástica, se propone ir recreando un personaje extraño desde dos conciencias de mujer, complementándolo con varios puntos de vista adicionales. En las dos conciencias principales la memoria procede de un modo casi diametralmente opuesto: una, Begoña, declarada mentalmente enferma, ve a la mujer que ha influido con mucha fuerza su vida, Paula, a través de sus recuerdos de cuando era niña, contrastándola con su madre, quien ni siquiera intentaba penetrar su costra exterior. El contacto con la muchacha misteriosa —la joven criada— la ha iniciado en el proceso de concienciación que va intensificándose. La otra, Paula, la criada, que podría ser considerada como la verdadera protagonista de la novela, *revive* las experiencias que la han moldeado a ella. El pasado está más vivo en ella que la hora actual; es lo único vivo. También en ella ocurre una lenta concienciación, más esporádica, más intuitiva. Las dos se encuentran recluidas: una en una clínica psiquiátrica; la otra, en la cárcel. Esto le permite a la autora sacar a relucir el tema de la locura y a la vez, sugerir simbólicamente la situación de la mujer a través de los siglos que está en la raíz de muchos casos de locura.

La escritura debería servirle a Begoña para deshacerse de su obsesión: «Dicen que mi curación reside ahí, en hablar, expresar mis recuerdos, todo aquello que pienso y jamás comuniqué a nadie [...]. Destruir una imagen, el pasado, después de haberlo reconstruido, desordenadamente, piezas dispersas que voy uniendo poco a poco».[17] En el caso de Paula el abogado sugiere fingir locura para evitar la sentencia de muerte. Sus monólogos son presentados ambiguamente; locura y concienciación van en ellos mano a mano. Lo más interesante de la novela es el discurso mismo, no sólo dictado por la diferencia de clase social y educación, sino sobre todo por la visión y la vivencia interiores. La concienciación de Paula es inmediata, espontánea, presentada en un lenguaje casi corporal. Begoña procede analíticamente; es más fácil seguir su proceso de concienciación que es, paradójicamente, presentado en un lenguaje logocéntrico, porque se trata de una memoria dirigida al marido. En las dos, la experiencia amorosa es muy importante para la adquisición de conciencia plena.

2. El despertar de la conciencia en la niña

La novela de formación que se concentra en las experiencias de una niña antes de llegar a ser mujer, aunque no tan abundante como la que presenta el proceso de conversión en mujer, se acerca a ellas con enfoques variados. Se podría dividirla básicamente en dos grandes grupos: la infancia y adolescencia vistas positiva o negativamente. Sorprende casi el gran número de novelas que denuncian la educación y sobre todo el ambiente de colegios religiosos: una experiencia infantil que sirve como el primer paso hacia la desilusión, el descubrimiento de la corrupción, la pérdida de fe y de confianza: Elena Quiroga en *Tristura* (1960) y *Escribo tu nombre* (1964), y ya algunos asomos en *Viento del Norte* (1951); Barbara Frischmuth en *Klosterschule* (1968); Helga Novak en *Die Eisheiligen* (1979); Rosa Romá en *La maraña*...; alusiones en algunas autoras francesas (Cardinal, Duras) que han pasado su juventud en las colonias; presentación casi caricaturesca, interesante como experimentación estilística, en *Celia muerde la manzana* (1972), de María Luz Melcón; la igualmente irónica *The Prime of Miss Jean Brodie* (1961), de Muriel Spark. El hilo conductor de todas estas novelas es la crítica de la educación a la que son sometidas las niñas, que en vez de despertar la conciencia tiende a acallarla. Aunque cada experiencia es individual y es presentada de un modo original, su enfoque muy determinado permite considerarlas como un bloque. El ambiente exterior es casi tan importante como la vivencia de la niña en la mayor parte de estas narraciones; la niña queda marcada por esta experiencia para toda su vida.

Más originales son las presentaciones del mundo totalmente personal de una niña. Entre éstas también se da una gran variedad, enfocando el ambiente general (Rosa Chacel), la experiencia íntima (Ana María Moix, Angelika Mechtel, Olga Gonçalves), el lenguaje (Diana Kempff). Con su *Barrio de Maravillas* (1976) y *Acrópolis* (1984), Rosa Chacel presenta toda una época. El optar por dos protagonistas en vez de una le permite yuxtaponer dos ambientes sociales distintos. Estas novelas caben dentro de la categoría de la novela de formación, pero no cuentan el crecer de las protagonistas paso a paso. La presentación es fragmentaria, y el enfoque, más amplio. Nunca se trata exclusivamente del mundo de las dos niñas. Se siente planear sobre el conjunto la presencia intelectual de la narradora, con sus preguntas y generalizaciones existenciales-filosóficas. En vez de un colegio de monjas, Chacel introduce el colegio-escuela laico visto desde dos enfoques: el de las niñas, pero también el de los pensamientos íntimos de la directora. Las novelas crecen a base de asociación libre. El ambiente va surgiendo a través de la conciencia de las muchachas. Particularmente acertado en este respecto es el principio de *Barrio de Maravillas*. Lo que se ha cuidado menos es la verosimilitud del lenguaje: las niñas hablan y piensan casi como adultas, y la insistencia en que son extraordinarias, geniales no quita la impresión de cierto desequilibrio o anacronismo. Los pasajes líricos, muy breves (la recreación de la vida de la casa habitada por la familia de Elena) no surgen desde dentro de las protagonistas; también aquí se siente la mano del narrador implícito, un poco como en los elogios ditirámbicos que solía interpolar Baroja en sus novelas. En todo, estas dos novelas se acercan a la novela de ideas, sobre todo la última, que se compone de hilos sueltos, de voces interiores, pero también de largos párrafos de discusión literaria o artística. El contexto histórico, bien incorporado, forma una parte integrante de ellas; muestra la maduración de las muchachas como seres cívicos. A causa de sus intereses tan amplios, las novelas rebasan el marco de la novela de concienciación y representan más bien una investigación existencial de la vida humana en general.

Muy interesante como experimento lingüístico es *Fettfleck* [*Barril de sebo*] (1979) de Diana Kempff: un mundo totalmente personal, transmitido en el lenguaje auténtico de una niña pequeña que habla en dialecto, no conoce palabras más «elevadas», pero incorpora, por medio del estilo indirecto libre, las expresiones de las personas que la rodean. El personaje principal surge con una fuerza extraordinaria. El lenguaje de la niña aparece con su pronunciación y escritura incorrectas al principio y va evolucionando cuando ella empieza a ir a la escuela. Es decir, la novela trata de transmitir no sólo el crecer de la niña como persona consciente, sino también el de su capacidad lingüística para expresar esta conciencia, añadiendo luego como tema su ilusión de llegar a ser poeta. A través de todo el libro (con una fuerte base autobiográfica) se intercalan versos de canciones infantiles, fragmentos de cuentos de hadas, luego canciones populares en boga; la experiencia lingüística se amplía a medida que se diversifican los contactos. El libro entero es una espléndida muestra de estilo paratáctico, aun cuando empiezan a surgir preguntas más complejas. Lo que se presenta al lector son siempre las reacciones de una conciencia infantil, en la que empiezan a penetrar reflexiones existenciales: «Yo son tantos. Se me disputan. Cada uno tirando en dirección opuesta. No sé ya quién soy. Entonces, pronuncio mi nombre. Pero éste no me dice nada». Con esta novela ofrece Kempff lo que críticos como Auburtin o Serke señalan como una evolución hacia la desesperación, pero la fuerza de la expresión lingüística es tal que no deja una impresión negativa, ni siquiera con su fin totalmente cerrado: «Al fin y al cabo, el mundo está condenado: tablas y clavos. En nuestra cabeza. Habría que ir golpeando hasta romperlas, hasta que estalle la cabeza».[18]

Con su *Wir sind arm, wir sind reich* [*Somos pobres, somos ricos*] (1977), Angelika Mechtel ofrece una novela llena de intimaciones poéticas, una experiencia de concienciación medio fantástica-medio real, con alguna nota que podría recordar *Le Grand Meaulnes* en su capacidad de invención y de creación de un ambiente muy denso. La experiencia de la niña se desarrolla en el plano humano. Su extraña y secreta amistad con el vagabundo que encuentra casualmente y de quien va enamorándose —relación que suple a la vez la dimensión real y la orientación social y política— acentúa lo positivo. La estructura de la novela, circular, basada en la repetición de algún *leitmotiv* significativo, contribuye al logro estético del conjunto. Aunque las páginas finales representan ya a una mujer adulta, lo que queda imborrable es la imagen de la niña con su mundo extraordinario, que el «yo» adulto decide fijar por escrito después del último encuentro con su amor juvenil convertido en un borracho irremediable.

Estructuralmente, así como en su concepción, un libro original dentro de esta categoría es *Julia*, de Ana María Moix (1970). Se podría contestar su pertenencia a la novela de formación de niña, porque la Julia que escribe es una adolescente cuyo mundo entra en la novela con toda fuerza. Sin embargo, la figura de primer plano, un tanto fantástica, es Julita, que reaparece como un *ritornello* a intervalos regulares: «Julita, sentada en el portal de la casa, pequeña y delgada, los pies descalzos, las trenzas medio deshechas, el pantalón corto y el jersey azul marino con un ancla dibujada en el pecho».[19] La acción propiamente dicha se desarrolla en unas horas de la madrugada, pero éstas se llenan de la vida evocada con todas sus experiencias. Aunque la mayor parte de la narración se ofrece en tercera persona, es tan íntima que raya en estilo indirecto libre y permite captar el mundo interior de la niña que va convirtiéndose en adolescente. La novela incluye muchos de los recursos y temas corrientes en la novela de formación: la relación de la niña con sus padres y, por extensión, con sus abuelos; la dicotomía vida auténtica/vida falsa; un intento de seducción. El desdoblamiento es constante. En realidad, el libro consiste en un diálogo e incluso una lucha entre Julita y Julia. La visión fragmentada permite evitar detalles y generalizaciones innecesarios. La separación y confrontación de las dos facetas de la protagonista encaminan la narración hacia un nivel fantástico: «Julia, a veces, tenía la seguridad de que Julita existía aún, de que vivía y habitaba en otro mundo inalterable, inmóvil, sin tiempo. Era como si Julita existiese con vida propia, y desde allí, sentada en el portal de la casa [...] doblegara la voluntad de Julia para que ésta hiciera, pensara y sintiera cuanto a ella se le antojara». Es una ilustración muy adecuada de la teoría de Béatrice Didier sobre el pasado irremediablemente presente en la experiencia vital femenina: «Algo o alguien permanecía encerrado en su interior demostrándole con descaro el indestructible lazo de su esclavitud».[20]

La niña debe confrontar constantemente toda clase de tipos femeninos. Estos encuentros sirven para introducir la crítica, a veces despiadada. El fondo se construye por yuxtaposición: don Julio (el abuelo positivo)/abuela Lucía (negativa); mamá con sus ideales frívolos de una señora burguesa/Eva, el primer amor de su padre, ejemplo de una mujer emancipada, que sirve para sugerir la posibilidad de amor lesbiano. A través de la sensibilidad de la niña se denuncia la hipocresía de la sociedad española. Julita misma, en su papel de «yo ex-futuro», queda como una advertencia en contra de la elección equivocada. Sarah Shyfter ve la novela como reconocimiento de derrota, pero en realidad las últimas líneas dejan una abertura con su uso de los condicionales y la contraposición mundo inmóvil/tiempo vivido: «Y obedecería, porque Julita nunca le perdonaría haberla abandonado en un universo inmóvil, sin tiempo, en cuyas sombras se debatiría siempre y de donde nunca, nunca, Julia podría rescatarla».[21] La que vence al final es Julita, pero precisamente por ser incorporada a la vida actual de Julia como presencia viva, no como un recuerdo nostálgico.

3. Conciencia de mujer

La mayor parte de las novelas de formación trata del paso de la adolescencia a la plenitud como mujer, forzosamente relacionado con la experiencia sexual. Frecuentemente se incluyen consideraciones sobre la vida de familia, a veces desde dos puntos de vista: evaluando aquella de que procede, y mirando hacia aquella que posiblemente va a —o acaba de— fundar. A esto, especialmente en los últimos años, se añade la dimensión —y el conflicto— de la mujer profesional. En casi todas entran reflexiones acerca de la mujer independiente, no pocas veces vista escépticamente. La emancipación sigue siendo el gran tema de debate. Para ser reconocida como profesionalmente capaz, la mujer se ve obligada a aceptar normas de vida pública establecidas por los hombres, aunque interiormente proteste contra ellas. Por otra parte, los códigos sociales, también de hechura masculina, reglamentan asimismo su vida privada. El proceso de concienciación consiste no pocas veces en este darse cuenta al encontrarse delante de una elección difícil. Los modos de exponerlo varían según el temperamento, la ideología, el interés por la teoría literaria. (Muchas autoras francesas construyen sus novelas partiendo desde la teoría. También las novelas españolas más recientes demuestran buen conocimiento de las teorías o los asuntos que están de moda: Josefina Aldecoa, Soledad Balaguer, Marina Mayoral, Ana María Navales, Montserrat Roig.) Varía también la duración del período de formación representado. En algunas, el presente se aclara desde el repaso de toda la juventud. En otras, la concienciación se limita a una experiencia esencial, a un solo aspecto de la vida de mujer adulta.

Las novelas españolas más conocidas caben dentro de este apartado. Comenzando con *Nada* (1944), muestran la evolución gradual de una joven. En *Nada* este proceso se presenta cronológicamente. Andrea atraviesa su primer año en Barcelona como un aprendizaje y como una persona indivisa. Los pasajes de visión retrospectiva de segundo grado son pocos. El desdoblamiento no llega a ser total. La experiencia de la adolescente está firmemente integrada en el contexto histórico-social: la Barcelona de la primera posguerra es un personaje tan importante como aquellos que se mueven en ella. Aunque se intercalan escenas de autoanálisis, y a pesar del uso exclusivo de primera persona, la narración transcurre en lo que Dolezel llamaría el «modo objetivo»: es un contar ordenado desde un punto temporal más avanzado. La experiencia de Andrea se ilumina por la constante yuxtaposición de otras protagonistas femeninas pertenecientes a clase social y generaciones distintas. Ya en *Nada* tenemos un buen ejemplo del «espejo de las generaciones»: la abuela con su mundo totalmente desvaído; Angustias como representante de la moral burguesa predominante en su tiempo; Gloria como un asomo, aunque bien problemático, de la liberación; y por fin Ena como la encarnación de la mujer futura. Parece significativo que en esta novela Andrea aún no llegue a vencer las circunstancias por sí sola y que la visión final afirmativa sea debida a una figura protectora masculina. La novela plantea los problemas y temas esenciales que seguirán surgiendo en toda la literatura femenina posterior y representa, cn palabras de Sara Shyfter, «el nacimiento del personaje femenino adolescente como arquetipo literario prominente, símbolo de una generación de mujeres que están intentando encontrar su sitio en una España arrasada por la guerra y obsesionada con la tradición».[22]

Con *La plaça del Diamant* (escrita en 1960), Rodoreda da un paso importante en la evolución de la novela de formación. Permaneciendo muy ligada al contexto, logra compaginar la visión exterior y la sensación íntima. El efecto de inmediatez se afirma desde las primeras páginas. La asociación libre, la visión fragmentaria permiten seguir el crecimiento de Colometa desde dentro, en retahílas sin ordenar, expresadas por una conciencia que refleja magistralmente su estrato social. Es notable el uso de parataxis en esta novela, así como los efectos conseguidos por la insinuación.[23] El comentario social se incorpora con un par de toques certeros (p.e., la intrusión de los señores ricos en el banquete de boda, o la explotación de Colometa como interina). Del mismo modo entran las alusiones a la guerra o se transmiten sus estragos a través de metáforas originales. Frecuentemente, los efectos se consiguen por el ritmo, por los símbolos, por algunas escenas visionarias, o por inversión sabiamente colocada en fin de capítulo. Es muy eficaz la transmisión de la rebeldía a través de repetición rítmica.

La epifanía final —y a través de ella, la madurez de Natalia como mujer— marca la transformación al pasar a un estilo diferente. Viene como culminación de la experiencia. Desde los primeros capítulos se había transmitido el aprendizaje físico de Colometa en términos realistas. Al final, a través del modo de narrar distinto, se subraya que ahora, y sólo ahora, ha despertado plenamente también su conciencia. La experiencia en *La plaça del Diamant* es más concentrada que en *Nada* y se transmite en términos más líricos, como vivencia íntima. Con *El carrer de les Camèlies* (1966) Rodoreda prosigue su investigación de la conciencia femenina, configurando la experiencia de la protagonista dentro del marco de la narración picaresca y cubriendo un lapso de tiempo más extenso. También en esta novela va alternando el mundo exterior, con implícita crítica social, y la lenta concienciación interior.

La sensibilidad lingüística de Mercè Rodoreda consta en su obra entera. El lenguaje hablado, los monólogos interiores son generalmente diferentes según se trata de hombres o de mujeres. Una creación sumamente lograda es su cuento «Una carta» (*La meva Cristina i altres contes*, 1969), que toca de un modo original, ambiguo el tema de las brujas, tan popular hoy entre investigadoras feministas. Son siempre las mujeres del estrato social menos privilegiado las que llaman la atención de Rodoreda. Trata a estas figuras con gran comprensión por su tardanza en llegar a ser conscientes (véase, p.e., «Zerafina»).

La concienciación desempeña también un papel importante en *Mirall trencat* (1974), donde nos hace presenciar la evolución y decadencia de varias generaciones narrada en tercera persona. Curiosamente, en sus dos últimas novelas (*Quanta, quanta guerra* y *La mort i la primavera*) vuelve a la primera persona, pero esta vez con un protagonista masculino. El proceso de concienciación está presente en ellas también, pero se trata más bien de cobrar conciencia para la muerte. En ambas novelas hay una clara evolución hacia lo fantástico y lo mítico. Lo femenino queda trascendido por el esfuerzo de indagar el sentido total de la vida y de la muerte.

Mercedes Salisachs ha intentado dramatizar el proceso de concienciación en una mujer ya madura, condenada a morir, que, formada tradicionalmente, ya no encaja en la sociedad en la que vive. En *El volumen de la ausencia* (1983), se sirve del recurso de las tres generaciones para destacar el abismo entre el mundo y los valores de cada una. Intenta presentar la historia con una técnica moderna, dividiendo el personaje principal en varias facetas, con cambio de primera a tercera persona, y condensando la acción en 4-5 horas: un recorrido de Barcelona con la decisión de romper con las ataduras burguesas e ir hacia su amor, mientras mentalmente repasa toda su vida. De paso, introduce todos los problemas de la sociedad moderna y las reacciones de la protagonista a ellos. La novela tiene un fin ambiguo: en el último momento, la mujer que había resuelto abandonar al marido al producirse una revelación de la inutilidad de su sacrificio emprende el camino de vuelta hacia la familia. Le toca al lector decidir si esto representa la victoria de la moral tradicional o la denuncia de la sociedad que aniquila la posibilidad de dicha para una mujer infelizmente casada.

Las novelas de Montserrat Roig podrían ser consideradas como la tercera etapa en la evolución de la novela de concienciación en España. Roig enfoca la problemática femenina desde un punto de vista diferente y con una técnica distinta en cada una de ellas. La que más centrada y concentradamente refleja el proceso de concienciación es *Ramona, adéu* (escrita entre 1970-1972), especialmente interesante por el juego de las generaciones (tres

Mundetas: abuela, madre, hija) que permite desarrollar una narración fragmentada cuya ilación se establece por yuxtaposición. Es tal vez también la novela menos obviamente sometida a teorías feministas, con menos diálogo intertextual. La importancia del contexto se subraya por la estructura circular: el primero y el último fragmentos se refieren a la guerra civil, breve episodio en el cual Mundeta$_2$ se ve obligada a desenvolverse sola, es decir, independientemente, tomando ella misma las decisiones. La importancia de estos días se recalca regularmente a través de la novela. Curiosamente, son estos casi los únicos fragmentos que muestran el *interior* de Mundeta$_2$. Luego aparece vista desde *fuera* como una señora burguesa incorporada al tinglado creado por su marido y constantemente criticada por la hija, salvo en las páginas que la representan antes de casarse, en 1934, mezclando narración en primera y en tercera persona, y revelando poco a poco su relación secreta con Ignasi. Las experiencias de las tres Mundetas se enlazan por transiciones concretas: bomba en el Liceo, las muertes en la rebelión de 1934, la guerra civil con otra explosión, las manifestaciones de estudiantes en 1968. Las reacciones diferentes de cada una de ellas frente a estos acontecimientos subrayan la diferencia entre las generaciones.

Ramona, adéu es un ejemplo muy logrado de la técnica del «espejo de las generaciones», tanto en el conjunto estructural como en el desarrollo de los detalles. A la vez, se usa la yuxtaposición de dos figuras contiguas, de la misma generación, para subrayar la diferencia entre la mujer emancipada (Kati, Anna) y la mujer que parece más tradicional frente a ésta (Mundeta$_2$, Mundeta$_3$). La concienciación y la evolución en las tres Mundetas se da no sólo en el nivel de la femineidad, sino también en cuanto a su conciencia social y política, transmitida con un estilo correspondiente a cada época. La experiencia de Mundeta$_3$ se narra, salvo muy pocas y breves excepciones de monólogo interior, en tercera persona. Es la única que participa hasta cierto punto en la vida pública y en actividades políticas organizadas. Se presenta como una conciencia que observa y analiza todo a distancia.

Mundeta$_1$ se revela a través de su diario, que la sitúa en un mundo de fantasía formado por sus lecturas. No entra en la vida oficial. Mundeta$_2$ representa el engendro típicamente burgués: una niña que se preocupa principalmente por tomar chocolate con bizcochos en el Nuria y luego por hacer el papel de señora «bien».

Cada una de las tres mujeres tiene su «misterio», el cual es su fortaleza y su camino hacia la concienciación. La más analítica de ellas, la nieta, contrapone constantemente sus propias reacciones a las de la madre y vuelve repetidamente a su relación adversativa con el padre, a quien la madre teme (¿actitud característica de la mujer de su generación?) mientras que ella le desprecia. A esto se añade el contraste de la relación madre-hija en las tres generaciones: Mundeta$_1$ obedece ciegamente a su madre; Mundeta$_2$ admira a la suya; Mundeta$_3$ mira a Mundeta$_2$ siempre con un ojo crítico e incluso la odia. Es muy curiosa la yuxtaposición del padre (a quien no puede soportar) y del amante (a quien adora); resultan paradigmáticos, es decir, iguales: «Per què el rostre del pare? Era el que agafava més relleu, cada vegada que la Mundeta aprenia a estimar. [...]. Tots cls amants s'hi assemblaven».[24]

Dentro de la variación de las tres imágenes de la mujer (véase, p.e., la magnífica escena de desdoblamiento irónico de Mundeta$_3$, complementado por el discurso hipotético, en la mente de Mundeta, de Jordi) se procede simultáneamente a la contrastación mujer-hombre. (Es de notar que los representantes masculinos de las tres generaciones se parecen en su opinión acerca de la inferioridad de la mujer.) El mundo masculino tiene sus bases en el mundo económico y político (el abuelo prestamista; el padre, hombre de negocios enriquecido por el estraperlo; el amante, líder de los universitarios rebeldes y, además, catalanista) mientras que las mujeres se moldean según sus lecturas o las diversiones de moda en su época. El mundo de la abuela es el de la languidez nostálgica y del bovarismo; el de la madre, el del cine de los años treinta y luego de la actualidad burguesa en la que le toca bregar con las criadas y aparentar bienestar global mientras se indica, por yuxtaposición, lo que habían sido sus sueños. Mundeta₃ lucha por llegar a la emancipación pregonada por la generación joven, asiste a reuniones revolucionarias, pero sin dar pruebas de una persuasión íntima.

La distancia entre las tres Mundetas se sintetiza en una breve página de puro diálogo en el que participan las tres, donde se llega casi a monólogos paralelos, subrayando la imposibilidad de verdadera comunicación. Son muy logrados los monólogos interiores de Mundeta₃ cuando se examina a sí misma o cuando, en páginas memorables, está sintetizando la vida de la abuela y su propia juventud mientras escucha por la radio el rosario rezado con coetáneo acompañamiento de la abuela en la habitación contigua. Es una escena con fuerte efecto de ironía dramática. El capítulo sirve a la vez de repaso y de epifanía. En estas páginas se da una constatación sobre la situación que podría ser considerada como la definición de los procedimientos empleados en este libro: «Era difícil destriar, de tot el que explicava l'àvia, les coses reals de les imaginades. Embolicava les dates, els llocs i les persones que formaven part del seu relat, tot esdevenia una mena de garbuix en què la infància, l'adolescència i els anys del seu matrimoni semblaven una massa compacta i única».[25] Roig consigue esta impresión de masa compacta en todas sus novelas procediendo por fragmentación dentro de la que funde varias generaciones y varios tipos de mujer (p.e., p. 140).

El modo de contar en *Ramona, adéu* también llama la atención por su manipulación de los niveles temporales. Se escriben numerosas páginas en futuro hipotético o en condicional. El relato de las tres vidas no empieza desde la niñez, sino del punto de transición hacia la femineidad y el hacerse cargo de sus responsabilidades. Sólo en el último tercio de la novela se suple un breve repaso de la infancia de Mundeta₃ y recuerdos de la niñez de Mundeta₂. Son visiones que luego se complementan con un juicio maduro, como la síntesis de toda su vida en una sola página por Mundeta₁ o la visión retrospectiva de la madre por Mundeta₂.[26] Estos procedimientos hacen pensar en la continuidad del «entrar y salir sin cesar» en la cadena femenina de la que hablan Hélène Cixous y Luce Irigaray.

La historia amorosa de las protagonistas es inseparable de la circunstancia histórica, cuidadosamente escogida para las tres generaciones: la pérdida de Cuba, el alzamiento de 1934 y la guerra civil, la revolución estudiantil de 1968. Esto permite introducir la nota de angustia, característica de la generación más joven, en las tres. A través de la novela abunda el uso de ironía. La disrupción de la rutina es reflejada por la disrupción del discurso. El constante fluctuar entre presente, pasado, futuro, condicional ilustra el reproche hecho por Jordi a Mundeta$_3$: «ets vella i criatura alhora, mai una dona adulta» y define el ambiente total: de rebelión, pero a la vez de nostalgia. Allá mismo se insinúa el interés que pueden tener «les donetes de la teva "extraordinaria" família», casi como si la narradora quisiese afirmar la importancia de considerar a Mundeta$_3$ a la luz de sus antepasados.[27] El lenguaje, las alusiones literarias, los sueños cambian según la generación, incorporando el estilo de las novelas en boga, de los anuncios de televisión, de artículos periodísticos. Su yuxtaposición permite un juego irónico e invita a una doble interpretación: un espejo que refleja las generaciones pasadas, pero no impide cuestionamiento crítico y concienciación.

El tema de la continuidad y del cambio es el eje de esta novela, cambio y continuidad no sólo en los representantes de una familia a través de varias generaciones, sino también del fondo sobre el que se desarrollan estas vidas: Barcelona. La raíz catalana está presente siempre, y en realidad es la ciudad la que sale victoriosa en las últimas páginas y la que infunde valor para continuar con la vida: «Vaig pensar que Barcelona era molt bonica, al matí. [...]. I les ombres del meu cervell ja havien desaparegut del tot, eren clarianes de llum». El desencanto de la generación joven queda superado, aunque anacrónicamente (la última página trata de la experiencia de Mundeta$_2$ durante la guerra civil), por la determinación de luchar: «Vaig arrencar a córrer i vaig ajudar la vella a guanyar la batalla del tros de pa».[28] Con ello, se consigue un fin abierto.

También *L'òpera quotidiana* (1983) de Roig cabría dentro del grupo de la novela de concienciación, aunque las técnicas usadas aquí y los lapsos de tiempo sean diferentes. La protagonista que llega a conciencia madura es la joven criada Mari Cruz. Su posición permite unir la dimensión femenina y la social. El lema con el que Roig encabeza la novela llama la atención a la importancia de la estructura. El título señala el interés por la música (el conjunto debe considerarse en su desarrollo rítmico), pero apunta también hacia lo artificial-artístico. Se indica así que lo que está presentando es una obra de arte consciente. A la vez, se trae a la memoria el concepto de la existencia humana como «el gran teatro del mundo». Aunque también aquí se trate de representantes de generaciones distintas y vuelva a aparecer la figura de una mujer anciana, la señora Altafulla, que vive exclusivamente en un mundo ya desaparecido, el acento principal cae no sobre el cambio o la sucesión, sino sobre la simultaneidad. Con ello, la experiencia de cada mujer cobra significación paradigmática; hecho confirmado por la fusión final de la figura con que sueña Altafulla (el coronel Saura) con el hombre invocado por el deseo de Mari Cruz (Horaci Duc). El juego intertextual permite proceder por elipsis. En esta novela se aprovecha con mucha destreza el tema de la locura y se representa con más libertad la experiencia sexual, esencial en la concienciación de la mujer moderna.[29]

El repaso de la experiencia amorosa de la señora Altafulla podría considerarse como una inversión irónica de la maduración: desemboca en el mundo de la ópera y en una idealización total de sus relaciones, en gran parte imaginarias, con el coronel. Por otra parte, su insistencia en quedar libre y su valor de convertirse en una vieja estrafalaria muy consciente de lo que hace injerta ambigüedad en la estructura total de la novela. La figura de Mari Cruz, la muchacha que generalmente sólo escucha, une las dos historias «extraordinarias» que se cuentan a lo largo de la novela: la de Altafulla y la de Horaci

Duc. Mari Cruz misma es introducida desde puntos de vista distintos, añadiendo, además, una visión desde dentro por medio de largos monólogos interiores donde entra el recuerdo. A través de ella se sintetiza la experiencia de la mujer frente a los hombres: «Les monges m'havien posat la por als homes dins del cos. Més tard, vaig adonar-me que eren uns éssers que tiraven a infeliços, que no feien mal a ningú i que s'estaven a casa, o bé com una ombra o bé tot fent visita».[30] (En todas las novelas de Roig el hombre aparece como egoísta, alguien a quien la «débil» mujer ofrece protección por su entrega y su cariño, que en seguida empiezan a pesarle.)

La crítica social en *L'òpera quotidiana* es tan fuerte como en las novelas precedentes de Roig. El fondo histórico va surgiendo por reacciones (p.e., Mari Cruz recordando la vida de los emigrantes españoles en París). La preocupación muy frecuente en las novelas contemporáneas —la «necesidad» de perder la virginidad para llegar a ser una mujer emancipada— se presenta sin melodrama ni romanticismo: «Jo havia decidit fer el negoci, i l'havia de fer tota sola».[31] Un aspecto importante de la concienciación representada en esta novela es el despertar del deseo sexual y su configuración. Roig parece recordar aquí las teorías del «lenguaje del cuerpo» formuladas por las escritoras francesas: «les paraules em sortiren com si no fos jo qui les digués, sinó el meu cos [...]. El meu cos li va contestar, és una paraula que em ve de dins».[32] Es, sin embargo, más bien una reflexión sobre este lenguaje y no el chorro inconexo, sensual, que con frecuencia se da en una autora como Chantal Chawaf. Pero se intenta representar el proceso de la creación de un lenguaje «propio» en el caso de Mari Cruz, siempre obligada a escuchar historias de otros, casi nunca admitida como una persona total e independiente. Sintetiza su situación inicial muy sucintamente: «Ells sabien i jo no. Es negaven a transmetre'm les paraules. Com si tinguessin la clau d'algun pany misteriós i no me la volguessin donar [...]. Tenia la sensació que havia arribat massa tard o massa d'hora a l'àpat, deixant endarrera una vida no viscuda i portant cap endavant només els records dels vells». El término de llegada es harto diferente: «Quan va acabar de xerrar, vaig fer un crit, era un xiscle que em sortia dels budells, empresonat durant molt de temps. Vaig anar al wàter i vaig vomitar, com si les tripes se me n'anessin per la boca i, amb elles, tots els records».[33] La llegada a la plenitud como mujer se identifica con la creación del lenguaje auténtico y la destrucción de los viejos mitos. A través del acto sexual llega a la palabra sólo suya: «Però ja no recordava què m'havia explicat, perquè jo he connegut l'Horaci Duc d'ara, amb ell vaig descobrir la paraula voraviu, amb ell vaig esdevenir mestressa de les paraules».[34] La concienciación que presenta Roig en esta novela se mueve en dos direcciones: mientras cuenta el proceso de Mari Cruz, exhorta al lector a examinar qué es el progreso. Lo consigue sin predicar, operando por medio de la inmediatez de la reacción en cada conciencia.

Las novelas de Christa Wolf tratan de un proceso de concienciación que no pocas veces es triple: como mujer, como escritora, como ente político y social. Esto produce un estilo particular: aun queriendo penetrar en lo más íntimo, no se permite hablar en primera persona. En *Kindheitsmuster* [*Modelo de infancia*] (1976) divide el relato en tres facetas de la misma persona: las experiencias como niña, contadas en tercera persona; las reacciones de la mujer adulta que hace el peregrinaje al lugar de su infancia, en segunda; comentarios y apuntes de la escritora que transmite las dos experiencias, en primera. Con todo, más que un relato autobiográfico, esta novela resulta ser más bien una «biografía» de la Alemania de los años en cuestión. No se limita al aspecto femenino. En *Nachdenken über Christa T.* [*Reflexiones acerca de Christa T.*] (1969) la experiencia narrada es autobiográfica, pero lo disimula bajo el doble, así que la voz que narra en primera persona no es la de la protagonista (procedimiento probablemente inspirado por lo que hizo Gertrude Stein con Alice B. Toklas). Allí mismo explica la necesidad de distanciarse: «Y por precaución se habla en tercera persona, que puede ser una misma o cualquier otra que se podrá llamar, por ejemplo, "ella"».[35] Como Doris Lessing, cuya serie *The Children of Violence* [*Hijos de la violencia*] es una verdadera escritura de concienciación no sólo en cuanto mujer, sino también en cuanto ser cívico, Wolf considera que la subjetividad nunca debe ser exclusivamente individual, sino colectiva.[36] Particularmente lograda es la presentación del proceso de concienciación en *The Summer before the Dark* [*El verano antes de la oscuridad*] (1971) de Lessing, donde la protagonista aparece constantemente como actante y observadora a la vez, completando el desdoblamiento por la indecisión acerca de la función «auténtica» de la mujer. La novela cuenta su fase de independización y éxito en la vida profesional, pero al final la vemos dispuesta a volver a sus deberes de ama de casa.

Las autoras que escriben dentro del mundo cultural de lengua inglesa y que se centran en la concienciación como mujer (Margaret Atwood, Margaret Drabble, Jennifer Johnston) son buenos ejemplos de la subjetividad individual. Con su novela *Surfacing* [*Re-emergiendo*] (1972) Atwood introduce la figura de una joven rebelde y desencantada que está buscando su identidad y la encuentra en el contacto con la naturaleza en el lugar de su infancia. Expuesta así, la trama podría parecer banal —algo que abundaba ya en el siglo XIX entre las autoras inglesas— pero su configuración es innovadora. Se construye a base de largos monólogos interiores, de constante yuxtaposición de dos parejas y dentro de ellas, de dos experiencias casi radicalmente opuestas bajo la semejanza superficial. Incorpora la preocupación ecológica (lo «natural»), también de un modo técnicamente interesante, y el mundo mítico de los indios, llegando a un final casi visionario. La novela da cabida a los temas consabidos de la rebelión contra los padres, del aborto, del amor libre. La independización como mujer se refuerza con una nota nacionalista, contrastando el Canadá y los Estados Unidos. Una parte del interés de esta novela estriba en el uso del lenguaje: muy coloquial, muy de su tiempo. Hecha de oraciones paratácticas, párrafos breves, llega casi a enmudecer por completo. En todas sus novelas entra el dilema de la mujer que quiere trabajar y ser reconocida, frecuentemente presentado con una buena dosis de ironía dirigida hacia el hombre o hacia la sociedad entera. Hay cierta amargura y sarcasmo en todas sus protagonistas, que no aceptan el papel tradicional, pero no logran desasirse completamente de él. Esta tensión suele constituir el eje de la obra. La protagonista de *Surfacing* sí renuncia a la relación sexual para quedar completamente libre y volver al estado «natural» e inocente.

Jennifer Johnston, al exponer problemas semejantes, experimenta más con la narración y logra intercalar pasajes líricos o casi mágicos que permiten abolir el tiempo. El proceso de concienciación en sus novelas es en general el de la vuelta a lo esencial, a las relaciones básicas, que no necesariamente son vistas así por la sociedad. Sabe conferir a sus protagonistas una voz muy íntima que se divide entre el recuerdo y el presente vivido. Investiga la relación entre las generaciones y el abismo entre los padres y las hijas a causa de mayor concienciación de éstas, ironizando la actitud de los viejos. Una buena ilustración de su estilo y de sus procedimientos es *The Christmas Tree* [*El árbol de Navidad*] (1981), construida de fragmentos alternantes y, dentro de cada fragmento, alternando voces y niveles temporales. La concienciación en este caso no se da en el punto de transición hacia la plenitud femenina; la que escribe es una mujer que está muriéndose de leucemia, una alcohólica, que acaba de pasar por la experiencia de la maternidad. El relato está hecho de recuerdos, pero éstos no son lineales. Hay desarrollo simultáneo en Irlanda, en un pequeño pueblecito en Italia, y en Londres. Coetáneamente con la experiencia de la protagonista que es, además, escritora, se introducen los pensamientos y una lenta maduración de una muchacha sencilla, muy tradicional, de clase más baja. La autoironía y el leve humorismo que pervaden la novela no impiden la nota lírica. El elemento fantástico se introduce con las apariciones regulares de la madre muerta, puntualizando los momentos importantes en la vida de la protagonista.

The Christmas Tree es una novela totalmente interior. A pesar de esto, toca el fondo histórico y social. La duplicación y diferenciación se extienden a varias facetas: el recuerdo de las visitas a la madre moribunda adquiere significación yuxtaponiéndolas a las visitas que se le hacen a la protagonista; otro recuerdo —y concienciación/comprensión subsiguiente— revela que también su padre había tenido aspiraciones a ser escritor. La contrastación inmortalidad por los hijos/inmortalidad por los escritos se presenta en términos humorísticos: «He aquí la exclusividad de mi cuerpo compartida con un forastero. ¿Soy una persona diferente ahora? ¿Tal vez entera, por primera vez? No creo que sea diferente. Tal vez un poco más consciente de mi propia vanidad que no me permite desvanecerme irrevocablemente de este mundo sin dejar huellas. Había esperado —ahora me doy cuenta de que era una tontería— ganar algún tipo de inmortalidad escribiendo. Ahora debo depender del modo más convencional, la semilla».[37] A pesar de presentar experiencias en su mayor parte negativas, consigue conferir a la novela un aura lírica y casi mágica, que permite cerrarla con una abertura.

También Margaret Drabble defiende el derecho de la mujer a tener una vida sexual sustraída al control por la sociedad. En todas sus novelas la liberación y la emancipación profesional representan el dilema principal. Estructuralmente, la más interesante parece ser *The Waterfall* [*La catarata*] (1969). Alterna en ella narración en tercera persona con fragmentos en primera, creando una continuidad de la misma experiencia vista desde fuera y percibida —a veces, analizada— por dentro. En los fragmentos en primera entran también consideraciones sobre la escritura: la protagonista es una escritora. Lo que cuenta en la novela es, sin embargo, su experiencia amorosa, no la matrimonial o la artística, que no la habían llevado hacia la concienciación. La novela consiste sobre todo en la transmisión de procesos interiores. La narración «objetiva» y el diálogo quedan en segundo lugar. Aunque el libro es concebido como «memorias», no se desarrolla linealmente; procede en círculos, volviendo siempre a la misma pregunta, que se repite a través de todas las novelas de Drabble: ¿cómo puede una mujer intelectual llegar a la experiencia amorosa total? Drabble es gran maestra en el uso de autoironía que en esta novela procede a abolir la opinión tradicional acerca del amor, del matrimonio, de la religión, de la fidelidad. Para conseguir sus efectos, introduce, parodiándolos, varios estilos literarios o hace alusión crítica a ellos: «Supongo que hubiéramos debido morir, Santiago y yo. No resulta artístico continuar así. Tampoco es moral».[38] Juega, haciéndolo constar explícitamente, con varios puntos de vista.

La concienciación es el tema de la trilogía *Mujer y hombre*, de Elena Soriano, escrita en los años cincuenta, pero accesible al gran público sólo recientemente. El tema recibe un tratamiento particularmente interesante en *La playa de los locos* (1955-1984). Su sabio juego de personajes y situaciones arquetípicos hace de Soriano una precursora de la novela femenina moderna en España. Construida a base de desdoblamiento —presentación simultánea de una adolescente rebelde, con deseos de liberarse, y de una mujer madura que vuelve al mismo lugar a buscar las ilusiones del pasado y sólo entonces se libera de veras— representa el paso del romanticismo al realismo en la protagonista, sin llegar a la deconstrucción que se ha vuelto tan popular hoy día. La evocación de situaciones semejantes en la literatura de los siglos anteriores le confiere a veces la dimensión de doble distanciamiento: «sufrí un repentino desdoblamiento mental que me permitía contemplar desde fuera y con frialdad nuestra propia pareja y hasta compararla con las parejas sublimes descritas en los libros».[39] El camino hacia la concienciación hace surgir con frecuencia el *leitmotiv* de la metamorfosis, presente en muchas de estas novelas no sólo como tema, sino como su expresión estilística: una estructura fluctuante, un lenguaje en vías de formación, una sintaxis vacilante, imágenes en constante movimiento. En su concepción global podría verse como un ejemplo de lo que Annis Pratt llama «novela de la regeneración».

Una nota muy original entra en la novela de concienciación con *The Color Purple* [*El color morado*] (1982) de Alice Walker. Como *Fettfleck*, de Diana Kempff, añade la dimensión lingüística, haciendo hablar a su protagonista un lenguaje lleno de errores, inadecuado, expresando a través de él la opresión racial y la falta de educación. Es una visión muy concentrada de la suerte de la niña —y luego mujer— negra que procede por insinuación a través de contrastación, hace advertir los matices más nimios dentro de la escala social, y desarrolla la experiencia de una niña desde los catorce años —con *flash-backs* hacia la infancia— hacia la edad adulta. La concienciación como mujer ocurre sólo con la intimación de una posible relación lesbiana, no a través de los abusos sexuales anteriores por su padre o su marido. Es esta relación con una mujer emancipada lo que la empuja hacia la independización económica. El tiempo no cuenta para la protagonista, que aparece como la mujer eterna. El despertar del cuerpo y de la conciencia va acompañado de la concienciación social y racial. El tema de la incomunicación se transmite por el uso de monólogos: es una novela epistolar. En general, las cartas son muy breves y fragmentadas: la capacidad de conciencia de una niña poco desarrollada. El capítulo (carta) más largo describe precisamente un cambio: una conversación de la protagonista con su ex-marido que por fin la reconoce como un ente humano de igual a igual. Coetáneamente, en las cartas de su hermana, se cuenta una experiencia diferente, con un discurso adecuado: la percepción más cosmopolita de lo que es el mundo por una niña que ha viajado y ha ido a la escuela (pero en estas cartas refiere los usos y tradiciones muy primitivos de una tribu africana). No hay polémica abierta en esta novela; los efectos se consiguen por el uso del lenguaje y por su estructura.

Las autoras francesas cuentan con frecuencia la primera experiencia sexual —o el intento de una violación mientras la protagonista es una niña pequeña— como uno de los puntos más importantes en el proceso de concienciación. Este se describe de un modo muy completo en *Les Mots pour le dire* (1975) de Marie Cardinal, que se considerará en el capítulo que trata de la novela psicoanalítica, puesto que se construye con estos procedimientos. Otra novela de este grupo que ha hecho mella en toda escritura femenina francesa contemporánea es *La Bâtarde* (1964), de Violette Leduc, a la que se volverá brevemente en las consideraciones sobre la novela erótica. Entre las obras aparecidas más recientemente, *L'Amant* (1984) de Marguerite Duras podría ser considerada como una novela de formación, aunque Duras suele negar que exista una evolución, y aunque la experiencia referida ocupe sólo la elaboración de un episodio. El interés de *L'Amant* consiste en la inversión de la situación tradicional: la seducción de la joven muchacha se presenta como elección suya. Se deja seducir a sabiendas, o más bien lo induce, porque quiere tener esta experiencia. La protagonista, aunque mucho más joven, tiene un carácter más fuerte que el amante, y la decisión de terminar la relación también queda en las manos de ella, no de él, consagrando con ello la liberación de la mujer de su papel usual de sumisión y dependencia completa. Como en muchas novelas francesas, el elemento racional está presente siempre, aunque la configuración total no carezca de la nota sensual y emocional; depende fuertemente del elemento visual, tan característico en la obra de Duras.

Un enfoque diferente es ofrecido por Benoîte y Flora Groult en *Le Féminin pluriel* (1965), donde el trenzado de las voces de la esposa abandonada y de la amante que le ha quitado el marido va alternando hasta casi igualarse. Al fin, lo único que se destaca son la bajeza y el egoísmo del hombre, revelación a la que las dos mujeres llegan casi simultáneamente. Aunque de tendencia feminista, no ejerce crítica unilateral y termina con una nota ambigua: la presentación del «paraíso» de una comunidad de mujeres vistas en una sauna: «Dépouillées de leurs attributs habituels, sacs, gants ou bas, ce n'étaient plus des dames mais des êtres de sexe agressivement féminin. Le voici donc, à nu et sans défense, l'Eternel Féminin! [...]. Le voilà donc l'envers du décor qu'on voit dans la rue».[40]

La novela, en su estructura difusa, no presenta ninguna solución. Tiene cierta afinidad en su configuración con *Algo pasa en la calle* (1954) de Elena Quiroga, donde, sin embargo, está más claramente presente la huella de la narración polifónica a la Faulkner y se pone menos énfasis en la concienciación de la mujer. En la novela de Quiroga existe, además, el *parti pris*, que justifica a la amante/segunda mujer. El recurso de yuxtaponer a la mujer y la amante como dos conciencias independientes es bastante frecuente en la novela reciente. Lo hacía ya Simone de Beauvoir en *La Femme rompue*. Lo emplea de un modo original también Claire Gallois, en *Le Coeur en quatre* (1981).

4. Novelas de la maternidad

Un lugar aparte merecen las novelas, que también podrían ser consideradas como de concienciación, que se concentran sobre el tema de la maternidad. Su desarrollo tiene muchos matices. El caso más conocido es probablemente el de Karin Struck, con su *Die Mutter* [*La madre*] (1975). Struck intenta crear un nuevo mito de la mujer-madre, equiparando la labor de gestar un niño a la de producir un escrito. Llega a afirmar que la mujer que no es madre tampoco alcanza la plenitud como escritora. Sus ideas son frecuentemente más interesantes que su modo de narrar, muy tradicional aún, muy expositivo, hinchado de mensaje. *Die Mutter* es concebida casi como un documental o un estudio sociológico de las sensaciones-emociones de la mujer que resuelve tener niños. También en esta novela se establece una comparación entre las mujeres de tres generaciones y sus reacciones cambiantes, pero incluso en esto técnicamente no ofrece gran innovación. El tema de la incomprehensión es transmitido a través de escenas de monólogos interiores. Intercala también los sueños, pero se limita a resumir y contarlos, sin asignarles una función estructural o simbólica. Se presentan como material para análisis psicoanalítico, pero sin intentar seguir los procedimientos de transmisión. La maternidad es vista bajo dos enfoques: como destructora en cuanto a la independencia y las actividades políticas de la mujer o a su crecimiento individual, y como la continuidad de un poder mítico, aunque éste implique más dolor que alegría. El mensaje final es pesimista, como casi en todos los libros de Struck: el mayor bien es no haber nacido. La misma actitud continúa en *Kindheits Ende* [*Fin de la infancia*] (1982), clasificada como «Diario de una crisis». Allí alude a su proyecto de escribir una «filosofía de la parturición». (El elemento ficcional en tratar este tema es más logrado en *La casa de los espíritus* de Isabel Allende.)

En sus notas de 1982 Struck separa «filosofía» y análisis reflexivo de la parturición y ficción pura. Chantal Chawaf hace exactamente lo contrario. Partiendo de las teorías feministas acerca de la necesidad de hablar de fenómenos relacionados exclusivamente con la vida de la mujer, como menstruación, embarazo, parturición, y por otra parte, del deseo de crear un «lenguaje del cuerpo», procede a presentar estas experiencias en sus novelas —*Retable* (1974), *Cercoeur* (1975), *Le Soleil et la terre* (1977), *Maternité* (1979)— con una sensibilidad femenina, inventando un lenguaje nuevo para hablar de lo que antes no se admitía en la literatura, y convirtiendo los tabús en *jouissance*.[41] Su lenguaje es totalmente sensual, hecho de ritmos, gritos, melodías de canto; lenguaje lírico que intenta reproducir sensaciones eternas que se repiten desde los siglos primitivos. También Jeanne Hyvrard, en *La Meurtritude* (1977), busca ante todo efectos líricos, aun exponiendo ideas parecidas a las de Struck. Tanto Chawaf como Hyvrard no reconocen límites de género: mezclan verso y prosa y crean unidades nuevas. Es una característica particularmente frecuente entre las autoras francesas: «Je n'aime pas que les livres aient un genre défini, j'aime qu'ils soient à la fois roman, poésie, essai, recherche, histoire, philosophie».[42]

La nota más original dentro del grupo de la novela de la maternidad viene de las escritoras italianas. Oriana

Fallaci, en *Lettera a un bambino mai nato* (1975), presenta un diálogo imaginario de la joven mujer con el niño que va a nacer, pasando por toda la gama de reacciones y yuxtaponiéndolas a las de los hombres. El libro se desarrolla con un enfoque irónico y llama la atención por su exposición sucinta, de puntería muy segura. Hay pasajes de gran fuerza lírica, pero el conjunto se presenta más bien en términos polémicos, con lo cual pierde algo de su cualidad ficcional. Lo que lo salva es la ironía solapada. Como si fuera por juego, Fallaci introduce todos los temas actuales relacionados con la maternidad: posible pérdida de competencia profesional; consideraciones sobre el aborto; deseo de independencia frente a la obligación social de dar un padre al niño. Todos ellos se encuentran también en la novela, más polémica, *Donna in guerra* (1975), de Dacia Maraini, mientras que Emma Santos retrata un caso espeluznante de locura/deseo de tener un niño en *La Malcastrée* (1973).

Menos teórica o polemizante y más eficaz por su sutil ironía es *Bambino mio* (1979) de Lidia Ravera, otro ejemplo excelente de la escritura paratáctica. El libro empieza como diálogo imaginario con un niño imposible: «Conviene a tutti e due che tu resti allo stato di fantasma. Starai con me tutte le sere. Sarai dolce come un preliminare di amore. Parlare di te è affascinante».[43] Es casi como si Fallaci y Ravera hubieran decidido adoptar la figura del niño imaginario para el papel que en las novelas psicoanalíticas desempeña el escucha; en el diálogo con el niño la madre futura vierte todas sus preocupaciones actuales y hace excursos al pasado, pero en tono, sobre todo en la última, juguetón y tierno a la vez. Ravera confiere al fantasma caras diferentes. Primero es un niño imaginario referido como imposible; luego visto como posibilidad y amenaza; el aborto involuntario provoca reacciones nuevas; por fin, la existencia real del niño es aceptada como molestia y compensación a la vez. La protagonista habla siempre en primera persona que se entiende, sin embargo, como una reacción paradigmática, aunque no sin su pizca de ironía: «Si sta bene nascosti dietro il plurale. Noi. Noi donne. Noi donne nuove. Noi donne». Se ironiza la actitud tradicional-sentimental. El niño nace mientras la madre está durmiendo, provocando el siguiente comentario: «Non ho visto fuoruscire da me il bambino come un tuorlo dall'uovo. Non ho sentito il suo primo aggressivo vagito. Non ho detto "carne della mia carne" e "benvenuto"». La relación entre los dos se transmite en términos humorísticos no desprovistos de una nota de realismo: «Io ho latte e tu soltanto fame. Io ho patito e tu sei egoista. Io sono mucca da riproduzione e tu un operaio succhiatore».[44] El mérito de esta novela estriba en presentar el mito de la maternidad a través de un prisma muy diferente, que induce al lector a cuestionarlo.

La introducción del niño aún no nacido es una aparición nueva en el desarrollo de la novela. Permite verter el lirismo tradicional relacionado con el concepto de la maternidad, pero a la vez enfocar el fenómeno desde el punto de vista feminista. Es de notar que casi todas las autoras que se ocupan de este tema lo vinculan al nacimiento de la palabra: la gestación del lenguaje del cuerpo para unas; la posibilidad de diálogo libre para otras; la transmisión de la sabiduría primordial, eterna para todas.

5. La concienciación político-social

La concienciación político-social se desenvuelve en términos generalmente más polémicos. Frecuentemente se acerca a la novela de ideas, pero en algunos casos reproduce la lenta maduración global. Las dos autoras que más claramente se han pronunciado sobre ello, Doris Lessing y Christa Wolf, hablan de la «subjetividad objetiva» como el ideal de la nueva novela femenina. Según Lessing, la voz subjetiva «no puede ser sencillamente tuya»; siempre expresa al individuo situado en el contexto social: «El modo de tratar del problema de la "subjetividad", ese asunto escandalizador de preocuparse del individuo diminuto que al mismo tiempo se encuentra preso en una explosión de posibilidades terribles/maravillosas, es mirarle como un microcosmo y, así, penetrar más allá de lo subjetivo, convirtiendo lo personal en lo general, así como ocurre siempre en la vida».[45] Wolf lo expresa en términos muy parecidos. Su lema es: «Volverse vidente, hacer ver a otros». Ve la literatura y el compromiso social como dos manifestaciones íntimamente unidas: «Las dos se proponen ayudar al hombre a alcanzar su auto-realización».[46] Sus protagonistas siempre están metidas dentro del contexto histórico, participan en fermentaciones políticas y sociales. Tal vez por esto mismo la nota verdaderamente lírica y personal se da menos en ellas. El «yo» ficcional asume frecuentemente la función paradigmática; el deseo de transmitir un mensaje es obvio.

Una parte de las novelas de Dacia Maraini pertenece a este grupo, la más interesante siendo tal vez *Memorie di una ladra* (1972), que se inscribe dentro de la tradición picaresca y muestra la corrupción de una chica joven como consecuencia de la sociedad que la rodea. No llega en ella al lirismo que consigue Rodoreda en *El carrer de les Camèlies*, partiendo de una estructura semejante. Una nota original, sobre todo en cuanto al lenguaje, se da en *Ich stehe meine Frau* [*Yo, toda una mujer*] (1975), de Margot Schroeder, donde la denuncia se lleva a cabo a través de la configuración lingüística y con fuerte dosis de ironía sana. En España, Montserrat Roig ha intentado introducir figuras de muchachas jóvenes interesadas en la política que toman parte activa en la vida pública, y ha conseguido incorporarlas en la trama de un modo fehaciente, sin pasar a polémica explícita (p.e., en *L'hora violeta*). También *Lo color més blau* (1982) de Maria Aurèlia Capmany debería considerarse dentro de esta categoría. Aunque el libro consiste en el intercambio de cartas entre dos muchachas separadas por la guerra civil, éstas actúan ante todo como altavoces de la fermentación general en el país y entre los exiliados. Incorpora también las teorías del feminismo y no pocas veces pasa a tono polemizante. Como técnica y discurso permanece muy tradicional. Lo mismo se podría decir del intento de reproducir el dilema de los inmigrantes africanos novelizado por Claire Etcherelli en *Elise ou la vraie vie* (1967), cuyas novelas posteriores también ponen más énfasis en el mensaje que en la forma. Myriam Ben trata de compaginar los dos. El despertar de la conciencia social es evidente en *Las cárceles de Soledad Real* (1983) de Consuelo García, cuyos escritos dejan transparecer una intención polémica.

La concienciación de la mujer como ente social ocupa un lugar importante en las novelas de Rosa Montero, cuya obra se estudia en el capítulo V. En estas novelas se podría ver la corroboración de la observación por Nancy Chodorow de que la mujer generalmente está más ligada que el hombre al mundo que la rodea. Se integra en el ambiente sin intentar imponer su propia voluntad. (Gilligan indica que la ética de autosacrificio no pocas veces impide el desarrollo de la mujer como miembro independiente de la sociedad.) Por otra parte, sienten con más agudeza el aislamiento. Su concepción de la función social es aún frecuentemente la de compañerismo, no de responsabilidades cívicas (esto se ve en algunas protagonistas de Martín Gaite). No pocas veces la preocupación social tiene una relación estrecha con la problemática del propio «yo».

6. Escribir conscientemente como mujer

Las novelas que tratan de la concienciación de la mujer como escritora suelen poner de relieve las dificultades que ésta debe confrontar para compaginar el ser mujer y querer adquirir reconocimiento profesional. Con relación a esto a veces se discuten —o se muestran— las particularidades estilísticas que surgen de la rutina de su vida en casa. Se está volviendo difícil encontrar novelas femeninas que no toquen algún aspecto de esta problemática. Christa Wolf compone sus novelas siempre desde ella. Doris Lessing la transpone como estructura a *The Golden Notebook* [*El cuaderno color de oro*] (1962), donde se entretejen los motivos feministas con la experimentación estilística. En lengua inglesa, es la obra más monumental y más polifacética que se ocupa de la problemática de la mujer en general y de la mujer-escritora. Es una novela muy compleja, en la cual, sin embargo, no se llega a una solución satisfactoria. Tal vez por eso se haya dedicado luego la autora a ciencia ficción; género que, según algunos críticos, resulta muy adecuado para una mujer, porque en él no entra la tentación de incluir elementos autobiográficos. *The Golden Notebook* debería quedar fuera de este trabajo por su fecha, pero no es posible ignorarla, ya que acoge todos los aspectos de la búsqueda de identidad. En comparación con la narrativa que se escribe en Francia, Lessing se destaca por subrayar que el verdadero proceso de concienciación se da sólo a través de la experiencia vivida, no se puede inducir teóricamente.

En la introducción a esta novela, explica que quiere que su mensaje se transmita sólo por medio de la estructura y que no presente una sola interpretación posible: «el libro está vivo, tiene potencial, es producente y capaz de provocar ideas y discusiones *sólo* si su plan, su figura y su intención no se entienden». Procede alternando cuatro cuadernos, que representan cuatro facetas de la mujer: escritora, ente político, poder imaginativo y lucha por revisar su auto-concepción. La constante alternancia de estas facetas, no pocas veces con intención irónica, produce ambigüedad. La búsqueda de la forma ideal de ser mujer atraviesa varias etapas. Si al principio se sugiere la necesidad de ser ingenua, al final la vemos cínica y desorientada. Betsy Draine ve un signo positivo en esta evolución; abriéndose al caos y a la emoción, la protagonista consigue una visión madura que es a la vez irónica y comprometida, distanciada y compenetrada. Se incluyen alusiones al psicoanálisis; se toca el tema de la maternidad; se discute el amor libre. A pesar del deseo manifestado en la introducción, la novela está impregnada de ideología, tanto feminista como marxista-socialista, y es altamente intertextual. Sí consigue uno de sus propósitos: desconcertar al lector e incitarle a volver a considerar todos los problemas que toca. La asimilación del contexto por la escritora —quien, sin embargo, no nos persuade completamente de que su experimento en el nivel textual haya sido logrado— transmite en una cápsula toda la problemática de la mujer contemporánea.

Varias novelas comentadas en los apartados anteriores tratan de la concienciación a través del acto de escribir. Entre otras, *La Décharge* de Béatrix Beck (1979) se construye a dos voces, revelando el proceso de la escritura por el diálogo. En *L'Épouvante, l'émerveillement* (1977) experimenta con crear lenguaje femenino basado en la infancia. Puesto que la escritura en forma de memorias o de autobiografía representa una indagación incesante no sólo sobre el acto mismo de escribir sino también como camino hacia el conocimiento de sí mismo, las dos facetas se unen irremediablemente, igualando al ser con la palabra e insistiendo en la necesidad de crear un lenguaje específico para la mujer/escritora nueva.[47]

La realización a través de la palabra es un importante factor en las teorías psicoanalíticas. Se volverá a ellas con más detalle en el próximo capítulo. Por ahora baste señalar que según Marie Cardinal, el haber encontrado palabras exactas para describir su trauma le ha descubierto las raíces verdaderas de su experiencia como mujer y ha restablecido su salud. Para ella, dominar la palabra ha llegado a ser equivalente a dominarse a sí misma. Ezergailis ha estudiado este aspecto en Ingeborg Bachmann. Otras autoras (Brigitte Schwaiger, Margrit Schriber, Eva Demski, Brigitte Klump, Emma Santos) han definido el acto de creación como purgación. Casi siempre, el acto de escribir lleva a la liberación: en los siglos anteriores, con refugiarse en la imaginación; en nuestros días, cerciorándose del propio potencial y exigiendo que éste sea reconocido.

Ingeniosa como concepción es una novela escrita en el Brasil, *Mulher no espelho* (1983), de Helena Parente Cunha, que presenta el proceso de concienciación en un constante desdoblamiento irónico frente al espejo que refleja los «yos» diferentes de la protagonista. El largo monólogo interior se presenta como un diálogo con estos «yos», con el lector, con la narradora, y como respuesta a las observaciones referidas de la autora ficcional. Se plantea también la posibilidad —insinuada por Unamuno en *Niebla*— de que la autora depende tanto del personaje que va inventando como éste de ella. Es decir, el proceso de concienciación se vuelve doble. Lo ingenioso es la relación antagónica entre las dos, cada una pretendiendo lograr libertad total. Parente Cunha intenta quebrantar no ya las normas del comportamiento social o de la expresión lingüística establecidas por los hombres, sino el concepto mismo del personaje, cuyos parámetros también han sido establecidos por la crítica masculina.

Sería inútil intentar enumerar a todas las autoras que han tratado de la concienciación por medio de la escritura. Aparece por lo menos en una novela o un cuento de cada escritora. De un modo muy original, mezclando lo fantástico con lo irónico, lo introduce Barbara Frischmuth en *Die Frau im Mond* [*La mujer en la luna*] (1982). Entre las autoras españolas le dedican mucha atención Martín Gaite (sobre todo en *El cuarto de atrás*, que se comenta en el cap. III) y Roig. Ésta toma como punto de partida de *L'hora violeta* (1980) el «encargo» de escribir una novela. La estructura de esta obra es compleja: siguiendo el principio de múltiple protagonista, confiere mucha importancia a iluminación mutua entre los fragmentos y se apoya, además, en la intertextualidad. A través de los fragmentos alternantes la vida de cada protagonista surge como una novela, contraponiéndola a sus lecturas y haciéndola crecer por medio de referencias que se ramifican. En el centro se coloca el «manuscrito entregado», que se podría ver como una parodia de los procedimientos clásicos. El gran tema de la novela es en realidad la mujer liberada. Poco a poco, ésta, la mujer fuerte, va revelando sus debilidades, mientras que la mujercita tradicional, que no aspira a escritora, que sólo hace de esposa y trabaja no por amor a la profesión, sino para ganarse el pan de cada día, va adquiriendo fuerzas. El proceso de la escritura es triple: la compaginación de los manuscritos entregados a la escritora, Norma, para convertirlos en novela; el desarrollo de la *vida* novelesca de las tres protagonistas; el proceso de integración de los

71

dos en *una* novela. La narración se desarrolla alternando la primera (Natalia) y la tercera persona (Norma, Agnes), pero se completa con monólogos interiores y fragmentos de asociación libre dentro de esta última modalidad. Se subraya la búsqueda de identidad: «Ho feia sense tenir-ne gaire consciència. Es ara, que ho recordo, que tot pren una altra forma. Era com si busqués representar papers distints perquè no sabia quin m'escauria millor».[48] Desde el principio surge el lema de «el arte pone orden en la vida», señalado por Philippe Lejeune como el proyecto secreto de toda autobiografía. Entra también el tema de las transformaciones: como tema en Natalia (la parte dedicada a ella termina con «Voldria saber quan vaig començar a transformar-me en fantasma»); como realidad en Agnes.

A la vez que un estudio de la mujer en sus diferentes facetas, *L'hora violeta* es la novela de la escritura *haciéndose*. Situada en el mundo muy contemporáneo, presenta la realidad desde un enfoque más bien intelectual e incorpora una gran variedad de preocupaciones y teorías feministas, que la autora sintetiza luego en su *Mujeres en busca de un nuevo humanismo* (1981). No consigue la inmediatez de la vivencia o de la conciencia «inocente» a tal punto como Rodoreda, pero la conciencia está más presente en todo lo que toca a las mujeres. Son mundos y protagonistas muy diferentes. Las de *L'hora violeta* son vistas a distancia; sus encuentros son sabiamente manipulados. La definición que da Norma de Natalia podría ser tomada como una formulación del método empleado en toda la novela: procede como un entomólogo de sí misma, creando distancia para proteger sus partes vulnerables. El discurso se mantiene en el nivel intelectual. Son contadas las veces (p.e., Natalia rememorando el aborto) en las que aparece también un lenguaje más sensual o «corporal». Ninguna de las tres mujeres llega a la plenitud (es decir, a una emancipación verdadera; quedan pendientes del hombre), y la suerte del manuscrito también queda ambigua. Las transformaciones son presentadas de tal modo que permitan interpretación libre. Ninguna de las tres rompe a hablar en un lenguaje nuevo, que confirmaría su nacimiento como una mujer completamente transformada. (A lo largo de la novela abundan referencias a los libros ya existentes, que igualan a Norma-Roig, sin intentar una identificación total.) La gran fragmentación logra crear una imagen polifacética de la mujer; la escritora queda un tanto truncada.

El proceso de concienciación por medio de la escritura entra como tema explícito en *Veränderung* [*Transformación*] (1977) de Erika Pedretti, quien lo presenta como algo más fuerte que el mero deseo de construir una novela y como una incesante lucha por encontrar la palabra justa. Interesante es su modo de exponerlo: mientras que la protagonista observa a las personas que la rodean con la intención de convertirlas en personajes, se siente observada ella misma, lo cual desencadena el proceso de transformación en ella como persona. Angelika Mechtel, en *Die andere Hälfte der Welt oder Frühstücksgespräche mit Paula* [*La otra mitad del mundo, o conversaciones con Paula mientras se desayuna*] (1980) convierte el escribir acerca de la mujer en un acto de liberación de fantasmas del pasado, con una estructura intrincada que distribuye los problemas de la mujer contemporánea entre varias voces, alternándolas con narración en tercera persona. Observación e interpretación se juntan en un tejido muy denso. Yvette Centeno, en *No jardim das nogueiras* (1982), va más lejos aún: reproduce literalmente el hacerse del texto —y coetáneamente, la concienciación en la escritora— incluyendo párrafos medio borrados.

7. Procedimientos de concienciación

El recurso técnico usado con más frecuencia en la novela de concienciación es el desdoblamiento con todas sus posibles ramificaciones, incluyendo el doble y el espejo, que también tienen aplicación muy variada. Se ha aludido ya a la escisión completa de la protagonista de *Julia*, de Ana María Moix. Ezergailis ha notado que a veces el desdoblamiento puede llegar hasta la esquizofrenia (sería el caso de *Malina*, de Bachmann) e incluso hasta la locura, en cuyo caso ésta se presenta como una posible cura. Son ideas propuestas por Doris Lessing en *Briefing for a Descent to Hell* [*Instrucciones para bajar al infierno*] (1971) y en la introducción a *The Golden Notebook*: «este tema de crisis nerviosa, que a veces, cuando las personas enloquecen, es un modo de cura personal, en la que el "yo" íntimo rechaza falsas dicotomías y diversiones». Forma parte del proceso psíquico, liberando todo lo que era reprimido, y frecuentemente se manifiesta a través de un lenguaje muy diferente.

La variedad que aparece con más frecuencia en el siglo XX es el desdoblamiento irónico: el comentario autocrítico de las propias acciones (lo usan con gran maestría Frischmuth, Ortiz, Roig). En el siglo XIX era mucho menos frecuente: la mujer no estaba acostumbrada al uso de la ironía. (Se suele afirmar aún hoy que es incapaz de introducir verdadero humorismo.) Hoy, según Ingeborg Bachmann, no es ya sólo un aspecto estilístico, sino un estilo de vivir.[49] Ezergailis comparte esta visión; refiere que sus estudios demuestran la preponderancia de la estructura de doble eje irónico. Es muy obvia en todas las obras de Doris Lessing.

Es muy común también la introducción del «doble» (o, en términos de Jung-Ulanov, de la «sombra») como anti-heroína. Pratt ha observado que ya en las novelas del siglo pasado las protagonistas femeninas frecuentemente iban acompañadas de una contrafigura; el juego de contraste permitía destacar las características del personaje principal con más inmediatez y claridad. Una re-elaboración curiosa de esta técnica se da en *Wide Sargasso Sea* [*El ancho mar de Sargazos*] (1966), de Jean Rhys, quien invierte totalmente el papel de la anti-heroína de *Jane Eyre* estableciendo un diálogo casi ininterrumpido con el texto de Charlotte Brontë y reduciendo la figura de Rochester, y pide una reconsideración de «la mujer loca», cuya evolución recrea desde la infancia. Su locura se revela como resultado de una manipulación masculina y tiene algún punto de contacto con el tratamiento de la locura por Romá en *La maraña*.... En las dos se subraya la relación antagónica con la madre, es decir, una experiencia de *huis clos* aun antes de entrar en conflicto con el mundo masculino.

Ulanov examina el fenómeno con criterios psicoanalíticos. Postula que las figuras negativas —las «sombras»— son generalmente del mismo sexo que el «yo» y sirven para el proceso de concienciación más completa: en ellas se reconocen los aspectos «sombríos» y se trata de dominarlos con darles figura. Una observación parecida ha sido formulada por Mercier, quien llama a estos dobles «une sorte de repoussoir»: encarnación de los «no-valores».[50] En las novelas de técnica más moderna ni siquiera parece exacto ya hablar del doble, sino más bien de refracción. El juego se vuelve más sutil, dejando campo libre a la interpretación por el lector.

El desdoblamiento opera en línea horizontal. La sucesión de las generaciones es un fenómeno vertical en el tiempo. En la ficción con narración en primera persona el recuerdo va acercando constantemente la imagen de la madre y de la abuela. A la vez, la escritura misma sirve de espejo. Pratt ha estudiado el procedimiento en las escritoras del siglo XIX, y sugiere que ya entonces se usaba para iluminar la continuidad en la condición de la mujer. Hoy, como se ha visto en el análisis de *Ramona, adéu* y podría observarse en tantas otras novelas, se emplea para subrayar la rebelión y para presentar una crítica despiadada por parte de las jóvenes, que se han vuelto más conscientes. Esta va íntimamente ligada al complejo de la relación freudiana madre (o padre)/hija, particularmente frecuente entre las escritoras de lengua alemana, donde casi siempre surge como odio y va acompañado del complejo de culpabilidad.[51] Las teorías formuladas por Nancy Chodorow pueden ser consideradas como representativas de toda una escuela de psicólogos y psicoanalistas que refieren a la relación inicial madre/hija como la experiencia básica en la vida de la mujer, que marca profundamente su subconsciente. (Phyllis Greenacre, en cambio, centra sus investigaciones en la relación hija/padre y llega a la conclusión de que las mujeres que no han idealizado la imagen del padre carecen del lenguaje creador.) En la ficción, la relación madre/

hija ocupa un lugar más importante, subrayando la diferencia entre *antes* y *ahora*. El rostro de la madre no es ya el tradicional espejo de las virtudes.[52]

Muchas novelas de Gabriele Wohmann, y especialmente *Ausflug mit der Mutter* [*Excursión con la madre*] (1976) se desarrollan bajo este signo, que se encuentra también en Gertrud Leutenegger. La relación antagónica se expresa con gran fuerza en *Kartenhaus* [*La casa de naipes*] (1978) de Margrit Schriber y en *Lange Abwesenheit* [*Larga ausencia*] (1980) de Brigitte Schwaiger. Una parte de la problemática de *Malina*, de Ingeborg Bachmann, está basada en la relación de la protagonista con la figura evocada/reprimida del padre. Entre las autoras inglesas, Margaret Drabble dedica más atención a este aspecto en *The Millstone* [*La muela*] (1965).

Alice Jardine ha hecho notar que en las novelas francesas femeninas la reacción es casi siempre violenta. Postula, sin embargo, que la madre aparece como la fuerza de invención detrás de la mujer escritora. Un ejemplo de la relación compleja podría ser *Les Prunes de Cythère* (1975) de Jeanne Hyvrard. Muriel Cerf, en *Le Lignage du serpent* (1978), despliega un notable sarcasmo en sus consideraciones acerca de la familia. A la vez, yuxtapone de un modo ambiguo la figura de la madre y de las diosas de Egipto y de Babilonia con sus poderes sobrenaturales. Anne-Marie de Vilaine, en *Un regard plus tranquille* (1976), presenta la relación en términos más realistas: «Je n'avais pas aimé mon enfance, dont mon père, la plupart du temps absent, s'était dans le détail du moins, assez peu soucié. A lui, je ne reprochais que son absence, à ma mère je reprochais tout et je la rendais responsable de toutes ces années qui n'avaient même pas eu la grandeur du malheur, mais tout l'ennui d'un manque de bonheur».[53] Muy semejante es la exposición del complejo deber/odio/culpabilidad por Annie Ernaux en *Les Armoires vides* (1974).

Una variante interesante de la relación madre/hija que lleva a la concienciación ocurre en las novelas donde la hija no condena a la madre por la sumisión de ésta, sino trata de comprenderla desde una perspectiva distanciada. El tratamiento del problema por Marie Chaix representa un contraste casi total con la actitud que se ha visto en Anne-Marie de Vilaine, y se conforma más con la actitud de las feministas: «cet homme, comme il en est tant aussi, ne laissa s'épanouir en toi ni les audaces ni les violences qui libèrent l'amante et auraient doublé ta trop lisse douceur d'un peu de sauvagerie. Comme il te voulait, tu fus une femme apprivoisée, une épouse modèle et victime dont la sensualité n'eut libre cours que dans tes contacts de mère à enfant. [...]. Femme traditionnellement soumise, tu te montras présente quand il le voulait, patiente quand il le fallait et assouvie quand il en décidait».[54] Aquí, la hija dirige un diálogo imaginario a la madre en términos líricos; la comprensión de su situación permite mirar la figura de la madre paradigmáticamente.

Sylvia Truxa hace notar que en España, las primeras novelas de la posguerra escritas por mujeres se destacan por la ausencia de la figura de la madre.[55] Como se ha visto, en la narración más reciente la contrastación de las generaciones es frecuentemente uno de los ejes estructurales, como en Roig. Aparece como estructura secundaria en la trilogía *Los mercaderes* de Ana María Matute. Teresa Barbero, al recoger el tema, experimenta con el tiempo y las voces en *Un tiempo irremediablemente falso* (1973). Emma Cohen, en *Toda la casa era una ventana* (1983), crea un caso de adoración y defensa de la madre por la hija, sin que esto incluya trazas tradicionales, pero en esta novela estamos en presencia de una niña, no de una mujer que esté despertando a la vida independiente. Concha Alós trata la relación de un modo original en *Os habla Electra* (1975), donde la figura del padre aparece mitificada. Interesante es el acercamiento al tema por Marta Portal en *Pago de traición* (1983), quien construye la novela sobre un doble sentido de culpabilidad, yuxtaponiendo la relación madre/hija a la de mujer/marido para indagar el sentimiento de culpabilidad en la protagonista. La estructura que escoge —paralelo de dos adulterios, en dos generaciones diferentes, con alusiones directas a las teorías feministas—, invita a auto-examen y encamina hacia una concienciación más completa.

La imagen del espejo no se emplea siempre para ilustrar las semejanzas o las diferencias entre las generaciones. Los psicólogos y los psicoanalistas reconocen polivalencia en su función. También las teorías feministas se sirven de él. Puede ser usado negativa o positivamente. Según algunos críticos, la mujer solía verse incluso en el espejo siempre en segundo plano; el primer plano era ocupado por la imagen masculina (y no se refieren a los usos supersticiosos de algunas noches «mágicas» en las cuales las muchachas pedían al espejo que les mostrara la figura del futuro marido). Luce Irigaray, quien ha estudiado la cuestión en todas sus facetas, sugiere en *Speculum*... que en la relación tradicional del hombre con la mujer, el hombre quiere que la mujer no sea más que un espejo, y que la mujer necesita salirse de este espejo, romper su marco para realizar su lucha por la plenitud. Por otra parte, ve posibilidades nuevas: si anteriormente la mujer no era más que «el espejo vacío» que se iba llenando según los antojos del hombre, hoy le incumbe a ella asumir la función de llenarlo. Establece una distinción interesante entre el espejo convexo —que le había sido impuesto a la mujer— y el cóncavo, el *speculum*, que le permitiría penetrar en su propio interior.[56]

Según Béatrice Didier, hoy el acto de escritura significa para la mujer la capacidad de «briser le miroir qui enfermait la femme dans une certaine image du paraître et qui du même coup ne lui laissait jamais voir son propre visage».[57] Poco a poco va perdiendo validez una observación muy perspicaz hecha por Julien Eymard: que el agua servía como espejo sólo al hombre, quien se inclinaba sobre ella para admirarse como Narciso, mientras que la mujer flotaba sobre ella con los ojos cerrados, como Ofelia. Eymard ve el espejo como «signe et cause de l'asservissement des femmes [...] l'obstacle qui les empêche de sortir de leur condition».[58] (Hay que tener en cuenta que estudia sobre todo la poesía del siglo XIX y principios del XX.) Hoy, el mirarse en el agua o en el espejo va más de acuerdo con las ideas de Jung, quien ve el agua como un elemento femenino e indica que debe servir a la mujer no para satisfacer inclinaciones narcisistas, sino para llevarla al descubrimiento del propio «yo».[59]

Las escenas frente al espejo en la literatura son infinitas. Las referencias a ellas tendrán que ser arbitrarias. En *Nada* el espejo une dos funciones: la concienciación de Andrea y la contrastación con Angustias (ésta se encuentra en el primer plano, Andrea en el fondo, o simbólicamente, el espejo refleja sólo la mano de Angustias junto a Andrea). Presenta asomos de conciencia, pero no desencadena monólogos o procesos reflexivos largos. Aparece con gran frecuencia en *El volumen de la ausencia*, de Salisachs, incorporado al proceso de rememoración/reflexión sobre el presente. Rosa Romá se sirve del espejo en *La maraña...* para construir una escena entera que subraya la opresión social (cap. IV). Martín Gaite explora también la posibilidad de otras figuras femeninas que funcionan como espejos; Roig añade a esto la variante de espejo negativo/positivo.

Josefina Aldecoa intenta crear en *La enredadera* (1984) un espejo indirecto. Presenta a dos mujeres de generaciones distintas que ocupan la misma casa y se enfrentan con los mismos problemas, que resuelven diferentemente. Aquí se muestra que la concienciación interior no puede producirse independientemente de la circunstancia histórico-social. El adelanto en la generación contemporánea se subraya al presentar a la representante de ésta, Julia, como escritora, aunque sin lograr infundirle la *vivencia* de una mujer que escribe ni incorporar los problemas relacionados con la escritura de un modo semejante al de las novelas de Wolf, Lessing o Bachmann. El contrapunto que establece alternando estas escenas con fragmentos de la vida de Clara —escritas en estilo fin de siglo— es un medio particularmente eficaz para provocar concienciación en el lector.

Helena Parente Cunha ofrece una novela entera basada en el juego entre espejos y espejismos (*Mulher no espelho*). Las asociaciones desencadenadas por la imagen en el espejo son intensamente líricas en *Les Escaliers*

79

d'eau (1978), de Irène Schavelzon, quien a la vez hace resaltar el deseo femenino en varias generaciones de mujeres. Muy interesantes son las observaciones de Barbara Hill Rigney acerca de la función del espejo en la narrativa de Margaret Atwood: «El espejo se convierte en símbolo del yo dividido y el propio reflejo funciona como una especie de *doppelgänger* negativo». Según ella, también la figura de la madre se introduce principalmente como espejo, para hacer más evidente esta división.[60]

Anne-Marie de Vilaine aplica el concepto del espejo a la escritura femenina en general: al crear sus personajes, la mujer está en realidad creando la imagen de la mujer y con ello, buscándose a sí misma. Se basa en las conclusiones de Irma García, quien habla de «un long cheminement des femmes en quête de leur identité à travers le miroir de leur écriture». Comenta también la frecuencia del doble, o de parejas de personajes femeninos, explicada como sigue por Didier: «L'héroïne a souvent une sœur, une confidente, une amie proche ou lointaine qui lui sert de miroir, certes, mais dont elle est prête aussi à devenir le miroir».[61] Estrechamente relacionado con el doble y el espejo es el uso de monólogo interior. Se volverá a él en el último capítulo, que sirve de resumen de las estrategias narrativas usadas en estas novelas.

Como se ha visto a lo largo de este capítulo, la categoría «novela de concienciación» abarca prácticamente toda novela escrita por mujeres en los últimos años, siempre que ésta quiera ser leída con un enfoque femenino y que se haya intentado darle un discurso específico. La búsqueda de este lenguaje —que traería independización completa a la mujer como escritora, pero que también podría marginarla, si se exagera— motiva la gran variedad de procedimientos usados en la narrativa de los últimos decenios. Los obstáculos que encuentran las jóvenes autoras son estructuras preestablecidas que solían encauzar la conciencia en una dirección única. Hoy se pide más libertad para estudiar y exponer el mecanismo de la psique femenina. Con ello surge la necesidad de transformar también algunas premisas del análisis psicológico que se revela como uno de los caminos más importantes en la búsqueda y el descubrimiento de la «mujer nueva» plenamente consciente, y que ha inspirado muchas novelas en los años recientes.

NOTAS

1. Teresa Barbero, *La larga noche de un aniversario*, Ibérico Europea de Ediciones, Madrid, 1982.

2. Erich Neumann afirma que la mujer debe aprender a controlar su propio destino para conseguir estabilidad y sugiere que esto sólo se consigue a través de la actividad. «Poner orden» en las memorias podría ser considerado como un modo de hacerlo: no sencillamente evocar, sino tratar de comprender y sacar una lección de ellas. (Neumann citado por Carolyn G. Heilbrun, en *Reinventing Womanhood*.)

3. Lo autobiográfico en la novela ha sido defendido ya por Unamuno. Recientemente lo ha vuelto a formular Marie Cardinal: «On a dit alors: ce n'est pas un roman, c'est une autobiographie. Comme si tous les romans n'étaient pas autobiographiques», (*Autrement dit*, Grasset, París, 1977, p. 86).

4. Christa Wolf, *Nachdenken über Christa T.*, Neuwieder Verlagsgesellschaft, Neuwied, 1969, pp. 74 y 222.

5. Rosa Chaçel, *La confesión*, Edhasa, Barcelona, 1971, p. 19.

6. Véase su *Mémoires d'une jeune fille rangée* (1958). (Cito por la traducción inglesa, *Memoirs of a Dutiful Daughter*, Harper Colophon Books, Nueva York, 1959, p. 208.)

7. *Op. cit.*, pp. 14 y 20.

8. Carol Gilligan, *In a Different Voice. Psychological Theory and Women's Development*, Harvard University Press, Cambridge, 1982, pp. 8, 33, 49, 131. Hélène Cixous lo llama «economía masculina» (véase Michèle Richman, «Sex and Signs. The Language of French Feminist Criticism», *Language and Style*, XIII, 4 [otoño 1980] pp. 62-80). Véase también *Boundaries of the Self. Gender, Culture, Fiction*, ed. de Roberta Rubenstein, University of Illinois, Urbana-Chicago, 1987.

9. Nancy Chodorow, *The Reproduction of Mothering. Psychoanalysis and the Sociology of Gender*, University of California Press, Berkeley-Los Angeles, 1978, p. 169; Claudine Herrmann, *Les Voleuses de langue*, Des femmes, París, 1976; Graziella Auburtin, *op. cit.*

10. Alice Jardine, «Pre-Texts for the Transatlantic Feminist», *Yale French Studies*, 62 (1981), pp. 220-236.

11. Gilligan, *op. cit.*, p. 132; Rinser y Frischmuth en Serke, *op. cit.*, pp. 105 y 234.

12. *Op. cit.*, pp. 259, 229 y 151.

13. Ann Belford Ulanov, *The Feminine in Jungian Psychology and in Christian Theology*, Northwestern University Press, Evanston, 1971, pp. 177 y 169.

14. Margaret E.W. Jones, «Del compromiso al egoísmo: la metamorfosis de la protagonista en la novelística femenina de la posguerra», en *Novelistas femeninas de la posguerra española*, ed. de Janet W. Pérez, Porrúa Turanzas, Madrid, 1983, pp. 125-134.

15. Doris Lessing, *The Memoirs of a Survivor* [*Memorias de una sobreviviente*], Alfred A. Knopf, Nueva York, 1975, p. 4.

16. Teolinda Gersão, *Paisagem com mulher e mar ao fundo*, O Jornal, Lisboa, 1982.

17. Rosa Romá, *La maraña de los cien hilos*, Destino, Barcelona, 1976, p. 95.

18. Diana Kempff, *Fettfleck*, Rowohlt, Hamburgo, 1984, pp. 82 y 94. También Olga Gonçalves consigue, con *Mandei-lhe uma boca* (1983), una novela completamente oral, en estilo muy actual y lenguaje usado por los adolescentes de los años ochenta.

19. Ana María Moix, *Julia*, Seix Barral, Barcelona, 2.ª ed., 1972, p. 63.

20. Íd., pp. 63 y 77.

21. Íd., p. 220. Sara E. Shyfter, «Rites without passage: The adolescent world of Ana María Moix's *Julia*», en *The Analysis of Literary Texts. Current Trends in Methodology*, ed. de Randolph D. Pope, York College, Ypsilanti, 1980, pp. 41-50. Véase también Margaret E.W. Jones, «Ana María Moix: Literary Structure and the Enigmatic Nature of Reality», *Journal of Spanish Studies: 20th Century*, 4 (1976), pp. 105-116.

22. *Op. cit.*, p. 41. Carmen Martín Gaite dedica a esta novela páginas muy sugerentes en su *Desde la ventana*, Espasa Calpe, Madrid, 1987.

23. «És l'art de la Rodoreda d'apuntar, d'insinuar els fets amb eficàcia i saviesa, de no dir-los mai amb exactitud i amb minuciositat» (Carme Arnau, Prólogo a *Semblava de seda i altres contes*, Edicions 62, Barcelona, 2.ª ed., 1979, p. 13). Blanca Álvarez sugiere que Rodoreda «no es una cronista de su tiempo, es una maga, un hada capaz de crear lo aparentemente inexistente» («Mercè Rodoreda, un diamante oculto entre el bullicio de la plaza», *Los Cuadernos del Norte*, III, 16 [nov.-dic. 1981] pp. 34-37, p. 37. Véase también Carme Arnau, «Introducció a la narrativa de Mercè Rodoreda» acerca de la evolución de la obra de Rodoreda desde la «poeticidad» hacia el mito, en *Obres Completes I (1936-1960)*, Edicions 62, Barcelona, 1976, pp. 8 y 31.

24. *Ramona, adéu*, Planeta, Barcelona, 1972, pp. 44 y 45.

25. Íd., pp. 121 y 122.

26. Véase pp. 126, 131 y 132. Elisabeth Rogers ofrece un fino análisis de esta novela en «Montserrat Roig's *Ramona, adiós*: A Novel of Suppression and Disclosure», *Revista de Estudios Hispánicos*, XX, 1 (en. 1986), pp.103-121.

27. *Ramona, adéu*, p. 46.

28. Íd., pp. 165 y 166.

29. También la teoría freudiana de la histeria como resultado del amor perdido encuentra un tratamiento original en las novelas de Roig.

30. *L'òpera quotidiana*, Planeta, Barcelona, 1982, p. 76.

31. Íd., p. 104.

32. Íd., p. 116.

33. Íd., pp. 169 y 207. En la última cita hay ecos de una de las últimas escenas de *La Plaça del Diamant*. Roig ha leído muy bien a Rodoreda y tiene varios puntos de contacto con ella, aunque su estilo y su actitud de base sean muy diferentes.

34. Íd., p. 208.

35. Christa Wolf, *Nachdenken über Christa T.*, p. 146. Cf.: «Este es el misterio de la tercera persona, que está presente sin que se la pueda tocar y que, en coyuntura favorable, puede reunir en sí más realidad que la primera: yo» (p. 163).

36. Véase Betsy Draine, *Substance under Pressure. Artistic Coherence and Evolving Form in the Novels of Doris Lessing*, University of Wisconsin Press, Madison, 1983, donde se señala como una constante en Lessing el tema de «las varias etapas de concienciación» (p. 146).

37. Jennifer Johnston, *The Christmas Tree*, Hamish Hamilton, Londres, 1981, p. 69.

38. Margaret Drabble, *The Waterfall*, Alfred A. Knopf, Nueva York, 1969 (la edición original en Londres, también en 1969), p. 282.

39. Elena Soriano, *La playa de los locos*, 1955, Argos Vergara, Barcelona, 1984, p. 110.

40. Benoîte et Flora Groult, *Le Féminin pluriel*, Denoël, París, 1965, p. 26.

41. *La jouissance* es un término esencial en el léxico de las autoras femeninas/feministas. Algunas asocian su uso con la figura de Tiresias, quien había sido convertido en mujer y luego volvió a ser hombre, adquiriendo así una doble experiencia sexual. Según Tiresias, la mujer es capaz de gozar más plenamente del acto sexual. Es el derecho a este gozo lo que reivindican hoy sobre todo las autoras francesas.

42. Marie Cardinal, *Autrement dit*, p. 87.

43. Lidia Ravera, *Bambino mio*, Bompiani, Milán, 1979, p. 17. La nota de protesta puede ser más fuerte: «Guardateci libere di scegliere e tuttavie schiave di un fantasma bambino. Sedute in cerchio attorno a un'assenza, a contare quanto costa a noi il successo meccanicamente ereditario che di padre in figlio unisce la razza maschile» (p. 15).

44. Íd., pp. 36, 92 y 98.

45. Doris Lessing, *A Small Personal Voice*, Alfred A. Knopf, Nueva York, 1974, p. 32. Cf.: «Nada es personal, en el sentido de que le pertenezca exclusivamente a uno. Al escribir sobre sí mismo, uno escribe sobre otros, ya que los problemas, penas, alegrías, emociones [...] no pueden ser exclusivamente de uno»; (*The Golden Notebook*, Simon & Schuster, Nueva York, 1962, p. XV).

46. Christa Wolf, *Aufsätze und Betrachtungen*, Aufbau-Verlag, Berlín-Weimar, 1971, pp. 89 y 92.

47. Sobre este aspecto, véase Irma García, *Promenade femmilière. Recherches sur l'écriture féminine*, Des femmes, París, 1981 y Anne-Marie de Vilaine, «Le corps de la théorie», *Magazine Littéraire* 180 (feb. 1982), pp. 25-28. Marie Cardinal lo *muestra* en *Les Mots pour le dire*.

48. *L'hora violeta*, Edicions 62, Barcelona, 1980, p. 74.

49. *Wir müssen wahre Sätze finden. Gespräche und Interviews*, ed. de Christine Koschel & Inge von Weidenbaum, Piper, Munich-Zurich, 1983, p. 97.

50. Ulanov, *op. cit.*, pp. 33 y 34; Mercier, *op. cit.*, p. 12.

51. Véase la declaración de Christine Ulrich en *Im Jahrhundert der Frau*, pp. 35 y 36. En realidad, la crítica empieza mucho antes: Lizzy, en *Pride and Prejudice* de Jane Austin, tiene que enrojecer más de una vez a causa del comportamiento de su madre, quien llega a ser espejo de lo que ella no quisiera ser. Pero en esos años aún no formula su crítica en los mismos términos que se usan ahora.

52. Phyllis Greenacre citada por Janine Chasseguet-Smirgel, *op. cit.*, p. 155. Sobre la relación madre/hija en general, véase Marianne Hirsch, «Mothers and Daughters», *Signs*, VII, 1 (otoño 1981), pp. 205-222; Jane Flax, «Mother-Daughter Relationships: Psychodynamics, Politics, and Philosophy», en *Future of Difference*, ed. de Hester Eisenstein & Alice Jardine, G.K. Hall, Boston, 1980, pp. 20-40; Luce Irigaray, *Le Corps-à-corps avec la mère*, Editions de la Pleine Lune, Montréal, 1981. Jane Gallop repasa las implicaciones freudianas en *The Daughter's Seduction: Feminism and Psychoanalysis*, Cornell University Press, Ithaca, 1982. Una presentación panorámica del tema se encuentra en *The Lost Tradition. Mothers and Daughters in Literature*, ed. de Cathy N. Davidson & E.M. Broner, Frederick Ungar, Nueva York, 1980. Susan Rubin Suleiman ofrece un estudio psicológico-sociocrítico, «Writing and Motherhood», en *The (M)other Tongue. Essays in Feminist Psychoanalytic Interpretation*, ed. de Shirley Nelson Garner, Claire Kahane, Madelon Sprengnether, Cornell University Press, Ithaca & Londres, 1985, pp. 352-377.

53. Anne-Marie de Vilaine, *Un regard plus tranquille*, Juliard, París, 1976, p. 134. Continúa explorando la relación en *La Mère intérieure*, Mercure de France, París, 1982.

54. Marie Chaix, *Les Silences ou la vie d'une femme*, Seuil, París, 1976, p. 72.

55. Sylvia Truxa, *Die Frau im spanischen Roman nach dem Bürgerkrieg*, Klaus-Dieter Vervuert, Frankfurt/Main, 1982, p. 81.

56. Luce Irigaray, *Speculum...*, pp. 279-296; *Ce sexe...*, pp. 20 y 150.

57. *Op. cit.*, p. 241.

58. Julien Eymard, *Ophélie ou le narcissisme au féminin. Étude sur le thème du miroir dans la poésie féminine*, Minard, París, 1977, pp. 8 y 13. Véase también Naomi Schor, «*Eugénie Grandet*: Mirrors and Melancholia», en *The (M)other Tongue*, pp. 217-237.

59. C.G. Jung, *Bewusstes und Unbewusstes*, Fischer, Frankfurt/Main, 1972, p. 29.

60. *Madness and Sexual Politics in the Feminist Novel. Studies in Brontë, Woolf, Lessing, and Atwood*, University of Wisconsin Press, Madison, 1978, pp. 94 y 119.

61. En Anne-Marie de Vilaine, «Le corps de la théorie», p. 27.

CAPÍTULO III

LA NOVELA PSICOANALÍTICA

El interés por los procedimientos psicoanalíticos trasladados a la ficción es cada vez más vivo. Va de la mano con la concienciación. En la novela del despertar, el darse cuenta muchas veces se produce en forma de una epifanía, como un acontecimiento incontrolado. La novela psicoanalítica indaga el subconsciente siguiendo un método determinado. Lleva al paciente a evocar la infancia, intentando descubrir las causas secretas que han moldeado el estado de ánimo presente. Es un procedimiento más controlado, que se inspira en técnicas científicas.[1] La meta final es la misma: encontrar el «yo» auténtico y ver cómo se ha formado. La búsqueda de identidad es el gran tema. Muchas de las novelas de concienciación incluyen elementos psicológicos. Como se ha visto, se orientan hacia la vivencia interna. La novela psicoanalítica se acerca al problema con el objetivo de transmitir la experiencia de la terapia de un modo más específico y al mismo tiempo más limitado. En este capítulo se intentará ver sólo algunas de ellas, que tienen elementos más directamente identificables con el psicoanálisis. Es decir, el psicoanálisis entra aquí como determinante del tipo; no se propone adoptar psicocrítica como método.

Tanto la novela de concienciación como la psicoanalítica se narran desde el presente, pero la psicoanalítica adscribe tal vez más importancia a la infancia, a las primeras impresiones aún inconscientes, generalmente traumáticas, siguiendo los métodos establecidos por Freud, Jung, Adler y más recientemente por Lacan. En esto tropezamos con el primer escollo: no siempre la crítica femenina está dispuesta a aceptar las teorías prevalecientes. Varias feministas se han pronunciado en contra de Freud, por ejemplo.[2] La crítica psicoanalítica parte de la base establecida por Freud; algunas novelistas no olvidan las observaciones de Jung, particularmente en cuanto a la búsqueda del «ser íntegro» (Doris Lessing, Anaïs Nin). Lacan, ampliando las investigaciones freudianas, formula de modo más inciso la relación del analizado con la palabra; este aspecto interesa particularmente en relación con la novela.

La importancia del psicoanálisis en la escritura de hoy es innegable. Varias autoras se han sometido a un tratamiento ellas mismas (Cardinal, Leiris, Lessing, Nin), es decir, tienen experiencia de primera mano y pueden evaluar directamente la aportación de tal experiencia al acto creador. Según Anaïs Nin, permite «encontrar la realidad al descartar el realismo».[3] La introspección, el descubrimiento de las voces y de los deseos reprimidos permiten mayor expansión, llevan a la plenitud del ser en el sentido jungiano.[4] Confiesa Leiris: «Antes, no tenía la sensación de unidad. [...]. El psicoanálisis me ha revelado la conexión entre los diferentes comportamientos».[5] Hélène Cixous, una de las novelistas más destacadas por sus escritos sobre la creación femenina, tampoco concibe que se pueda escribir hoy sin basarse en el psicoanálisis; cree que es el único modo de recuperar lo reprimido, o sea, lo más auténtico del «yo».[6] Sus narraciones representan un constante indagar psicoanalítico, particularmente evidente en *Ananké* en cuanto al procedimiento y como referencia en *Illa, Vivre l'orange, With ou l'art de l'innocence*.

Se podría decir que la presencia de psicoanálisis en la novela refleja la circunstancia vivida. En los siglos anteriores la mujer escribía cartas como único modo de evasión de su rutina doméstica. En el siglo XIX empieza a utilizar la imaginación como instrumento para la creación; por fin se admite que puede producir obras de ficción. Hoy va al psicoanalista, fenómeno que es recogido en la literatura.[7] Estelle Jelinek hace observar que incluso al escribir autobiografía la mujer solía hablar sobre todo de hechos y escondía sus sensaciones más profundas, lo cual va de acuerdo con la propuesta de Juliet Mitchell de ver a la mujer como «arquetipo de la conciencia reprimida».[8] El psicoanálisis ha usurpado hoy el lugar de la confesión, dictando un lenguaje nuevo. En vez de velar «por el decoro», se insiste en desvelar, aunque la censura no haya desaparecido por completo.

La investigación psicológica trata de ir más allá del «yo» social, de lo que Jung llama *persona* o careta que pertenece, según él, al fondo colectivo. Para llegar a existir auténticamente como individuo es imprescindible, dice, despojarse de la máscara. A la concienciación, que debería ser la meta de todo ser pensante, se llega a través de la sensación de ser diferente. Lacan lo presenta como la oposición entre «yo» y «Otro». Esta necesidad de diferenciación y, por consiguiente, de diálogo traslada el énfasis del auto-estudio en el espejo a la *auto-creación* por medio de la palabra.[9] No es sorprendente, pues, que una gran parte de las novelas psicoanalíticas se centren en la figura de una escritora como personaje principal. El proceso de concienciación se vuelve doble o incluso triple: como individuo, como mujer, como creadora de un lenguaje nuevo. Por eso mismo —porque está intentando diferenciarse en todos los niveles— es a veces vista como loca. Locura que en los siglos precedentes no tenía remedio: perecían tanto las brujas como las mujeres histéricas.[10] Sólo en este siglo se ha empezado a hablar de la locura como una posible cura y de la necesidad de conocer y asimilar «las fuerzas oscuras» que corresponderían a lo que Jung llama «la sombra»: la parte negativa del «yo» que lo complementa y hace posible su progresión si no es reprimida. Shoshana Felman va hasta afirmar que la locura y la esquizofrenia funcionan hoy como el eje estructural de más de una novela y que crean el aspecto más interesante de la escritura contemporánea: su ritmo particular.[11] También Michèle Montrelay y Hélène Cixous insisten en la importancia de este ritmo que, según ésa, responde en la mujer al ritmo de la transferencia.[12]

El descubrimiento, a través del psicoanálisis, de sus fuerzas secretas lleva a la mujer de su papel pasivo a la actividad, y le confiere una sensación de independencia. El darse cuenta de la diferencia (acentuación de *eros* frente a *logos*, del ensueño en vez del pensar claro, de la impresión/intuición en vez de la opinión, de la libertad en vez de la disciplina) no significa inferioridad. Bien entendida, podría abrirle también a ella las puertas del poder, cuya falta es, según Foucault, la clave de la represión y de los complejos de inferioridad.[13] Esta conciencia va transformando su actitud interior así como su posición social. Es precisamente el psicoanálisis lo que frecuentemente ayuda a la mujer a salir del nivel de arquetipo y llegar a la individuación para realizar lo que Irigaray llama «la puissance non actualisée». Esto se hace posible a través de «la maîtrise du discours».[14]

En sus principios, el psicoanálisis ponía mucho énfasis en los sueños como expresión del subconsciente. La interpretación de los sueños constituía una parte importante de la cura; se llegó a fundar toda una emblemática. En este tipo de tratamiento el/la paciente seguía teniendo una parte más bien pasiva: contaba el sueño, y su contenido era analizado por el psiquiatra. Otto Rank ha puesto en tela de juicio la adecuación de este método, alegando que la interpretación de los sueños no puede nunca llegar a ser una ciencia, ya que el origen de ellos es algo espiritual, que no se deja medir. Freud basaba su ciencia en gran parte en las pulsiones sexuales y los deseos reprimidos. Jung prefiere dar más latitud al concepto del inconsciente y sitúa en él la raíz del proceso creador, no necesariamente derivado del deseo sexual. De paso, observa que se da contadas veces en la mujer. Este juicio es parecido al fallo de Freud: la mujer es casi incapaz de llegar al *superego*, elevarse sobre sí misma y autoobservarse o producir un juicio imparcial. (En esto se podría buscar la base de las diferencias que se señalan entre el estilo «masculino» y el «femenino».) Lacan ha trasladado el peso sobre la palabra —lo único concreto que existe— que «reconstruye siempre para el otro». Las palabras significan ante todo para el analista. De aquí el frecuente uso del desdoblamiento al tratar de crear una novela sobre el proceso de la concienciación artística: el «yo» de la protagonista-escritora se escinde en observante y observado cuando decide prescindir del analista oficial.

Hoy el analista se fija no sólo en el contenido de lo enunciado, sino en la enunciación misma. No se contenta con ir suministrando palabras sueltas al paciente para desencadenar asociaciones; estudia la elección espontánea que revela la personalidad y los problemas del paciente. Se pone más énfasis en lo lingüístico. El paciente es invitado a elaborar y colaborar. Al evocar las escenas del pasado que más le han marcado ayuda la reconstrucción por medio de la expresión específicamente suya, aunque desordenada, que contiene las palabras-clave. Trasladándolo al nivel de la creación, dice Leiris: «le travail s'y fait *sur* le langage et *par* le langage».[15] La palabra es acogida como el significante por el psicoanalista, pero a la vez significa para el paciente, quien se instala entre dos niveles temporales. El acto mismo de referir un recuerdo o un sueño al analista se vuelve autoanalítico. El fluir libre facilita la indagación. Este aspecto de la palabra hablada, informal, se ha vuelto muy importante en la novela: muchas de las obras que tocan lo psicoanalítico se escriben en un estilo que se acerca a la enunciación oral. En más de una, el analista o el escucha (el interlocutor silencioso) aparece como un personaje que sólo desencadena la confesión, quedando en el plano secundario.

Últimamente, se habla cada vez más del «yo dividido». Este puede ser visto como sujeto y objeto en una sesión de psicoanálisis, o aparecer como el doble en las obras de arte. Otto Rank y varios psicólogos que le siguen hacen notar la importancia del doble en la literatura, destacando su uso ingenioso por E.T.A. Hoffmann ya en el siglo pasado.[16] Lo desarrolla más ampliamente Hélène Cixous en *Prénoms de personne*. A la luz de las teorías de Jung, el doble asumiría el papel de la parte que falta en la constitución del «yo» para llegar a plena integridad. Constituye la base de la búsqueda constante del modo de reunir a *animus* con *anima*. Por otra parte, Luce Irigaray ve en «la incomplétude» una de las características básicas de lo femenino. Por consiguiente, afirma, seguida de Cixous, que el «yo» femenino se compone de varios «yos» medio realizados, no sólo de una parte femenina y su opuesto. Entre las novelistas de este siglo los experimentos de crear el doble de sexo opuesto han producido la pareja Clarissa/Septimus en *Mrs. Dalloway* y la díada compleja Ich/Malina en *Malina*. Virginia Woolf crea el complemento de Clarissa en Septimus y desarrolla el tema de la vida frustrada de un modo muy diferente en los dos.[17] Siendo propagadora empecinada del ideal de lo andrógino, muestra cómo elementos «masculinos» y «femeninos» se distribuyen y se intercambian entre ambos. El proceso de la concienciación se agudiza —sobre todo en el lector— al enfrentarlos. Ingeborg Bachmann ofrece una confrontación menos evidente: su doble tiene elementos de esquizofrenia. Se volverá a su novela más abajo, ya que encarna muchos de los fenómenos debatidos por los teóricos.

Para los psicoanalistas toda enunciación —sea el sueño referido, sea la palabra pronunciada al acaso— es símbolo y pide interpretación. Trasladado al campo de la novela, esto significa que se vuelve prácticamente imposible una lectura única y lineal. Este es el modelo preconizado por Irigaray y Cixous:

> il n'y aurait plus ni endroit ni envers du discours, ni même du texte, mais les deux passant de l'un à l'autre pour faire «entendre» aussi ce qui résiste à cette structure recto-verso qui étaye le bon sens. [...]. Il convient de faire en sorte aussi que la lecture linéaire ne soit plus possible: c'est-à-dire que la rétroaction de la fin du mot, de l'énoncé, de la phrase, sur son début soit prise en

compte pour désamorcer la puissance de son effet téléologique, y compris son après-coup.[18]

Esta afirmación no desentona dentro del marco de la crítica actual. También Michael Riffaterre sugiere que una lectura retroactiva revela siempre más.[19] En psicoanálisis, el procedimiento no se refiere sólo al orden de la confesión. El efecto retroactivo funciona también lateralmente: aparte de las conclusiones del psicoanalista, el analizando va conociéndose a sí mismo a través de la exposición que produce *para otro*. Hay, pues, dos «yos» que se enfrentan con el analista. Algunas novelas contemporáneas tienen una intención parecida: incluir activamente al lector en su *devenir*. Según Lacan, lo importante en el psicoanálisis no es descubrir la realidad, sino la verdad. En la búsqueda del verdadero «yo» sólo se admiten detalles significativos. El ser se presenta desnudo en su propia significación, en estructuras fragmentadas, donde cada signo tiene función específica y muchas palabras adquieren valor simbólico.

El psicoanálisis debería ayudar a la mujer a encontrarse y a completar su proceso de concienciación, a llegar a conocerse no sólo emocional, sino racional/científicamente. En esto peligra por lo menos uno de sus aspectos privilegiados: su «influencia mágica» sobre el hombre. Según Jung, la mujer ejerce su poder sobre el hombre a través del inconsciente.[20] Renunciar a este privilegio significa nuevos dolores de transformación: un dilema que surge en numerosas novelas y en más de una produce una nota escéptica. Cada autora lo trata de un modo original, rebasando los límites de psicoanálisis. Para volver al tema propuesto para este capítulo nos detendremos en las páginas siguientes en algunas obras que más concretamente desarrollan el aspecto psicoanalítico en relación con la escritura.

El proceso del análisis como trama principal se incorpora a la novela hoy considerada ya como clásica para este tipo de narración, *Les Mots pour le dire* (1975) de Marie Cardinal, particularmente interesante a causa de las declaraciones posteriores de la autora en un libro ulterior, *Autrement dit* (1977). Así presenta dos facetas de la misma experiencia, con atención particular a la expresión. Su novela autobiográfica (ella misma define la diferencia entre novela y proceso verbal, al que se parece: en la primera se trata de seleccionar) transmite la experiencia psicoanalítica como narración retrospectiva, con actitud definitivamente positiva. La protagonista de *Transfert* (1974) de Erika Kaufmann también cuenta su experiencia en el consultorio de un psiquiatra, pero su texto se configura como una confesión en forma de cartas en el presente. Consiste en mostrar cómo una obsesión en el pasado se convierte en otra obsesión igualmente fuerte a la hora de escribir. Su juicio, así como el de Lourdes Ortiz en *Luz de la memoria*, acerca de la utilidad del psicoanálisis es mucho más ambiguo. Esther Tusquets lo trata con ironía en *Para no volver* (1985). Ingeborg Bachmann, por fin, no narra ningún proceso: su *Malina* (1971) se organiza como una dramatización de las teorías psicoanalíticas, aunque ella misma prefiera considerarla como *Künstlerroman*. Mirémoslas más de cerca.

Aunque no la primera en el orden de aparecer, *Les Mots pour le dire* ha llamado la atención de la crítica tal vez más inmediatamente y ha sido traducida a varios idiomas. Reúne muchos aspectos de gran actualidad en su tiempo: el cuestionamiento de lo que es ser mujer; el problema de la integración de dos culturas; la falta de base segura en un hijo de padres divorciados; la ficcionalización, mínima, de los procedimientos psicoanalíticos. Es, además, un examen del proceso de la escritura que se consigue a través de la concienciación. Saber quién se es confiere el poder de encontrar la palabra exacta. A su vez, al expresarse, la protagonista se siente confirmada en su ser más íntimo. La terapia le devuelve su identidad como individuo, como mujer y como escritora.

La novela entera consiste en el relato de su tratamiento, que duró siete años. Como presentación no es innovadora: prosigue linealmente. En la primera página la protagonista va por primera vez al consultorio del médico; en la penúltima se despide de él, habiendo encontrado la cura. Como contraste, en las páginas que preceden esta escena, se cuenta la última «confesión» de su madre antes de morir: confesión de una mujer a la antigua que no es capaz de admitir la verdad ni siquiera al médico y que será liberada sólo por la muerte que, a su vez, significa la cura definitiva de la hija obsesionada por la falta del amor maternal. Las palabras que presenta como resumen de las dos actitudes corroboran su fe en el psicoanálisis y recogen el tema de la locura como cura:

Si je n'étais pas devenue folle je n'en serais jamais sortie. Tandis qu'elle, elle a repoussé la folie jusqu'à la fin, jusqu'à son départ d'Algérie. C'était trop tard, la gangrène s'était mise dans sa moelle. Elle a eu peur de se révolter avec les mots et les gestes de la révolte, elle ne les savait pas, ON ne les lui avait jamais appris.[21]

La importancia de la palabra se señala en el título y sigue subrayándose a través de la novela. El procedimiento es freudiano: pronunciar una palabra y ver qué asociaciones provoca: «"Tel mot, à quoi vous fait-il penser?" Je prendrai ce mot et je déviderai toutes les pensées, toutes les images qui s'accrochaient à lui. Le plus souvent ce mot était la clef qui ouvrait une porte que je n'avais pas vue».[22] Se pone énfasis en la expresión oral y en la espontaneidad. En *Autrement dit* indica con más precisión que desde el primer día, el analista especifica que se trata no sólo de la asociación libre, sino de encontrar un modo particularmente suyo de expresarse: «Ne vous servez pas des connaissances que vous avez, trouvez un vocabulaire qui vous soit propre».[23] El tema de la palabra reprimida se toca no sólo en el enjuiciamiento de la madre, sino también al hablar de las mujeres argelinas, sometidas a una opresión mayor.[24] Esto trae consideraciones sobre otros modos del hablar femenino: a través del cuerpo, que no es, sin embargo, el lenguaje de la concienciación y que no les permite salir de su posición de objeto. El éxito de la protagonista en adquirir una personalidad destacada a través de la escritura se ilustra

por el hecho de que su marido, que durante su enfermedad había ido alejándose, vuelve a ella después de haber
leído su manuscrito: «Comme tu es changée. Tu m'inti-
mides, qui es-tu? [...]. Écoute, je ne sais pas ce qui me
prend, je suis amoureux de la femme qui a écrit ces
pages».[25] Su propia reacción va más allá de la relación
amorosa: «Ma vie était entièrement transformée. Non
seulement j'avais découvert le moyen de m'exprimer
mais j'avais trouvé toute seule le chemin qui m'éloignait
de ma famille, de mon milieu, me permettant ainsi de
construire un univers qui m'était propre».[26] La palabra
encontrada es la confirmación del poder de la mujer,
este poder nuevo que intimida al marido. Borra todo
complejo de inferioridad. El fenómeno ha sido estudiado
por Freud y por Foucault. En *Les Mots*, surge casi como
una epifanía en relación con un sueño que la protagonista está repasando mentalmente:

> Cette peur qui me paralysait, qui paralysait ma mère et
> les femmes en noir, ce n'était pas la peur du phallus, du
> vit, du chibre, c'était la peur du pouvoir de l'homme.
> Suffisait de le partager ce pouvoir pour que la peur
> s'éloigne. J'étais certaine que c'était ça la signification de
> mon rêve.[27]

La precisión y el poder que ésta trae no le parecen
suficientes, sin embargo, no quiere renunciar a la parte
«femenina» de la expresión. No busca el producto perfec-
to, acabado. El escribir se presenta siempre en términos
de una búsqueda, de algo incompleto: una parte viva del
sujeto escribiendo, no un objeto que se destaca. (El deseo
de forjar un lenguaje que parezca una prolongación del
cuerpo es frecuente en las escritoras francesas; la obra
escrita no implica cortar el cordón umbilical.) Se afirma
el aspecto oral, algo que pueda cambiar con la modulación de la voz, y que no cabe en la letra escrita:

> Des heures à tourner autour de quelques mots! C'était
> pourtant si facile à dire ce que j'avais à dire. À dire.
> Mais pas à écrire. Comment imprimer à mon manuscrit
> bien-aimé les mimiques éloquentes du corps et du visage

qui accompagnent la parole, les silences, le ton et la mu-
sique de la voix, le regard chargé de mots inexprimés
mais cependant compréhensibles, les mains, comme des
plateaux de fruits, pleines de phrases muettes, enfin tout
ce qui charge les mots du sens exact qu'on veut leur donner.[28]

El deseo de continuidad, con la raíz psicológica de
la unidad del «yo», se corrobora en Marie Cardinal por
el hecho de que todo libro suyo incluye elementos autobiográficos, uno reanuda con otro. Todos representan la
misma búsqueda que no ha terminado con las sesiones
psicoanalíticas.[29] *Les Mots* cuenta la historia de principios de una locura causada por la obsesión y luego el
odio a la madre. Su última novela, *Le Passé empiété*, intenta recrear la figura del padre apenas conocido, cuya
falta ha sentido siempre. El proceso psicoanalítico continúa, aunque ya sin analista. El desdoblamiento sigue
siendo el eje estructural. En esta novela alterna pasajes
donde ella habla del padre como «objeto»; luego le hace
entrar y hablar en primera persona, y en la última parte
introduce a Clitemnestra como su propio doble.

El «yo» de *Les Mots*..., aunque muy personal y estrechamente unido a su propia vida, no renuncia a su función paradigmática. En *Autrement dit* indica que es sólo
una máscara y que fácilmente podría convertirse en
«ella». Con esto, la historia de la locura y de su salida
victoriosa de la enfermedad adquiere valor simbólico.
En *Le Passé empiété* vuelve a ello, uniendo el tiempo vivido con el mítico: «Odette, Clytemnestre, Iphigénie,
Mimi, toutes ces mortes exemplaires, m'accompagnent.
[...]. Au fond, elles sont des miroirs dans lesquels je me
reflète. [...]. Moi en mère, moi en fille, moi en épouse,
moi en femme, en femme, en femme, en femme».[30] El
psicoanálisis le ha ayudado a resolver su complejo particular; el genérico de la mujer queda abierto.

Como tantas otras novelas, *Les Mots* presenta al lector un acervo muy rico de tópicos corrientes: la hipocresía; la religión; el primer intento de seducción de una
niña; fuerte crítica de la sociedad burguesa con sus normas anticuadas; la victimización de la mujer. Muy im-

portante es la parte atribuida a la percepción por los sentidos, el sentirse unida a la naturaleza, sin sentir el tiempo: una existencia más bien biológica que reanuda con la infancia y la adolescencia en Argel. (La enfermedad mental sobreviene al instalarse en Francia.) En *Au pays...* sintetiza sus experiencias: «Depuis que je ne vis plus en Algérie, il n'y a pour moi que labeur, vacances, luttes. Il n'y a plus d'instants où, sans restriction, je suis en parfaite harmonie avec le monde».[31] A los problemas causados por la constitución de la familia se añade el del exilio y de las raíces truncadas, que se incorpora a la narración con gran acierto. La narración es escueta: da la impresión de no buscar una estructuración artística ni una presentación elaborada.[32] Puesto que se centra en el tratamiento psicoanalítico de la protagonista, mucha atención se dedica al análisis de los sueños.[33] Los símbolos se entrecruzan con epifanías, nacen connotaciones nuevas. El gran interés de esta novela estriba, sin embargo, en mostrar cómo con la ayuda de psicoanálisis un complejo se transforma en lenguaje, y cómo la palabra llega a funcionar como el medio más apropiado para la cura.

El enfoque de Erika Kaufmann en *Transfert* es más limitado. Entran menos los problemas relacionados con la concienciación; hay menos reflexión sintetizante. La terapia se enfoca *in motu*, desde el presente. La novela crece a medida que prosiguen las sesiones. Ya el título indica que su énfasis caerá sobre un solo aspecto: la actualización de la obsesión original en la paciente. En la transferencia la figura del padre —causa de la obsesión primaria— se sustituye por la persona del analista. Aunque a través del libro se siembran alusiones a otras teorías freudianas, el interés principal se desplaza de los recuerdos, cuya evocación debería conducir a la cura, al nuevo amor. Se produce, pues, casi una inversión: en vez de notar síntomas de alivio a medida que procede el tratamiento, la paciente se encuentra cada vez más confundida, más sometida a las emociones irracionales e incontrolables, incluso incapaz de continuar con los empeños de su vida profesional. Mientras que en *Les Mots* el análisis devolvía confianza y creaba claridad, en *Transfert* encamina a la analizanda hacia lo que se presenta como destrucción, salvo iluminarla acerca de su relación inauténtica con el marido.

La novela consiste en gran parte en cartas dirigidas por la mujer obsesionada a su médico. Con esto desaparece la inmediatez oral, aunque el lenguaje en que se escriben es muy coloquial, muy de su tiempo. El analista está presente no como escucha, sino como destinatario cuyas observaciones previas se comentan en las cartas. Toda la novela es, pues, un diálogo con el interlocutor ausente. Lo que ocurre en las sesiones psicoanalíticas se transmite sólo por breve alusión: las subdivisiones comienzan generalmente con una oración en mayúsculas que reproduce las palabras del médico. Lo demás es una confesión amorosa apasionada. La intención global de la novela queda ambigua, y podría ser vista como irónica, sobre todo al leer la última página, donde se pone en tela de juicio la utilidad de este tipo de cura: «[...] l'analista le aveva restituito soltanto la mezza immagine, un orlo soltanto della voragine, una slabbratura unica della ferita, della divisione, della spaccatura. Che l'ascia tagli un po' piú a fondo, e che la scissione venga mantenuta».[34]

La progresión es contraria a la de *Les Mots*... Las cartas se hacen más largas; las observaciones del médico que cita, más breves. Lo que llama la atención sobre todo es su actitud hacia la palabra. Habiendo puesto un lema de Lacan en la página que abre la novela: «Ce que je cherche dans la parole, c'est la réponse de l'autre. Ce qui me constitue comme sujet, c'est ma question», al final parece perder confianza en la palabra: «Mi hai invitato a parlare, ed è stato difficile. È mutato il mio rapporto con le parole. Tutto questo fiume di parole che mi allontanava da te».[35]

La inversión y la ambigüedad afloran más de una vez en el transcurso de la novela. La protagonista discute con el psiquiatra el fenómeno de la transferencia, y hacia el final llega a una conclusión inesperada: «si sostiene comunemente che il transfert sia una difesa dell'analizzando. A me pare proprio il contrario. Il transfert è la difesa dell'analista».[36] La paciente nunca se acerca al «caso» de un modo imparcial, científico, y sólo piensa en su pasión. Viéndola frustrada, adopta una nota irónica; introduce un *leitmotiv* secundario reiterado regularmente por el analista: «E comunque il transfert non è vero amore». En realidad, ya la situación inicial significa un trastrueque: llama al médico para que ayude al marido que amenaza con suicidarse, y acaba por ser analizada ella misma. Desde la primera sesión se establece una imagen doble de la paciente; tal como se ve y recuerda ella misma, y el retrato que pintan su marido y su familia. Esta doblez se complementa con otra. Confiesa que antes de empezar el tratamiento había llevado una vida dividida: en casa con el marido y, en sus frecuentes viajes, otra existencia con un amante: «Ho vissuto questa cosa in modo schizoide quasi, due vite, una a Milano una a Parigi, prepara le valigie, disfa le valigie, prendi l'aereo, sei amata da due uomini cosa vuoi di piú?»[37] (El énfasis en todas sus confesiones y discusiones cae siempre sobre el amor físico.) Es un indicio de su enfermedad, puesta de relieve al yuxtaponer un retrato de su madre, apreciada y admirada por todos, envidiada y odiada por la hija porque le quita las caricias del padre. El complejo de Edipo es evidente en su caso. Pero al tratar de desenmarañarlo, el psiquiatra atrae todas las manifestaciones enfermizas sobre sí mismo.

La obsesión dicta el lenguaje, que llega a ser casi histérico, repetitivo, irracional. Corresponde a la definición de lo femenino que ofrece Montrelay: «[...] la manifestation de grands rythmes selon lesquels le discours se déroule: moments de flux et de reflux, mouvement circulaire qui s'éloigne d'un point à un autre pour régulièrement y revenir. [...]. Ces rythmes s'observent avec une netteté particulière dans la parole dite "hystérique", mais qui devrait plutôt se qualifier de féminine».[38] El discurso no es inconsciente, aunque sí incontrolable. Mientras escribe, la protagonista se da cuenta de que está perdiendo el control cada vez más irremediablemente. Parece obedecer a la propuesta de Lacan: «Pour libérer la parole du sujet, nous l'introduisons au langage de son désir».[39] Sólo que en el caso de esta protagonista, el sujeto nunca desaparece. Su expresión es diferente cuando está con el analista y cuando le escribe desde su soledad, pero la oposición palabra oral/palabra escrita no se perfila bastante. Todo su discurso no pasa de la primera etapa que Lacan llama la frustración, aunque se muestra dispuesta a la segunda: la agresión.

La estructura de la novela es fluida, aunque se organiza alrededor de las palabras dichas por el psiquiatra. Las largas cartas son una elaboración de los ecos que provocan. Los encuentros con el analista nunca se presentan con inmediatez, sino a través del tamiz del recuerdo, comentándolos en las cartas. Es, pues, un mundo totalmente unilateral. Una función especial se asigna a breves párrafos entre paréntesis esparcidos en el texto. Son un intento de presentar la situación como un resumen objetivo. Se incluyen también sueños, sin profundizar la indagación de su significado. Obedecen a un mandato, no a la persuasión íntima: «Vede bene che incomincio a raccontarle i sogni, ma la stizza resta sempre. Detesto i simboli. È un rifiuto di accettarli, quindi non mi sforzo neanche di interpretarli, reagisco col blocco mentale».[40] Todos estos pequeños detalles en la actitud de la paciente permitirían interpretar la novela entera como una parodia del psicoanálisis.

Las confesiones suplen el fondo social, nunca muy claro, y una prehistoria muy fragmentada: el «gran mundo», gente que se mueve constantemente, odio del trasfondo burgués. En la historia personal, cuatro abortos, el primero de los cuales causa una brecha profunda en su personalidad. La lenta emancipación trae la pérdida de intimidad con el marido. No se destaca ningún recurso original en presentarlo.

Transfert no se distinguiría de tantas otras novelas de tema parecido de no ser por la obsesión sostenida y la evaluación final ambigua que, escribiéndose la novela entera en el presente, deja completamente abierto el final.[41] En *Les Mots* se subrayaba la diferencia entre el pasado —tiempo de enfermedad y preocupación— y el presente —tiempo de cordura desde el que se cuenta la historia—. Al completarse el tratamiento con éxito, la novela llega a su fin natural. *Transfert* queda en suspenso, porque la transferencia no ha producido el resultado esperado. En *Les Mots*, la protagonista adquiere poder por medio de la palabra y se encamina hacia el *superego*. La de *Transfert* se queda en su *incomplétude* exclusivamente femenina.

Esther Tusquets, en *Para no volver* (1985) —escrita en tercera persona, pero con mucho uso de estilo indirecto libre y de monólogo interior— va un paso más lejos que Kaufmann: ironiza el estado de *incomplétude* y el intento de curarlo. También su novela se escribe desde el presente y comprende un período de tiempo muy breve. Aunque la duración de la acción se limita a la experiencia psicoanalítica —empieza cuando Elena, deprimida por verse dejada atrás por el marido que se va a América con otra (situación que se repite en la obra de Tusquets más de una vez) decide empezar la terapia y termina cuando vuelve el marido— la novela da cabida también a otros temas actuales, cruzándolos y enfocándolos casi siempre con ironía. Así, el deseo de psicoanalizarse se revela como la necesidad de autoconfirmarse en una mujer que está envejeciendo. Se ridiculiza el papel tradicional de la mujer casada y sumisa, pero se muestra que instintivamente las reacciones siguen siendo las mismas incluso en una mujer «liberada». Se comentan continuamente los modos de terapia, dejando transparecer un deje de burla. El mensaje nunca es explícito; frecuentemente se presenta en dos niveles. La mayor conquista en esta novela es la capacidad de autoironía en Elena, la protagonista.

El procedimiento subversivo —una nota irónica puede percibirse ya en la relación del título con la trama y con el verso de Rubén Darío que sirve como lema— se establece desde el principio:

> tal vez sí había adquirido algo en el transcurso de esos
> dos meses de psicoanálisis, y era, entre otras cosas, el

hábito casi permanente de volver los términos al revés, de preguntarse, apenas insinuada una idea, si no podría ser igualmente cierta la contraria, la evidencia de que dos aseveraciones opuestas no debían de forma inevitable excluirse.[42]

Estas palabras subrayan la ambigüedad y muestran que de Freud se ha llegado a los tiempos modernos: la memoria en esta novela se usará no tanto para reconstruir como para deconstruir. Tusquets no se contenta con los dos niveles temporales usuales en el psicoanálisis: pasado/presente. La novela se desarrolla en varios tiempos: la sesión en curso (lo que se dice y lo que se piensa como aparte); las sesiones recordadas y comentadas (mentalmente y con amigos); las sesiones imaginadas en un futuro hipotético; alusiones a la terapia practicada por Freud. Los procedimientos más frecuentes son la divagación y la asociación libre, que producen los párrafos interminables tan característicos de toda la escritura de Tusquets. Lo que se enuncia no se parece en nada a un proceso verbal, ni representa un flujo de conciencia incontrolado. El lenguaje que se usa es muy coloquial, pero no oral: es un discurso literario. Su andadura transmite la paradoja temática: una mujer que siempre se había preciado de coherente, de repente se vuelve incoherente. Su discurso sugiere la incapacidad de concentrarse.

Una corriente subterránea feminista recorre toda la novela. Como *leitmotiv* vuelve repetidamente la pregunta: si se analizara con una mujer que fuera de su país (su psicoanalista es hombre, y argentino), ¿llegaría a un resultado diferente? La actitud crítica frente al psicoanalista no permite que se verifique una relación transferencial. Los comentarios mentales y los recuerdos añaden toques de la vida actual cuyo mensaje el lector puede interpretar según su propio parecer. También la situación de la mujer, que aparece dentro de una sociedad ya parcialmente «liberada», queda abierta al comentario. El hecho de presentar a la protagonista no totalmente dependiente del marido, sino en relación con amigos/amantes que le ayudan a volver a la autoconfirmación, crea un ambiente fluctuante, propicio a la deconstrucción.

Para no volver presenta la experiencia psicoanalítica como un círculo en el que la serpiente se muerde la cola. La protagonista se emancipa no sólo de su pasado, sino del rito mismo de psicoanálisis, convirtiéndolo en juego. Los encuentros con los dos amigos que la consuelan de la ausencia del marido, mientras confirman su dependencia de una relación con un hombre, la liberan de la sujeción al marido. La terapia trae resultados insospechados. Lo más imprevisto en esta novela es su fin. Como el de *Transfert*, queda abierto, con una nota llena de ambigüedad en la situación final imaginada:

> [...] porque nada puede interesar a Julio en estas circunstancias si no se refiere directa y exclusivamente a él mismo, Elena dispone pues su instrumental, sus armas, y sonríe, y no le dice que ha estado pensando que mañana, cuando el Mago le abra la puerta de la consulta, le cogerá la mano que él le tienda y no se la soltará, no dejará que inicien el tortuoso camino hacia el prostíbulo-santuario, sino que antes, en el mismo umbral, le comunicará la gran noticia: «Sabés una cosa, Mago, me voy a psicoanalizar».[43]

En esta novela Tusquets va más allá del experimento psicoanalítico, en cuanto al tema y a la forma: lo importante aquí no es ya la personalidad reconstruida/recuperada, sino la estructura lingüística misma.

La experimentación de Ingeborg Bachmann es mucho más atrevida y más original. No se atiene de modo sostenido a una teoría; no defiende ni parodia ninguna. Presenta el problema de la búsqueda de identidad de un modo dramático, estableciendo una lucha perpetua del personaje principal, Ich (Yo), con dos polos opuestos, a los cuales da nombres masculinos extranjeros. Uno de ellos, Ivan, encarna la vida de los impulsos, mientras que el otro, Malina, es el reducto racional. La narración presenta al Ich como una mujer que tiene trato coetáneamente con los dos sin estar ligada definitivamente con ninguno, aunque comparta el piso con Malina. Malina desempeña, además, la función del analista: es él quien escucha los sueños obsesivos de Ich; es él quien le presta ayuda física en sus momentos de flaqueza o la anima cuando ella despierta de sus pesadillas.[44]

La presentación de la obra en la solapa la define como «un drama psicoanalítico del alma». La novela empieza en efecto casi como un drama; con una lista y breve caracterización de los actantes. El dilema crucial consiste en el deseo y resistencia a la vez a llegar a la concienciación. Las reacciones y la actitud de la protagonista parecen paradójicas; ve negativamente a Malina quien representa el orden, la lógica, la razón, quien la mantiene y se ocupa constantemente de ella, y sólo está añorando los breves e irregulares encuentros con Ivan, quien guarda celosamente su propia vida y no se mete en la de ella. (La gran pasión surge de un encuentro casual en la calle.) Además de los momentos de amor, Ivan representa el hoy, la belleza, la felicidad, la vida; Malina, la conciencia y el análisis del tiempo. Todo es seriedad con Malina; con Ivan, todo juego. Ella misma, Ich, firma siempre «una desconocida», indicio del camino que le queda por andar para llegar al autoconocimiento. Es escritora y está trabajando en un libro que constantemente cambia de título. Cuando está con Ivan, éste sugiere que podría y debería llamarse *Exultate jubilate*; la primera página del manuscrito colocado en su máquina de escribir reza *Las maneras de morir*; en sus sueños —que cuenta a Malina— se transforma en *Libro del infierno*. Apuntan al tema de las metamorfosis relacionado con la concienciación en el sistema de Jung.[45] La novela entera representa la lucha por integrar los dos polos opuestos. Su dependencia de los dos es igual: «Necesito mi vida doble, mi vida Ivan y mi campamento Malina, no puedo existir donde no esté Ivan, pero tampoco puedo volver a casa donde no esté Malina».[46] Al final vence el elemento masculino, es decir, el *logos*: Malina encierra a Ich detrás de una pared y al recibir una llamada telefónica de Ivan, contesta que allá nunca ha vivido una mujer. Las últimas palabras de la novela, sin una forma gramatical que permita identificar al que las pronuncia, son simbólicas: «Ha sido un asesinato».[47]

El hecho mismo de que la protagonista se llame Yo escuetamente sugiere una intención parecida a la de Cardinal: es una sigla para la mujer en general. El constante forcejear representa las fuerzas interiores del «yo dividido».[48] A lo largo de la novela vuelven escenas en las que la protagonista dicta o escribe cartas: son siempre sólo comienzos, o varias redacciones de la misma carta, como símbolo de lo inacabado, de lo que sigue haciéndose. Sugieren intercambiabilidad, plurivalencia, así como la primera presentación de Malina, donde aparece como una creación fluctuante: «ora era un estafador, ora un pedante burgués, ora un espía, y cuando yo me encontraba de mejor humor, le dejaba desvanecerse de la realidad y le introducía en algún cuento de hadas o una leyenda, le llamaba Florisel, Drosselbart, pero con más gusto aún le convertía en San Jorge».[49] El fin de la novela no es, en efecto, planeado por la narradora-actante principal; termina con una acción violenta que viene desde fuera. El asesinato que se produce acaba con la mujer inconsciente y espontánea.

El yo escindido fluctúa siempre. Ivan, por otra parte, tiene una significación fija: representa el amor físico, la satisfacción sexual. La presencia del deseo como impulso primordial en la mujer ha sido subrayada repetidamente por Marguerite Duras.[50] Lo sostiene también más de un psicólogo. Según Béla Grunberger, para la mujer «el amor es *el* gran asunto de la vida».[51] Bachmann parece tener en cuenta estas teorías al crear su Ich, que se transforma en contacto con Ivan. El amor hace parar el tiempo, devuelve la inocencia, hace posible la palabra (oral, no escrita):

> Porque él ha llegado para hacer que las consonantes vuelvan a ser firmes y claras, que se abran las vocales otra vez para dar un sonido pleno, para que vuelvan las palabras a mis labios, para restaurar las primeras relaciones destruidas y resolver los problemas, y por eso no me alejaré de él ni una iota, haré armonizar nuestras

iniciales idénticas, claras, con las que firmamos nuestras papeletas, y una vez unidos nuestros nombres, podríamos empezar, con gran precaución, a restituir la honra al mundo con las primeras palabras [...].[52]

La palabra que prorrumpe es la del deseo. El contacto con Ivan la devuelve a su ser original.

La vuelta a los orígenes toma lugar en el contacto con ambos compañeros, pero se efectúa de un modo casi radicalmente opuesto. Con Ivan llegan a fruición los anhelos reprimidos. Con Malina, a través de la memoria, se los analiza. El fin de la novela parecería sugerir que en el mundo de hoy ya no es posible una vida sólo biológica. La concienciación —y a través de ella la emancipación— exige su precio. En reconocer no sólo las ventajas, sino también los males de la emancipación, la posición de Bachmann se acerca a la de las escritoras anglosajonas, que ven su necesidad, pero no pueden esconder una mueca escéptica.

La segunda parte de la novela consiste casi exclusivamente en sueños. Es el centro de la narración, donde se estudia el complejo que está a la raíz de todas las angustias de Ich. El procedimiento es distinto al que usan Cardinal o Kaufmann: Ich no intenta analizar estos sueños, ni establece correspondencias con recuerdos de la infancia, es decir, con acontecimientos reales, pre-formantes.[53] Un modo semejante de usar los sueños se encuentra en las obras de Michel Leiris, quien se dirige al lector inteligente y no quiere imponerle su ayuda.[54] Todos los sueños son verdaderas pesadillas. Se organizan alrededor del miedo; en casi todos presenciamos el intento del padre de matar a la hija. A la vez, como un *ritornello*, vuelve periódicamente la pregunta de Malina: ¿quién es tu padre?, misterio que no se resuelve. En esta parte se establece el *leitmotiv* del asesinato que llega a su punto culminante en la última página y que aparece, como indicio, ya en la primera parte, donde la protagonista trata de definir su relación con los dos hombres: «Ivan y yo: el mundo convergente. Malina y yo, porque somos uno: el mundo divergente. [...] así, en las horas sombrías, aún tengo la certeza de que nunca perderé a Malina; aun si me perdiera yo misma!».[55]

En una de las numerosas entrevistas que le han hecho, Bachmann señala que intentó escribir el libro de tal manera que el lector no se diera cuenta desde el principio de que en la figura de Malina se trataba del doble. El disfraz resulta eficaz con conferir un sexo diferente a las dos mitades. A la vez, apunta a la dicotomía jungiana de *anima/animus*. Lo andrógino se trasluce a través de las formas gramaticales alguna vez: «Y hay alguien que es otro en mí, que nunca estuvo de acuerdo y nunca se dejó arrancar respuestas. —¿No se debería decir, la otra en ti? —No, el otro, no lo estoy confundiendo».[56]

El proceso mismo de la «cura» se sugiere sólo ocasionalmente. Una de las alusiones, hacia el fin del libro, pone en duda el beneficio: «Mejoré lentamente, he complementado lo que me faltaba siempre, y parezco más sana a mis ojos. Soy, pues, casi la misma que había sido. (*sotto voce*) ¿Pero para qué sirvió el camino?».[57] En las páginas que siguen su esquizofrenia se agudiza: en una escena está con Ivan, le ve diferente —como otro—, percibe una sombra a su lado, y oye la voz de Malina. La confirmación de que la fase en que las dos mitades vivían casi en equilibrio ha llegado a su fin se transmite por varios indicios (de repente, no sabe cruzar su propia calle) y también lingüísticamente: «Qué feliz *era* yo» frente al «soy feliz» que se oía cada vez que se mencionaba a Ivan. Se corrobora por el símbolo de la grieta en la pared que acabará por tragarla. En esta parte caben varios bocetos de cartas pidiendo ayuda para redactar su testamento: otro indicio del fin inminente.

En una declaración de 1971 sostiene Bachmann que el pensar y el ser difícilmente pueden ser narrados; sólo cabe indicarlos por medio de símbolos. Allí mismo señala que sus reflexiones sobre el lenguaje y sus límites no han sido inspiradas por tratados de psicoanálisis, sino por la filosofía de la lengua de Wittgenstein. (Sus lecturas de literatura y de filosofía han sido bien aprovechadas en el desarrollo de la trama.) El tema fundamental de los límites de la expresión atraviesa toda la novela.

Ich no encuentra la expresión adecuada para el amor total, no llega a escribir «el libro bello», lo cual puede ser interpretado como una admisión de que este amor es irrealizable en la vida de una mujer. En vez de enunciar, sólo sugiere; en vez de describir, muestra.[58]

El acercamiento de Bachmann a lo psicoanalítico es complejo. En vez de ficcionalizar los métodos del análisis, crea un caso quitando los andamios. No narra el proceso de un tratamiento; tampoco concentra el discurso en la confesión de una sola voz. Su Ich es la encarnación del Yo dividido que representa no sólo la confrontación de elementos femeninos y masculinos, sino también la búsqueda constante de una palabra nueva para expresar un dilema nuevo predominante en el mundo de hoy. Con psicoanálisis en el fondo, construye su novela sobre el eje de la filosofía de la lengua.

También Lourdes Ortiz, la autora que con más ingeniosidad ha trasladado la problemática psicoanalítica a la novela en España, consigue una complejidad notable en *Luz de la memoria*. Opta por presentar el mundo psicótico mostrando sus diferentes facetas. La estructura fragmentada de la novela capta el ritmo interior de la persona enferma, Enrique. La yuxtaposición continuada de escenas semejantes —aislamiento en la clínica después de haber cometido un acto de violencia, reclusión anterior en una celda de prisión por causas políticas, recuerdo de juegos de niños que funcionan como un indicio— sugiere que los orígenes de la «locura» pueden ser múltiples, aunque de paso se desliza la indicación de que la causa de su trastorno es la relación con el padre. Este hubiera deseado una niña, y siempre le ha guardado cierto rencor. Irónicamente, luego le reprocha su falta de «masculinidad,» poniendo como modelo a los otros dos hermanos, que son verdaderos matones, como él mismo. La ironía se descubre al hacernos oír también a la madre ensalzando al hermano mayor, «un chico brillante», mientras se presenta a éste como un joven vano, vago y mujeriego. (Muchos pasajes en la novela tienen intención paradójica.) Esta es la visión del protagonista, a quien llegamos a conocer principalmente por sus reflexiones interiores. Incluso los informes que pide el psiquiatra a varios miembros de la familia —cada uno en voz distinta y con un punto de vista individual— revelan más sobre ellos mismos que sobre el enfermo, sugiriendo que nadie siquiera intenta comprenderlo.

Ortiz no limita su novela meramente a la experiencia psicoanalítica. Muestra a continuación al protagonista ya «sano», en varios ambientes, pero siempre desdoblando sus percepciones. Al fin vuelve a caer en la locura por razones diferentes: abusos de vida irregular e iniciación a la droga. El ojo que sigue los pasos del joven extraviado no es un ojo clínico primordialmente. La crítica de la sociedad que por lo menos parcialmente causa su desequilibrio es tan importante como el estudio de la terapia y sus efectos. El mundo interior se explica a base del mundo real que le rodea, presentando un espectro completo: la universidad, la política, la religión, la vida de los jóvenes modernos («la generación jodida») cn Ibiza. Para autentificar y situar históricamente el relato se intercalan documentos (extractos del proceso de Calley, actas de los procesos de Moscú) que tienen, además, una función secundaria: mostrar las reacciones de un ser «anormal» a la vida corriente. La violencia se subraya por alusiones literarias: a *Marat-Sade* (Peter Brook), a Lautréamont, cuyo epígrafe al principio del libro plantea también la cuestión sobre la identidad, la plurivalencia, la intercambiabilidad.

Es de notar que en esta novela el protagonista es un hombre. Así, la problemática de la emancipación de la mujer se presenta en plano secundario, a través de una conciencia distanciada, sin dejar de traslucir un matiz escéptico. El enfoque y la enunciación cambian de primera a segunda a tercera persona. A su vez, la división —y posible esquizofrenia— del yo se traduce concretamente por los diferentes nombres-alibis que éste adopta en sus actividades políticas. La maraña inextricable de la personalidad se acentúa en un soliloquio que da testimonio de las fuentes usadas por Ortiz:

> Invento, te dices, porque esa imagen construida de ti
> mismo, esa imagen que intentas rescatar del recuerdo
> —¿recuerdo de dos años, de un año?, te preguntas— es
> sólo un cuadro recompuesto por ti mucho más tarde,
> con tantos y tantos datos recogidos, con pedazos de no-
> velas, con informes mal digeridos de psicólogos, con es-
> tudios sobre el edipismo infantil, los celos [...] informes
> que durante cuatro años devoraste buscando raíces.[59]

La multiplicidad y la plurivalencia se habían indicado ya en el lema inicial. Lo fluctuante y abierto invade
totalmente el libro hacia el final al presentar varios fines
posibles. En esta última parte se plantea claramente el
problema de la escritura, introduciendo la voz de la narradora con su pizca de ironía. La creación de la novela
surge como un tema aparte. No se trata —como en las
novelas comentadas anteriormente— de la recuperación
de la palabra a través de la cura psicoanalítica.

La confesión o el autoanálisis se distribuyen a través
de varios niveles. La más importante es la voz interior
que surge desde la soledad. La menos eficaz, la solicitada
por el médico, al cual responde al principio sólo con el
silencio. Se presenta aquí de un modo implícito la problemática relación entre la palabra escrita y la hablada,
sin declararse a favor de una o de otra. Según Lacan,
«l'analyse ne peut avoir pour but que l'avènement d'une
parole vraie et la réalisation par le sujet de son histoire
dans sa relation à un futur».[60] Presupone como base confianza que ayude a saltar la barrera de la hipocresía. El
protagonista de *Luz...*, sin embargo, no se encuentra en
la situación de analizando por su propia voluntad. La alternancia de sus entrevistas con el médico y escenas recordadas de un imprisionamiento previo puntualiza su
actitud. Contesta, pues, con el silencio. Entre estos dos
niveles habría que situar el recuerdo de sus conversaciones con el camarada de celda quien funciona no como
escucha sino como interlocutor. A éste sí le va confiando
sus cavilaciones y sus experiencias. La conciencia que
hará finalmente la selección del fondo subconsciente uti-
lizable no será la del analista, sino la propia. Ortiz da
indicios de conocer bien las teorías freudianas, incorpora

su terminología, pero se acerca a ellas con cierta ironía, como casi a todo.

Como en toda novela psicoanalítica, entran también sueños que se complementan con visiones y alucinaciones en la última parte. Estas son presentadas con socarronería. Los psicoanalistas atribuyen mucha importancia al análisis de los sueños, pero ¿tendrán el mismo valor alucinaciones provocadas por las drogas? Ortiz tiene un talento particular para crear ambigüedad y, con ello, suspenso. Los análisis de los sueños y de los recuerdos se complementan con el uso del desdoblamiento en el presente: al leer los informes hechos por los familiares; al ser «readmitido» en el seno de la familia; al presentar un estado de ánimo: «Enrique llega cansado. Estoy algo cansado, piensas [...]; Enrique se yergue ahora, se siente seguro. Yo, Enrique, sé que voy a tener una entrada decisiva en la casa de mis "futuros" suegros».[61] El capítulo IX entero está lleno de recuerdos sobrepuestos, con transiciones muy bien logradas. Así, por ejemplo, la reacción a la caracterización que da de él su mujer lleva al recuerdo de una escena con ella en el pasado; la llegada del médico trae el recuerdo de otra llegada del médico cuando era niño, uniendo las dos (oye la voz del médico pidiéndole datos suplementarios y asiente: «sí, papá, lo que tú digas, papá»).[62] La asociación libre se combina a veces con técnicas de cine: «mientras sigue hablando dejas de ver su cara redonda, sonrosada, su cabello gris, y en cambio te ves a ti sentado en el sillón de la salita, hundido en el sillón verde mientras mamá y Aurora —¡Dios, qué de siglos que no te veía!— hablan confidenciales, picaronas».[63] En estas páginas podemos seguir todos los movimientos interiores de la imaginación del protagonista. Otras veces lo sitúa directamente en el marco psicoanalítico: «"Puedo matar", te dices y llamas sin sonido a los dos hombres de blanco, redentores que llegarán con la inyección, que acudirán con el calmante [...]. Gritar ahora, te repites, llamar ahora, pero no puedes y las formas se suceden ante tus ojos con una rapidez de película en cámara lenta y eres tú ese Enrique que entra en el despacho del viejo».[64] El procedimiento deconstructor del psicoanálisis muestra, además, cómo ha ido creciendo el fondo subconsciente, acumulando capas culturales, circunstanciales, ideológicas.

La disconexión entra como tema y como técnica y se conjuga con la esquizofrenia. Los detalles técnicos, la ingeniosidad estructural del conjunto, los aciertos lingüísticos a través de la narración, el insólito fin son casi asombrosos en una primera novela. Su gran mérito estriba en presentar el caso psicoanalítico sin aislarlo, psicoanalizando así a toda la sociedad que rodea al protagonista y planteando la pregunta por derroteros futuros. Ortiz, como alguna otra autora que hemos visto, sugiere que la concienciación no necesariamente resuelve los problemas. Como Bachmann, va más allá de la reproducción de un caso patológico. Con más fuerza que Bachmann, y divirtiéndose más que ésta, insinúa que un análisis podría ser aprovechado también por el lector.

Las últimas novelas de Carmen Martín Gaite también acusan la importancia de procedimientos psicoanalíticos, aunque no se dediquen explícitamente a ellos. Su interés por el fenómeno y la configuración de éste ha sido constante, y la progresión es evidente cuando se compara *El balneario* con *Retahílas* o *El cuarto de atrás*. Su gran hallazgo ha sido la figura del interlocutor. En *El balneario* se presenta el mundo de sueños, pero no se llega a incorporar su análisis de un modo cabal. En *Ritmo lento* surge ya explícitamente el tema de la locura y se introduce la figura del psiquiatra. El protagonista ha encontrado el recurso de las cartas, que presuponen un lector, es decir, otra conciencia, pero la narración se desenvuelve aún más bien como un soliloquio. La búsqueda llega a su apogeo en las dos últimas novelas, donde las protagonistas ya tienen un interlocutor concreto delante para generar la confesión y el autoanálisis. En *Retahílas* la que se analiza es una mujer; en *El cuarto de atrás* se le añade la complejidad de ser escritora. Con esto se plantea el dilema de la palabra hablada frente a la escrita. Ya Unamuno decía que no habría escrito nada si hubiera podido conversar. Martín Gaite lo recalca en varias entrevistas. Desarrolla la idea en su ensayo «La búsqueda de interlocutor», y la pone en práctica en su narrativa.[65] Más de una vez compara la función del interlocutor con la del psiquiatra, casi siempre sugiriendo, sin embargo, que éste es imprescindible sólo para desencadenar el proceso: «Mira, pasa como con los psiquiatras; si vas a un psiquiatra a contarle los males de tu alma y eres capaz de contárselos medio correctamente, de qué te sirve ya el psiquiatra».[66] Esta posición se confirma por la estructura de *Retahílas* y *El cuarto de atrás*, donde la protagonista, aun dialogando, acapara toda la atención. Lo señala también el epígrafe de Fray Martín Sarmiento que pone a *Retahílas*: «La elocuencia no está en el que habla, sino en el que oye».

La definición del interlocutor coincide sorprendentemente con la función del escucha en las sesiones psicoanalíticas precisada por Lacan en «Fonction et champ de la parole et du langage en psychanalyse»: la presencia silenciosa cumple la función principal del análisis, obteniendo que hable el paciente. En la reconstrucción para otro surgen a la superficie detalles que uno se calla a sí mismo. Detalles que frecuentemente no nombran lo principal, pero suplen indicios suficientes para descubrirlo. Aplicando lo dicho a la obra de Martín Gaite, se ve por qué Manuel Durán ha podido hablar de la repetición casi obsesiva en ella: es la expresión del mismo deseo, un deseo al que hace alusión en el prólogo a *Cuentos completos*. Sugiere allí que las mujeres son «más afectadas por la carencia de amor que los hombres, más atormentadas por la búsqueda de una identidad que las haga ser apreciadas por los demás y por sí mismas».[67] Su escritura es un continuo hurgar en la conciencia y el subconsciente. El interlocutor asume —como en las sesiones referidas por Lacan— el papel de filtro. La asociación libre convierte la ambigüedad del pasado en la verdad presente de la palabra enunciada. El interlocutor es instrumental para mantener viva la palabra y para producir lo que Spires llama un discurso dinámico.

La crítica concuerda en señalar que uno de los grandes temas de la narrativa de Martín Gaite es la búsqueda de identidad. Para conseguirlo, se sirve de procedimientos muy diversos: sueños, visión retrospectiva de la infancia, yuxtaposición de figuras contrastantes en un juego de espejos, introducción de un *alter ego* que cumple la función de *animus*. Palley refiere directamente a Freud, Jung, Lacan. Matamoro señala que desde *Retahílas* el conversar en las novelas de Martín Gaite se identifica con «irse construyendo» y que la recuperación de puntos de vista pasados, ordenándolos, determina la textura de la novela, que nace de la vida inconsciente y del retorno de lo rechazado.[68] Hay varias escenas que hacen pensar en la freudiana *talking cure*. Lo original de estas novelas estriba en el hecho de que no se restringen a un solo tema o un solo método, y que tal análisis siempre va incorporado a una narración más amplia. El fondo histórico así como una imagen casi palpable de la España actual, con gran sensibilidad para la situación de la mujer, son muy importantes en su creación, siempre presentados como un proceso dinámico («las cosas sólo valen mientras están haciéndose»)[69] debido al dinamismo de la conciencia que los percibe. Lo aclara en *El cuento de nunca acabar*: «Revivir una historia es, sobre todo, buscarle filiación, ir a hurgar en sus orígenes, y tratar de extraer de allí las razones de su posterior desenvolvimiento. [...]. Cargar los orígenes de magia y significado, aun a trueque de inventar».[70]

La necesidad de fluidez se insinúa en *Retahílas*: «lo que me entusiasma es contártelo, convertirlo en historia esta noche para que se la lleve el mar después de oírla tú».[71] Siempre se acentúa la palabra oral; sólo ella hace posible «el cuento de nunca acabar». No deja de tener interés el hecho de que para Germán la vuelta a la casa de la abuela signifique sobre todo una vuelta al lugar donde él aprendió a hablar. Ahora, a través de la palabra que se va transformando en vida más plena («vivir es disponer de la palabra...») logra desenmarañar su relación con Eulalia.[72] No es la fotografía de Eulalia que había guardado desde niño, con la que se acostaba pero que la mostraba «desenfocada» (detalle lleno de sugerencias para un análisis psicoanalítico) lo que le confirma el ser de Eulalia, sino su palabra viva.

La novela entera es un camino hacia la precisión. La importancia de precisar la imagen se subraya en el episodio de la conversación entre Germán y Harry, un amigo de su padre: por primera vez percibe una figura distinta, reflejada en el espejo de los recuerdos de Harry. (Las duplicaciones son un recurso frecuentemente empleado por Martín Gaite: en *El cuarto de atrás* la conversación telefónica con Carola reproduce la función de ordenar sus percepciones de la verdad con la ayuda del interlocutor.) El aspecto más interesante de estas conversaciones o monólogos es el hecho de que no se limiten al pasado, sino que a través de la búsqueda de las esencias se dirijan al futuro, exactamente como en el procedimiento definido por Lacan: «Pour me faire reconnaître de l'autre, je ne profère ce qui fut qu'en vue de ce qui sera».[73] La presentación de la experiencia femenina no resulta ser una autopsia, sino una investigación abierta. En ambas novelas asocia el proceso de indagación con la escritura. En *Retahílas* habla de convertir el sufrimiento en historia, lo cual produce una especie de catarsis:

> Y con esto de convertir el sufrimiento en palabra no me estoy refiriendo a encontrar un interlocutor para esa palabra, aunque eso sea, por supuesto, lo que se persigue a la postre, sino a la etapa previa de razonar a solas, de decir: «¡ya está bien!», encender un candil y ponerse a ordenar tanta sinrazón, a reflexionar sobre ella, reflexión tiene la misma raíz que reflejar, o sea que consiste en lograr ver el propio sufrimiento como reflejado enfrente, fuera de uno, separarse a mirarlo y entonces es cuando se cae en la cuenta de que el sufrimiento y la persona no forman un todo indisoluble, de que se es víctima de algo exterior al propio ser y posiblemente modificable, capaz de elaboración o cuando menos de contemplación, y en ese punto de desdoblamiento empieza la alquimia, la fuente del discurrir, ahí tiene lugar la aurora de la palabra que apunta y clarea ya un poco aunque todavía no tengas a quien decírsela, y luego ya sí, cuando se ha logrado que madure y alumbre y caliente

[...] entonces lo ideal es que aparezca en carne y hueso el receptor real de esa palabra.[74]

En *El cuarto de atrás* se oye una afirmación semejante: «aprendí a convertir aquella derrota en literatura».[75] La ruptura de la secuencia temporal, la superposición de varios tiempos ayuda en esta tarea. Si en *Retahílas* la protagonista se dedica totalmente a la introspección, en *El cuarto de atrás* la narradora parece seguir la exhortación de Erica Jong: pasar más allá de las reminiscencias, lanzarse a la exploración. La escritura no sólo tranquiliza, sino crea esperanzas. Persiguiendo el hilo de la memoria, «todo queda insinuado, esbozado, como en una danza cuyos pasos vamos ensayando juntos, a golpe de improvisación».[76] Pero esto no basta; trasladando el presente de la narración al límite de lo fantástico, anula el tiempo por completo, fundiendo lo real, lo fantástico, el sueño, y transformándolo instantáneamente en materia novelable. Con esto rebasa los límites de la novela psicoanalítica y se inscribe en la metaficción.

Otra autora que siempre ha mostrado interés por la psicología —y últimamente por el psicoanálisis— es Elena Quiroga. Desde *Viento del Norte* (1951) la incisión en los movimientos psíquicos del alma de los personajes ha sido notable, importante el simbolismo de los detalles. En realidad, los recuerdos de la primera infancia como factor determinante en la formación del ser humano entran en la creación de varios protagonistas suyos, aun sin convertirlos en casos patológicos ni someterles a un tratamiento médico formal. Las obras que más concretamente se estructuran en torno de la psique son *La careta* (1955), *La enferma* (1955) y *Presente profundo* (1973), cada una con matices distintos. Juan Villegas y Silvia Burunat destacan en *La careta* la adaptación del complejo de Edipo. En esta narración la atención se divide entre la traumática experiencia de un niño que le marca para toda la vida y la causa de ésta: la guerra civil. Esto conduce a otro tema que siempre ha preocupado a la autora: el de la enajenación, añadiendo el enfoque filosófico. Es un drama totalmente interior que se desarrolla en un mundo superficial y hostil hacia aquel que tiene el valor de ser diferente. Mary Ann Beck señala los puntos de contacto de esta novela con Unamuno, uno de los autores preferidos de Quiroga, subrayando su aspecto existencialista.[77] En los dos autores se vuelve siempre a la pregunta por el «yo», pero en vez de considerarlo sólo filosóficamente, Quiroga añade el análisis psicológico, yendo de la metafísica a la ciencia. El deseo de experimentación estilística no le permite centrarse en una sola conciencia, y presenta la voz interior de varios. El modo de acercarse a la creación es siempre polifacético en Quiroga: filosófico, psicológico, experimental en cuanto a la configuración literaria.

La enferma tiene varios puntos en común con *Presente profundo*. Empieza con una atracción impulsiva de la narradora por conocer el misterio de la persona que ocupará el lugar de protagonista. Llegando de fuera trae un punto de vista imparcial. Poco a poco las observaciones objetivas van cediendo al análisis de su propia persona. Para subsanar esto, en la segunda parte «la enferma» surge a través de la voz de varios personajes del lugar, un poco como la evocación del padre desconocido en *Pedro Páramo*, o como la presentación en algunas novelas de Faulkner.[78] El misterio no se resuelve, manteniendo la multiplicidad de punto de vista hasta el final. Sí se sugiere la posibilidad de considerar a la protagonista muda como una creación paradigmática: «Miraba aquella cara ávidamente, como si estuviese siéndome revelada la máscara de la vida, de la belleza humana, de la mujer, no individual, sino genéricamente. Y al propio tiempo, algo oculto en mí se desdoblaba. La cabeza bellísima de aquella mujer parecía un espejo que me tendieran, y viese en ella, más allá de mi rostro, el dolor sin medida de una pobre mujer, o mío, o del género humano».[79]

En *Presente profundo* la situación inicial es parecida: llega un médico de fuera para estudiar la psicología de la mujer del campo gallega, y acaba por dedicar más atención a sus propios recuerdos. La trama y la estructura son más complejas. Se trata de dos suicidios: uno visto en el primer capítulo, otro recordado por el médico en su doble ejecución (intento fallado, después del cual él conoce a la suicida, y reincidencia lograda luego). En las dos novelas se trata de contraponer dos tipos muy diferentes de la sociedad, se yuxtapone la mujer tradicional a la mujer «liberada», se recalca la sima entre la generación vieja y los jóvenes, pero a la vez se muestra que existe un fondo común: la hechura misma de la mujer que causa las perturbaciones mentales tanto en una mujer del campo como en una heredera rica. (Ésta necesita ayuda psiquiátrica más que la mujer tradicional.) Como en *La enferma*, se llega a crear un retrato social significativo, incluso con asomos de costumbrismo, que explica la constitución interna de las protagonistas. Se busca un enfoque desde dentro; las reacciones de las protagonistas y su relación con los hombres se estudian desde un punto de vista femenino.[80] Con esto se sale del campo propiamente psicoanalítico.

Ninguna de las novelas de Quiroga se concentra exclusivamente sobre un caso patológico o sobre una sola conciencia. La multiplicidad faulkneriana del punto de vista predomina siempre. Aun *Presente profundo*, que más se acerca a la novela psicoanalítica, indagando las motivaciones, volviendo sobre los recuerdos, yuxtaponiendo dos casos de mujer desequilibrada y haciendo referencia directa al análisis, queda fuera. Su estructura circular no justificaría considerar el relato muy fragmentario de la vida de una u otra protagonista como un caso completado: alude más bien a la continuidad del fenómeno mientras no se produzca un cambio en la estructura social. La psicología le sirve a Quiroga para dar vida al personaje. Su meta principal es transmitir un mensaje universal, que rebasa un caso clínico individual. Como en el caso de Martín Gaite, lo psicoanalítico es sólo una faceta de una narración más amplia, polifacética. Ambas autoras presentan sin vociferar la situación de la mujer española con enfoque claramente femenino. La crítica social implícita y el acercamiento psicoanalítico les permiten unir elementos tradicionales y técnicas nuevas para producir novelas muy originales, con fino escrutinio de los problemas femeninos.

Cardinal y Kaufmann retransmiten con todo detalle el proceso mismo de la terapia psicoanalítica. Bachmann lo transforma, añadiendo la dimensión filosófico-lingüística. Las autoras españolas enfocan el problema desde el contexto contemporáneo, investigando no sólo el «caso», sino también sus orígenes. Algunas, especialmente Martín Gaite, lo elevan al nivel metaficcional.

NOTAS

1. Por otra parte, Peter Brooks establece unas comparaciones muy interesantes entre los procedimientos del psicoanálisis y las estrategias de la novela policíaca («Constructions psychoanalytiques et narratives», *Poétique*, 61 (feb. 1985), pp. 63-74).

2. Para la polémica a favor y en contra de Freud, véase Juliet Mitchell, *Psychoanalysis and Feminism*, Allen Lane, Londres, 1974 y también la síntesis más reciente, que incluye las teorías de Lacan, en Juliet Mitchell y J. Rose, eds., *Feminine Sexuality*, Macmillan Press, Londres & Basingstoke, 1982.

3. Anaïs Nin, *The Novel of the Future*, p. 3.

4. Anaïs Nin, *In Favour of the Sensitive Man and other Essays*, Harcourt, Brace, Jovanovich, Nueva York, 1976, pp. 19 y 65.

5. Citado en John Pilling, *Autobiography and Imagination. Studies in Self-Scrutiny*, Routledge & Kegan Paul, Londres, 1981, p. 64.

6. «Le Rire de la Méduse», *L'Arc* (1975), pp. 39-54. Véase también la exposición de su teoría por Verena Andermatt Conley, *Hélène Cixous: Writing the Feminine*, University of Nebraska Press, Lincoln, 1984, especialmente p. 21.

7. Véase Meredith Anne Skura, *The Literary Use of the Psychoanalytic Process*, Yale University Press, New Haven & Londres, 1981.

8. Introducción a *Women's Autobiography. Essays in Criticism*, ed. de Estelle C. Jelinek, Indiana University Press, Bloomington, 1980, p. 7 y 8; Juliet Mitchell, *Psychoanalysis and Feminism*; p. 307.

9. Otto Rank refiere que los primitivos creían ver el reflejo del alma en el espejo (*Psychology and the Soul*, University of Pennsylvania Press, Philadelphia, 1950); a su vez, G.F. Hartlaub recuerda que en el siglo XVIII en Francia los grandes espejos se llamaban «psyche» (*Zauber des Spiegels. Geschichte und Bedeutung des Spiegels in der Kunst*, Piper, Munich, 1951, p. 23). Véase también Kathleen Woodward, «The Mirror Stage of Old Age», en *Memory and Desire*, ed. de K. Woodward & M. M. Schwartz, Indiana University Press, Bloomington, 1986.

10. Son interesantes las reflexiones sobre la persecución de las brujas y su motivación ofrecidas por Annis Pratt («Spinning among Fields: Jung, Frye, Lévi-Strauss and Feminist Archetypal Theory», en *Feminist Archetypal Theory. Interdisciplinary Re-Visions of Jungian Thought*, ed. de Estella Lauter & Carol Schreier Rupprecht, University of Tennessee Press, Knoxville, 1985, pp. 93-136). Michèle Perrein sintetiza muy sucintamente la posible causa del comportamiento «extraño» de las mujeres: «c'était peut-être aller au bout du plaisir de son corps, une manière de compenser les viols, de nier le droit de cuissage» (*Entre chienne et louve*, Grasset, París, 1978, p. 233).

11. Shoshana Felman, *Writing and Madness (Literature/Philosophy/Psychoanalysis)*, Cornell University Press, Ithaca, 1985, pp. 82 y 102.

12. Michèle Montrelay, *L'Ombre et le nom*, Minuit, París, 1977, pp. 28 y 29.

13. Michel Foucault, *Histoire de la sexualité*, I. *L'Usage des plaisirs*, Gallimard, París, 1976, p. 13 ss.

14. Luce Irigaray, *Ce sexe qui n'en est pas un*, Minuit, París, 1977, p. 152.

15. Citado por Philippe Lejeune en *Lire Leiris. Autobiographie et langage*, Klincksieck, París, 1975, p. 180. Leiris subraya que el psicoanálisis moderno se fija sobre todo en el discurso, más que en el contenido: «elle fait de *l'énonciation* le lieu de sa recherche» (Lejeune, *Le Pacte autobiographique*, Seuil, París, 1975, p. 9).

16. Véase Otto Rank, *The Double*, University of North Carolina Press, Chapel Hill, 1971 y Robert Rogers, *A Psychoanalytic Study of the Double in Literature*, Wayne State University Press, Detroit, 1970.

17. Véase Louise A. Poresky, *The Elusive Self. Psyche and Spirit in Virginia Woolf's Novels*, University of Delaware Press, Londres, Newark, Toronto, 1981 para una discusión detallada de este aspecto.

18. Luce Irigaray, *Ce sexe...*, p. 77.

19. Michael Riffaterre, *Text Production*, trad. de Terese Lyons, Columbia University Press, Nueva York, 1983.

20. Véase Emma Jung, «On the Nature of the Animus», en Jean Strouse, ed., *Women & Analysis, Dialogues on Psychoanalytic Views of Femininity*, Grossman, Nueva York, 1974, pp. 195-226.

21. Marie Cardinal, *Les Mots pour le dire*, Grasset, París, 1975, p. 313.

22. *Op. cit.*, p. 113.

23. *Autrement dit*, Grasset, París, 1977, p. 14.

24. «Une Algérienne qui ne se conduit pas selon la tradition est une putain ou une folle» (*Au pays de mes racines*, Grasset, París, 1980, p. 189).

25. *Les Mots...*, p. 247.

26. *Op. cit.*, p. 250.

27. *Op. cit.*, p. 289.

28. *Autrement dit*, p. 72.

29. «Dans chacun de mes manuscrits je reprends un passage d'un manuscrit précédent. Pour faire la chaîne, pour indiquer que je n'écri-

rai jamais qu'un seul livre qui sera fait de tous mes livres» (*Au pays...*, p. 194).

30. *Le Passé empiété*, Grasset, París, 1983, p. 257.

31. *Au pays...*, p. 8.

32. En *Au pays...* se pronuncia acerca del proceso creador: «Quand j'écris un roman je ne pense pas que les pages que j'écris deviendront un bouquin et qu'il sera lu. Si j'y pense, je ne peux plus écrire» (p. 169).

33. Cuenta en *Au pays...* que había sido corriente en su casa, cuando era niña, contar e interpretar los sueños durante las largas veladas a las que asistían tanto las señoras de la casa como las criadas árabes que aportaban matices diferentes a la simbolización.

34. Erika Kaufmann, *Transfert*, Feltrinelli, Milán, 1974, p. 320.

35. *Op. cit.*, p. 260.

36. *Op. cit.*, p. 247.

37. *Op. cit.*, p. 20.

38. *L'Ombre et le nom*, pp. 27 y 28.

39. «Fonction et champ de la parole et du langage», en *Écrits*, Seuil, París, 1966, p. 293.

40. *Transfert*, p. 108.

41. Es curiosa la distinción temporal que establece Marie Cardinal: «La durée n'existe pas. Ce qui existe c'est la bienheureuse succession des jours. Le temps ne se compte que dans le travail ou le malheur. Sinon il coule sans interruption, sans heurts, et moi je coule avec lui, interminable, identique. L'enfant, l'aînée, pareilles, inscrites dans le Rythme, indispensables» (*Au pays...*, p. 165).

42. Esther Tusquets, *Para no volver*, Lumen, Barcelona, 1985, p. 10.

43. *Op. cit.*, p. 217.

44. El motivo de tener que contar sus sueños atraviesa la novela como una corriente soterraña, presentando dos puntos de vista: «Tengo que contarlo. Lo contaré. No queda nada que pueda molestarme en mis recuerdos. [...]. —Aún te molesta. Aún. Pero lo que te molesta es otro recuerdo» (*Malina*, Suhrkamp, Frankfurt/Main, 1971, pp. 20 y 24).

45. «En el acto de comprender se produce un cambio de personalidad. El saber que resulta de este tipo de proceso de crecimiento es comprensión más bien que intelección o información acerca de algo» (Ulanov, p. 171).

46. *Malina*, p. 200.

47. Íd., p. 356.

48. Véase el comentario detallado de la novela por Ezergailis así como Manfred Jürgensen, *Ingeborg Bachmann. Die neue Sprache*, Peter Lang, Frankfurt/Main, 1981.

49. *Malina*, p. 17.

50. «L'inconscient, c'est le désir qui parle en nous, à notre place» (*Les Parleuses*, Minuit, París, 1974, p. 64); cf.: «La femme, c'est le désir. On n'écrit pas du tout au même endroit que les hommes. Et quand les femmes n'écrivent pas dans le lieu du désir, elles n'écrivent pas, elles sont dans le plagiat» (Marguerite Duras & Michèle Porte, *Les Lieux de Marguerite Duras*, Minuit, París, 1977, p. 102).

51. «Beitrag zur Untersuchung des Narzissmus in der weiblichen

Sexualität», en Janine Chasseguet-Smirgel, ed., *Psychoanalyse der weiblichen Sexualität*, 1964, Suhrkamp, Frankfurt/Main, 1974, p. 101.

52. *Malina*, p. 29 y 30.

53. Hay muy pocos asomos del pasado de la protagonista; todo se centra en el presente. Ella misma ofrece una explicación acerca de la concentración en el hoy: la pasión que vive Ich es tan intensa que no puede distraerse buscando raíces en el pasado. Los saltos repentinos de una vivencia a otra, siempre en el mismo hoy, corresponden al ritmo de nuestro siglo.

54. Bachmann alude explícitamente al lector para el que escribe en una entrevista de 1965: «Se puede y se debe tener alta opinión de los lectores de uno» (*Wir müssen...*, p. 62).

55. *Malina*, p. 129.

56. Íd., p. 144.

57. Íd., p. 325.

58. Cf. Wittgenstein: «Por cierto, existe también lo indecible. Esto *se muestra*, es lo místico» (*Tractatus*, 6.522, citado por Bachmann en su ensayo «Sagbares und Unsagbares» en *Wir müssen...*).

59. Lourdes Ortiz, *Luz de la memoria*, Akal, Madrid, 1976, p. 41.

60. *Écrits*, p. 302.

61. *Luz...*, pp. 103 y 107.

62. Íd., p. 105.

63. Íd., p. 105 y 106.

64. Íd., p. 69.

65. «Si uno pudiera encontrar el interlocutor adecuado en el momento adecuado, tal vez nunca cogiera la pluma. Se escribe por desencanto de ese anhelo, como a la deriva, en los momentos en que el interlocutor real no aparece, para convocarlo» (Marie-Lise Gazarian Gautier, «Conversación con Carmen Martín Gaite en Nueva York», en *From Fiction to Metafiction: Essays in Honor of Carmen Martín Gaite*, ed. de Mirella Servodidio & Marcia L. Welles, Society of Spanish and Spanish-American Studies, Lincoln, Nebr., 1983, p. 27).

66. *Retahílas*, Destino, Barcelona, 1974; la edición usada para las citas es la segunda, de 1979.

67. Manuel Durán, «Carmen Martín Gaite: *Retahílas*, *El cuarto de atrás*, y el diálogo sin fin», *Revista Iberoamericana*, XLVII, 116-117 (junio-dic. 1981), pp. 233-240. Carmen Martín Gaite, *Cuentos completos*, Alianza, Madrid, 1978, pp. 8 y 9. Recuérdese que es un tema que le ha preocupado siempre. Lo atestiguan sus trabajos sobre «los usos amorosos» del siglo XVIII y de la posguerra.

68. Julian Palley, «El interlocutor soñado de "El cuarto de atrás" de Carmen Martín Gaite», *Ínsula*, 404-405 (agosto 1980); Blas Matamoro, «Carmen Martín Gaite: el viaje al cuarto de atrás», *Cuadernos Hispanoamericanos*, 351 (sept. 1979), pp. 581-605. Véase también Robert C. Spires, «Product Preceding Process: *El cuarto de atrás*», en *Beyond the Metafictional Mode. Directions in the Modern Spanish Novel*, University Press of Kentucky, Lexington, 1985, pp. 197-224; Gonzalo Navajas, «El diálogo y el yo en "Retahílas" de Carmen Martín Gaite», *Hispanic Review*, LIII, 1 (invierno 1985), pp. 25-39; Ruth El Saffar, «Redeeming

Loss: Reflections on Carmen Martín Gaite's *The Back Room*», *Revista de Estudios Hispánicos*, XX, 1 (en. 1986), pp. 1-14.

69. *El cuarto de atrás*, Destino, Barcelona, 1978. Se cita por la tercera edición, de 1980, p. 129.

70. *El cuento de nunca acabar*, Trieste, Madrid, 1983, p. 389. Es un procedimiento usado con gran eficacia por Doris Lessing en *Memoirs of a Survivor*.

71. *Op. cit.*, p. 92.

72. Íd., p. 108.

73. *Écrits*, p. 200.

74. *Op. cit.*, p. 188.

75. *Op. cit.*, p. 182.

76. Íd., p. 106; Erica Jong, «Blood and Guts: The Tricky Problem of Being a Woman Writer in the Twentieth Century», en *The Writer on her Work*, ed. de Janet Sternburg, W.W. Norton, Nueva York, 1980, pp. 169-179.

77. Juan Villegas, «Los motivos estructurantes de "La careta" de Elena Quiroga», *Cuadernos Hispanoamericanos*, 224-225 (ag.-sept. 1968), pp. 638-648; Silvia Burunat, *El monólogo interior como forma narrativa en la novela española (1940-1975)*, Porrúa Turanzas, Madrid, 1980, pp. 171 y 172; Mary Ann Beck, «*La careta* y el héroe de la "noluntad"», de Elena Quiroga», *Cuadernos Hispanoamericanos*, 325 (julio 1977), pp. 111-123.

78. Véase el estudio de María Elena Bravo, *Faulkner en España*, Edicions 62, Barcelona, 1985, así como Phyllis Zatlin Boring, «Faulkner in Spain: the Case of Elena Quiroga», *Comparative Literature Studies*, XIV, 2 (1977), pp. 166-176.

79. *La enferma*, Noguer, Barcelona, 1955, pp. 80 y 81.

80. Interesantes a este respecto son las observaciones de Alida y de la madre de la chica trastornada en *La enferma*, en las que se unen la tradición recogida y sus propias experiencias, más bien negativas.

Capítulo IV

NUEVAS PERSPECTIVAS SOBRE LA HISTORIA

La novela histórica, que surge con ímpetu extraordinario durante el romanticismo en la mayoría de los países europeos, llega a su auge en España con los *Episodios nacionales* de Galdós y los relatos ya mucho más modernos y originales de los noventayochistas. Es un género en el que no se habían destacado sobremanera las mujeres. Es más: si se extienden las consideraciones a sus puntos de apoyo —la historiografía y la filosofía de la historia— resulta claro que son del dominio exclusivamente masculino. Virginia Woolf ha resumido la situación escuetamente: «Ella [la mujer] invade la poesía de cubierta a cubierta, pero está poco menos que ausente en la historia».[1] En los últimos diez o quince años la proporción ha empezado a cambiar en todos los países. Las causas de este fenómeno son múltiples; el resultado es un gran enriquecimiento de perspectivas, un muestrario de voces nuevas. Está directamente relacionado con la entrada y la afirmación de la mujer en las estructuras sociales más variadas. Surge, entonces, la necesidad de explorar las razones del silencio previo, el deseo de mostrar que la mujer tenía su lugar en la sociedad también antes, aunque pasara desapercibida, y que ya entonces lograba vivir su propia vida. Las palabras de Marcelle Marini, al tratar de resumir el mundo y las motivaciones para escribir de Margucrite Duras, parecen apropiadas para definir el destino de la mujer en los siglos anteriores: «Les voici depuis toujours séparées d'elles-mêmes, de leur propre histoire, de leur vie présente. Omission blanche».[2] Para rectificar esta omisión, las autoras de novelas históricas hoy retroceden preferentemente hasta la Edad Media o incluso más atrás, obedeciendo a un doble propósito: aclarar y rectificar. Walter Scott decía que se le hacía difícil persuadir a los lectores de su tiempo que sus antepasados habían sido tan primitivos. Las jóvenes escritoras hacen recordar que la mujer casi no existía como un ente oficial; por otra parte, muestran que a pesar de esas condiciones siempre ha habido figuras femeninas excepcionales.

György Lukács afirma que la novela histórica surge siempre en tiempos de transformación y de tumulto.[3] Por lo menos en España, lo confirman los períodos de producción más intensa de este tipo de novela. Galdós solía decir que él había ido a la historia para buscar en el pasado una explicación de la circunstancia histórica en que vivía: la revolución fallada. Los autores del 98 indagaron las causas del fracaso de la guerra de Cuba y con ella, el fin del imperio español. Inquietud y transformación marcan los años que siguen a la muerte de Franco. Los autores analizados por Lukács enfocaban cambios en la estructura de los estratos sociales. La transformación social que ocurre en los años actuales toca muy de cerca la independización de la mujer. La novela histórica que surge como consecuencia de este hecho estudia las motivaciones de la poca visibilidad y del enfoque unilateral de la mujer en los siglos anteriores. Representa el primer intento más generalizado de exponer la historia incluyendo el punto de vista de la mujer. Para conseguirlo, las autoras buscan un estilo original que ponga en evidencia el «yo» femenino en su complejidad y permita percibir y comprender los muelles interiores que lo empujan a la acción y a asumir ciertas actitudes.

Uno de los aspectos más interesantes de la nueva escritura histórica femenina es la rebelión contra su forma tradicional. Puesto que tratan de figuras femeninas, las presentan no como los hombres querían que ellas fueran, sino desde un punto de vista que abarca también la visión femenina. Esto quiere decir que el concepto mismo de la historia así como su configuración cambian considerablemente. Muchas de las autoras jóvenes insisten en el elemento afectivo, en una visión que no deje de ser personal. En esto coinciden con la evolución general de la historiografía; hoy se prefiere fijarse no en los grandes acontecimientos y las figuras destacadas, contando las victorias y las derrotas, las leyes y sus infracciones, como se solía hacer en los siglos anteriores, sino en lo que Unamuno ha denominado la «intrahistoria». Si varias décadas antes Henry Butterfield, en uno de los primeros ensayos sobre la novela histórica, la definía como una serie de cuadros brillantes, es decir, exteriores, hoy se ofrecen preferentemente los movimientos y las motivaciones interiores.[4] Según Marguerite Yourcenar, la tarea del historiador —la podemos extender al autor de novelas históricas— consiste ahora en «refaire du dedans ce que les archéologues du XIXe siècle ont fait du dehors».[5] Esto va perfectamente de acuerdo con una de las características generales de la escritura femenina observadas por Béatrice Didier: «une relative carence de l'événementiel».[6] Se trata de una presentación de ambientes en gestación más bien que de acción precipitada. Por eso, más de una de ellas deja de regirse por los cánones tradicionales: ya no se insiste en una distancia temporal de por lo menos unos cincuenta años. En varias novelas aun tratándose de una figura histórica lo que importa más es la esencia íntima de la mujer, casi atemporal. Para expresar esta nueva concepción resulta imperativo valerse de un lenguaje diferente del tradicional. La forma autobiográfica parece responder a esta exigencia: expresar la problemática, las constantes preguntas o vacilaciones desde una perspectiva subjetiva más que ofrecer secuencia exacta o resoluciones claras.[7] Jean Rousset ha hecho observar que el uso de la narración en primera persona se relaciona con una exposición desde el presente, consiguiendo efectos de mayor inmediatez: «la saisie de la sensation et des mouvements affectifs dans leurs fluctuations momentanées».[8]

La importancia de lo anímico-espiritual en los fenómenos de la historia había sido subrayada ya por Dilthey y Simmel, mientras que Schopenhauer ofrecía una imagen de ella que sigue vigente hoy: una maraña de hilos que se cruzan al azar. Los autores de la generación del 98, que conocían bien la obra de estos filósofos, se acercaron a la historia con un enfoque nuevo: en vez de batallas y reyes, las vivencias del pueblo; en vez de progresión lineal, tiempo cíclico; en vez de una única visión «oficial», énfasis en la relatividad; en vez de tono elevado, uso de la ironía. Ya en la obra de ellos se da la desmitificación y se invita al lector a recomponer los fragmentos presentados por su propia cuenta.[9] En las novelas de los últimos años escritas por mujeres se va aun más allá en cuanto a la modificación del discurso.

En un reciente trabajo panorámico sobre la evolución de la novela histórica de los últimos decenios en Francia, Marc Bertrand ofrece algunas observaciones útiles e interesantes, contrastando la época en la que predominó el *nouveau roman* (los años 50-60) con la literatura más reciente.[10] Señala que incluso en el auge del estructuralismo, que rechazaba todo lo que no fuera la forma misma del texto, la historia no había desaparecido, pero que su presentación sufrió una transformación importante que marcó toda escritura posterior. Una de las características más salientes de la novela de los años 50-60 es la reducción del fondo histórico: entra sólo como *fait divers*, pierde continuidad, es decir, no se le adscribe importancia primordial. Lo que interesa en esos años es la escritura misma y *su* historia. El fondo histórico de las novelas es preferentemente contemporáneo. Bertrand cita una declaración de Roland Barthes que sintetiza bien la nueva dirección: «faire entrer le lecteur dans le jeu de quelque chose qui est à la fois connu et irreconnaissable [...] dans une expérience, dans une présentation, une mise en scène de l'inconscient».[11] Se pone énfasis en la posibilidad de una interpretación siempre nueva y relativa.

Según Bertrand, desde los años setenta el interés por la historia se aviva otra vez, pero se encauza por caminos nuevos; se presta más atención a figuras marginales, a las minoridades (entre las cuales es lícito incluir a la mujer por el tratamiento recibido a través de los siglos), el «subconsciente colectivo» expresado por figuras que interesan sobre todo por su función social, pero sin desatender su investigación psicológica. Esta distribución de interés es confirmada por una reciente declaración de Erica Jong al hablar de su novela histórica, *Fanny*: deseo de presentar las preocupaciones políticas, pero desde un punto de vista decididamente individual.[12] El interés en lo colectivo lleva a estructuras que no se basan en un solo personaje principal, sino que se desarrollan a base de protagonista múltiple. Bertrand hace notar que en los últimos años la atención vuelve hacia los períodos menos conocidos, que permiten juego más libre de la imaginación. Habría que precisar, sin embargo, que la Edad Media presentada por los autores actuales es bien diferente de la que surgía en las novelas de Walter Scott. Una rigurosa documentación es hoy imprescindible: lo demuestran las largas enumeraciones de las fuentes en las novelas de Yourcenar o Chandernagor, o el hecho mismo de que una de las novelistas más populares hoy en Francia, Jeanne Bourin, haya empezado su carrera como medievalista.

La elección de la protagonista en las novelas recientes obedece al deseo de mostrar que en todas las épocas ha habido mujeres prominentes, aunque no siempre se haya reconocido su superioridad. Así, Jeanne Bourin «rectifica» la imagen de Héloïse; Françoise Chandernagor pone de relieve la influencia que ha ejercido Madame de Maintenon; Andrée Chedid dramatiza figuras que han contribuido a transformar las leyes en Egipto; Lourdes Ortiz saca a relucir una reina poco comentada en los libros de historia, pero con un concepto del imperio muy adelantado para su tiempo; Luise Rinser introduce a un quinto evangelista femenino. La imagen de la «mujer admirable» ha evolucionado mucho desde el *Áyax* de Sófocles, donde se elogia el silencio en la mujer, o de Balzac, quien afirmaba que «la femme n'est égale à l'homme qu'en faisant de sa vie une continuelle offrande, comme celle de l'homme est une perpétuelle action».[13] Hoy se subraya el hecho de que incluso en la Edad Media existían mujeres inteligentes y cultas, que tenían sus propios deseos y su propia voluntad y los cultivaban. Se da un enfoque diferente a la «femineidad», añadiéndole un toque de independización. Más de un crítico ha observado que en estas novelas es generalmente el hombre el que sale mal parado; son presentados como débiles, indecisos, insignificantes (lo hacía ya Unamuno en *La tía Tula*); se escogen los momentos de menos grandeza, como, p.e., la huida de Luis XVI en *La nuit de Varennes* (1982) de Catherine Rihoit. Karin Reschke ofrece a un Kleist apocado; Lourdes Ortiz descubre las debilidades de los reyes que rodean a Urraca.

Estilísticamente, la nueva novela histórica femenina corresponde a lo que las autoras quieren destacar como esencialmente femenino, tanto en las acciones como en el lenguaje: la espontaneidad. Andrée Chedid confiesa: «Je me sens plus portée vers l'émotion, le lyrisme; sans doute moins intellectuelle. [...] j'ai besoin de me laisser aller; besoin d'une coulée, d'une spontanéité (*a sort of "splashing"*) de tout le livre. [...]. Puis, à l'intérieur de tout cela —en son entier, ou par morceaux— je taille, j'organise, j'architecture, je rythme».[14] Yourcenar cuenta que ha escrito *Memorias de Adriano* en «un seul jet de passion», pero que a la vez la novela es «la condensation d'un énorme ouvrage élaboré pour moi seule». Varias de estas novelas tienen una cualidad lírica conscientemente buscada: «Une reconstitution [...] faite à la première personne [...] touche par certains côtés au roman et par d'autres à la poésie» especifica Yourcenar.[15] También Lourdes Ortiz confiesa que anhela encontrar «una cadencia poética».[16] Muchas presentan los acontecimientos desde el presente, como algo vivo, aún informe, de estructura abierta. Los personajes son entes que van creciendo, que entran con sus dudas y su porvenir incierto, no con una visión retrospectiva que les ponga un sello definitivo: «Je sens que l'écriture est une chose vivante, qu'elle doit être irriguée».[17] Hacen pensar en lo que se proponía San Agustín en sus *Confesiones*: «me muestro no tal cual fui, sino tal como soy».[18] El modo de presentar sus experiencias se acerca más, sin embargo, a lo que hacía Santa Teresa: deja más entrada libre al elemento afectivo. Mientras que San Agustín, prototipo de la escritura confesional, habla de los «espacios anchurosos» de la memoria donde las sensaciones «se conservan en general y clasificadas por especies», Santa Teresa se abandona al amor, donde se confunden todos los sentidos y sensaciones. Sería posible poner el modo de proceder del uno y de la otra como modelo de escritura masculina y femenina.

La narración en primera persona parece particularmente apropiada para lograr la impresión de una estructura viva; permite entregarse a investigación constante, sirviéndose de la asociación libre y de epifanías.[19] Varias de estas escritoras intentan unir los movimientos del cuerpo con las modulaciones de la voz como expresión de lo más profundo del personaje. Tal acercamiento podría degenerar en una escritura excéntrica, o pecar de sentimentalismo. Lo evitan gracias a otro recurso de uso general: el enfoque irónico a través del desdoblamiento, que permite auto-observación crítica y posibilita el constante juego entre la fachada oficial y el ser íntimo. Según Peter Axthelm, esta técnica sirve para expresar la relación del héroe que se confiesa con otros y así llevarlo a auto-descubrimiento.[20] Con ello consiguen añadir a la percepción afectiva el elemento masculino del juicio racional, integrando, en los casos más logrados, la función del *animus* con la naturaleza del *anima* y consiguiendo una visión más total.

Una novela que marca profundamente el cambio de la escritura histórica es precisamente la obra escrita por una mujer, *Memorias de Adriano* (1951), de Marguerite Yourcenar, que presenta la historia *interior* de este reinado.[21] Escrita en primera persona, desde el lecho del emperador moribundo, se filtra a través de la conciencia de éste como un examen casi existencialista del conjunto, una justificación de su visión personal del Imperio, una glorificación de su amor a Antínoo, y una defensa del derecho a una vida privada. El hombre importa aquí más que el emperador, aunque nunca se disocie a los dos. Es precisamente «la vida secreta de una gran figura pública» lo que fascina a la autora. En esta novela Yourcenar cumple con lo que Käte Hamburger señala como el criterio más saliente para diferenciar a un personaje histórico novelado de la figura oficial que presentan los libros de historia: dota a Adriano de una intimidad única, se fija en su sensibilidad que le permite percibir subjetivamente el mundo que le rodea, regodearse con un detalle sin importancia para la vida pública (p.e., saborear una fruta con todos sus sentidos, reflexionando sobre ello a la vez). Se insiste repetidamente en que no es la acción sola lo que constituye la vida de un hombre: «Les trois quarts de ma vie échappent d'ailleurs à cette définition par les actes: la masse de mes velléités, de mes désirs, de mes projets même, demeure aussi nébuleuse et aussi fuyante qu'un fantôme».[22] Por esto se escogen los momentos y aspectos más universales, que le acercan al hombre contemporáneo. Yourcenar no comete el error que Nietzsche reprochaba a algunos historiadores de su tiempo: proceder como un anticuario que ficha y clasifica. Lo que le interesa es «tâcher de rendre leur mobilité, leur souplesse vivante, à ces visages de pierre».[23] Según ella, la única novela histórica posible en nuestro tiempo es aquella que toma posesión del mundo interior.

La forma autobiográfica no es lo que se le ocurre primero para esta novela. Fiel a las teorías de la relatividad, deseosa de presentar la figura desde una perspectiva múltiple, experimenta primero con la novela dialogada, la cual, sin embargo, no le permite llegar a la verdadera intimidad del personaje. Una narración en primera persona tiene otra ventaja, además de parecer más íntima: impide que el autor sobreañada su propia voz al relato. La escritura confesional debe servir al protagonista «pour me définir, me juger peut-être, ou tout au moins pour me mieux connaître avant de mourir».[24]

El ritmo lento, desigual de esta novela implica el proceso de recordar, de saborear ciertos momentos evocados, de escudriñar otros desde una distancia. Por esto mismo es elíptico, salta de un fragmento a otro. El tono es sereno a través de todo el libro. Nunca incurre en melodrama o exageración. Más bien, desde las primeras páginas introduce una leve ironía acompañada de escepticismo, un arte de despojarse de la imagen pública: «Il est difficile de rester empereur en présence d'un médecin, et difficile aussi de garder sa qualité d'homme».[25] La objetividad de visión no está desprovista de una nota íntima, sin embargo: no es una exposición impersonal. El viejo emperador dirige sus confesiones al joven Marco Aurelio, su sucesor. Así no desaparece la cualidad de diálogo. En vez de letra fija, ofrece una voz con sus modulaciones. Es un intento de establecer entre la obra y el lector la misma «magie sympathique» que busca Yourcenar entre el personaje que va creando y ella misma. El tono cambia según el enfoque de los pensamientos del emperador moribundo; surgen reflexiones acerca de estos cambios, acerca de lo que es el lenguaje o el diálogo: «Je finissais par comprendre que l'esprit du jeu exigeait ces perpétuels déguisements, ces excès dans l'aveu et dans la plainte, ce plaisir tantôt feint, tantôt dissimulé. [...]. J'aurais voulu davantage: la créature humaine dépouillée, seule avec elle-même».[26] Toda la novela será precisamente esto: la búsqueda de la voz interior desnuda y, a través de ella, de la realización de sí mismo.

En el Adriano que se nos ofrece a lo largo de estas páginas el guerrero palidece frente al soñador de inclinaciones artísticas quien, entre otras cosas, modifica las leyes que conciernen a la situación, los derechos, los deberes de la mujer. Al presentar la cuestión femenina, la ambigüedad es constante: Adriano mejora sus condiciones, pero el tenor de sus pensamientos es muy poco halagüeño al rememorarlo.[27]

El hecho de que Yourcenar haya escogido una figura masculina no es insólito en la historia de la novela femenina; varias autoras, al ensayar el estilo autobiográfico, se deciden primero a hablar con voz de hombre teniendo

131

en cuenta la posible reacción del público y de la crítica. No hay que olvidar que Yourcenar concibe su novela en los años veinte-treinta. Define la situación como sigue: «Impossibilité aussi de prendre pour figure centrale un personnage féminin, de donner, par exemple, pour axe à mon récit, au lieu d'Hadrien, Plotine. La vie des femmes est trop limitée, ou trop secrète. Qu'une femme se raconte, et le premier reproche qu'on lui fera est de n'être plus femme».[28] También la autora de la novela histórica femenina más interesante de los últimos años en España, Lourdes Ortiz, hace su aprendizaje con una figura masculina. Se verá luego cómo Andrée Chedid encuentra una solución original a este problema, pero antes conviene mencionar otra novela-clave en el desarrollo de la novela histórica general, no sólo femenina.

En *Die Geschäfte des Herrn Julius Caesar*, publicada póstumamente en 1958, Bertolt Brecht consigue lo que Yourcenar se había propuesto al empezar *Memorias de Adriano*: una múltiple perspectiva como eje estructural. Con esto acentúa la idea de que no hay una sola historia «oficial». Julio César aparece visto por representantes de diferentes clases sociales; el testimonio varía desde un relato completamente impasible, ordenado, hasta los apuntes fragmentarios y espontáneos de un esclavo liberado. Se intercalan, además, comentarios por parte del joven que se está preparando a escribir la biografía de César. Una nota particular se consigue al yuxtaponer los recuerdos de un compañero del héroe de las guerras púnicas y las opiniones de un antiguo legionario que ha participado en ellas. De las palabras de cada uno surge un Julio César distinto.

Lo más interesante en la concepción de esta novela es un recurso del que Brecht se sirve para conseguir su famoso *Verfremdungseffekt*: rompe la unidad no sólo variando de perspectiva, sino también en el nivel temporal. La narración empieza presentando a un mozo que está planeando la biografía y va entrevistando a diferentes personas que habían conocido a su héroe. Aunque se sugiere que esto ocurre en un tiempo aún muy cercano a la vida de Julio César, las intervenciones del joven biógrafo se transmiten en un lenguaje muy moderno, con alusiones a la vida actual: su búsqueda de alojamiento, trámites en el banco, etc. Los constantes comentarios mantienen presente el tema de la escritura, y se alude a la dificultad de separar historia y leyenda, aduciendo humorísticamente que Julio César mismo había creado una confusión: «Incluso él mismo había escrito libros para engañarnos».[29] Si a través de *Memorias de Adriano* Yourcenar hacía hábil uso de autoironía por parte del protagonista, aquí los efectos irónicos, más fuertes, se consiguen por yuxtaposición y por ruptura temporal violenta, haciendo hablar al joven un lenguaje que era corriente en los años cuarenta-cincuenta. La desmitificación es completa: el informador principal, Mumius Spicer, un banquero, refiere toda la historia como una serie de «pequeños negocios» y luego le pide al biógrafo que le cuente una anécdota que mientras tanto ha penetrado en los manuales de historia usados en las escuelas. La historiografía aparece como mero juego, pero se añaden, también para efecto irónico, notas al pie de página sobre la veracidad de los informes. La figura de Julio César, en vez de crecer, se esfuma a medida que aumentan las páginas. En las últimas, se oyen ya sólo voces de los representantes más variados de la población de Roma, todos interesados en sí mismos y en su propio provecho, incapaces de aprehender la idea del Estado con la que había soñado el primer cónsul. Si Adriano se pregunta sobre cuál ha sido su misión en la vida y hasta qué punto la ha llevado a cabo, el César de Brecht demuestra que la imagen fijada en los manuales de historia es completamente arbitraria.

En los años setenta-ochenta hay un verdadero resurgimiento de la novela histórica en todos los países, y el número de mujeres que se dedican a ella va creciendo. Mucha experimentación se da en Francia, donde la polémica feminista es muy viva ya en la década precedente. La narración en primera persona, tan magistralmente desarrollada por Yourcenar, sigue siendo la forma preferida: permite penetrar naturalmente en la intimidad del personaje representado e introduce pasajes líricos en la narración. El tema de la escritura recurre con frecuencia, y más de una autora intercala consideraciones acerca del discurso femenino.

La autora de novelas históricas más popular y conocida en Francia hoy es seguramente Jeanne Bourin. Su primer gran éxito, *Très sage Héloïse* (1966), coronada con un premio, donde se atreve a volver sobre la leyenda-mito-historia archiconocidos y novelados más de una vez, no ha sido superada. Es su única novela escrita en primera persona con la intención de mostrar al personaje desde dentro. Aunque puede haberse inspirado en *Memorias de Adriano* para la concepción de base (examen de vida desde el lecho de muerte, dirigiéndose, en forma de unas cartas, a una persona amada para aclarar y justificar sus acciones), estructuralmente añade una variación: el relato se desarrolla alternando dos modos de narrar. Bourin establece una secuencia regular de capítulos con la voz de Héloïse en primera persona y en imperfecto, que evoca y juzga su pasado, y otros, más breves, con narración en tercera persona y en presente: Héloïse observada por las otras monjas en su agonía. Con esto se consigue ampliación de perspectiva y cierta objetividad, sobre todo al introducir un personaje que la odia y en sus comentarios mentales presenta una imagen bien distinta de la oficial. El lector se ve obligado a compaginar las facetas diferentes. La lectura se vuelve más fascinante si a la vez se consultan las verdaderas cartas de Héloïse así como su presentación por los cronistas y comentaristas a través de los siglos. Así, la novela se convierte en deconstrucción de la imagen tradicional.

Bourin postula en todas sus novelas que el único *spiritus movens* en la vida de la mujer es el amor, o más bien una pasión irrefrenable. Así, el tono de las reminiscencias de Héloïse es con frecuencia intensamente lírico, apasionado, lleno de angustia. Sólo cuando ofrece resúmenes de los acontecimientos de su vida, que son muchos, vuelve al diapasón normal. Se inspira ante todo en la primera carta «auténtica» de Héloïse, sin recoger el tono agudamente irónico de las dos últimas, escritas cuando no se le permitió continuar hablando de amor. La figura tradicional de la gran enamorada arrepentida se esfuma en las páginas de Bourin, donde sigue viviendo la mujer de carne y hueso. Su propósito es mostrar el interior de una mujer enloquecida por el amor a través de sus varias «edades»: niña que apenas despierta a la vida sexual; abadesa reverenciada que no ha perdido su sensualidad; monja moribunda que sólo en ese momento se resigna a admitir que el amor de Dios puede ser más importante que el de hombre.

Los historiadores que se han ocupado de Abelardo reconocen que el mito ha sido establecido basándose principalmente en los escritos de él, y que se sabe muy poco de Héloïse. Incluso la autenticidad de sus cartas se ha puesto en duda. Bourin aprovecha estas lagunas para introducir el punto de vista femenino. Así, presenta la supuesta conversión como un hecho totalmente falso. La ironía contenida en las cartas verdaderas de Héloïse se presta a tal interpretación, que es apoyada por el estudio de Etienne Gilson. La desmitificación en la obra de Bourin toca sobre todo a Abelardo, que se muestra como egoísta, vano, incapaz de sentir el amor ni de sacrificarse: «Tu m'aimais trop possessivement pour accepter l'unique voie vraiment satisfaisante qui nous était ouverte: vivre dans la continence, nous aimer par le coeur et non par le corps. [...]. Une grande passion chaste nous eût sublimés et sauvés».[30]

Las novelas posteriores de Bourin presentan menos interés en cuanto a innovación de la escritura. Seducida por el éxito entre el gran público, vuelve casi al modo tradicional, aunque en vez de concentrar su atención sobre figuras principales intente trazar un cuadro general de la vida en la Edad Media en Francia. Su nuevo interés requiere el uso de narración en tercera persona. Si en *Agnès Sorel, Dame de Beauté* (1970) aún intercala largos pasajes de monólogo interior o «diálogos» con Dios que sirven como auto-examen, la investigación interior disminuye en *La Chambre des dames* (1979) y casi desaparece en *Le Jeu de la tentation* (1981) o en *Le Grand feu* (1984).

En las últimas novelas la mujer aparece totalmente indefensa y su destino es forjado por el hombre. En todas, es presentada sobre todo como objeto sensual. A través de la estructura con múltiple protagonista consigue crear un cuadro colectivo en el que se mueven mayormente representantes de la pequeña burguesía y de los gremios, pero no evita siempre el sentimentalismo o el melodrama. Es curiosa la afinidad de su labor con lo que está haciendo, en su calidad de historiadora, Régine Pernoud: enfocan aspectos parecidos, escogen sobre todo figuras de mujeres y proceden de un modo semejante, ya que en los libros de Pernoud también entran pensamientos hipotéticos e incluso cierto tono de «raconteur».[31] Las dos, como antaño Galdós, contribuyen a divulgar el conocimiento de la historia, de la vida de la mujer y muestran el poder subrepticio que ha tenido.

Más interesantes son aquellos casos donde la preocupación por el papel de la mujer se combina con el interés por su discurso y se plantea a través de la estructura misma, alternando dos o más voces de sexo distinto en la exposición de la historia. En *Nefertiti et le rêve d'Akhnaton* (1974) Andrée Chedid hace percibir dos lenguajes, dos discursos, dos enfoques diferentes del mismo hecho. El relato sintetizante, más objetivo, del escriba oficial de la corte, Boubastos, se confronta con las evocaciones líricas, totalmente personales, de la reina viuda Nefertiti. La función de Boubastos es doble: actúa como cronista, pero a la vez asume un papel parecido al del «escucha» de las sesiones psicoanalíticas. Lo que le interesa es dejar oír la voz de la reina, no la suya propia: «Pour que sa voix parvienne à ses lèvres, envahisse ensuite l'espace qui nous sépare, atteigne mon oreille, il faut autour de la reine comme une absence, comme un blanc. Je m'efforce de ne pas exister, de n'être que deux doigts serrés autour d'un roseau trempé d'encre noire. Deux doigts prompts à saisir ses paroles, trop longtemps emmurées, pour les traduire en signes sur ce papyrus». Por esto insiste en que él sólo *transcribe* la historia, una historia que seguirá creciendo a través de los siglos como una tradición oral: «J'écris pour que l'histoire d'Akhnaton et de

Nefertiti —étrange, déjà lointaine, pourtant si proche des hommes— soit copiée, recopiée, rapportée, retranscrite. Pour qu'elle chemine de feuille en feuille, de bouche en bouche; chaque siècle y ajoutant sa marque, l'usage de ses propres paroles, son reflet».[32] (Lourdes Ortiz, en las primeras páginas de *Urraca*, también insiste en el aspecto de transmisión oral, que ha preocupado mucho a Yourcenar.)[33]

El discurso de Boubastos es ordenado, regido por nexos lógicos, interesado en mantener la secuencia cronológica. En términos de la crítica feminista, se le calificaría de logocéntrico. Se acerca a la historia como un observador objetivo y trata de fijarla:

> Quand la reine se tait, je m'efforce de décrire les choses par le dehors. Il faut que le décor tienne. [...]. J'essaye de cerner le passé, de maintenir l'image entre des arêtes précises, d'être un peu l'architecte de ce récit. [...]. Il me semble, parfois, que les paroles de Nefertiti se centrent vers le dedans; que par moments elles réduisent les apparences en cendres, pour que ne survive que le feu des profondeurs. Alors, je remanie ce texte; je m'appuie sur mes souvenirs, je pose à la reine d'autres questions. Je m'attache à ce qui se voit, à ce qui se palpe. Je m'attarde sur un détail, je m'enracine.[34]

El procedimiento de Nefertiti es casi opuesto: extrae de los fenómenos las esencias que quedan y se repiten, venciendo al tiempo. Así, es capaz de percibirse a sí misma no sólo como la soberana de Egipto en una época específica, sino también paradigmáticamente como mujer que se repite a través de las generaciones: «J'écarte le temps. Je me reconnais dans cet enfant que je porte tandis, qu'au même instant, je me vois marchant à côté de ma mère. [...]. —Viens, ma Setamon, ma mère, mon enfant!».[35] También el ritmo de los discursos es diferente: oraciones más largas, acompasadas, con alguna subordinación en el de Boubastos; más fragmentadas, con altibajos emocionales, exclamaciones las de Nefertiti. La alternancia de las dos voces refleja estructuralmente la verdad histórica de aquel reinado: la insistencia, por parte de Akhnaton, insólita entre los faraones, en que su mujer participara como igual en las deliberaciones y disposiciones concernientes a la nueva corte y la reglamentación de la vida en ella.[36] Ya el título de la novela une a los dos protagonistas en una relación poco ordinaria: Akhnaton estará presente a través de todo el libro en la dimensión de ensueño; a la vez, el título apunta al ideal con que él sueña. Con esta novela, Chedid ha conseguido invertir el orden tradicional en el que se contaba la historia, poniendo en el primer plano la figura que generalmente queda a la sombra. El mensaje de la novela, si lo hay, sólo puede colegirse por la estructura. No se ofrece una conclusión al final. Como en tantas novelas históricas escritas por mujeres en estas décadas, el fin queda abierto: «A toi, lecteur, de trier, de démêler l'écheveau».[37]

Muchas de las autoras de novelas históricas escogen como protagonista a una figura que de algún modo ha contribuido a la emancipación de la mujer. En *L'Allée du roi* (1981), Françoise Chandernagor reconstruye la historia del reinado de Luis XIV partiendo de cartas, documentos, memorias de una sola mujer y mostrando que una mujer lista es capaz de manipular incluso las situaciones públicas a veces. La evolución hacia el poder se señala en el subtítulo: «Souvenirs de Françoise d'Aubigné marquise de Maintenon épouse du Roi de France». Las escenas que presenta a través de la larga novela (573 pp.) atestiguan, sin embargo, la posición inferior de la mujer en esta corte. La relación tiene menos interés en cuanto a innovación estilística; se desarrolla cronológicamente, y el punto de vista predominante es el del «yo». Sí reproduce el estilo de escribir que empleaba una mujer de aquel tiempo y nos hace seguir el proceso de concienciación. Madame de Maintenon ha sido una mujer sumamente inteligente que se había hecho notar desde muy joven y que llegó a fundar la primera escuela especial para niñas en Saint-Cyr. En el texto de sus memorias se trasluce la inteligencia que le permite crear distancia y juzgar las situaciones con cierto humorismo e incluso sarcasmo. Hablando de su pudor inicial frente a las intimaciones del rey, comenta: «Or, cette conduite peut bien être tenue avec tous les hommes du monde, à l'exception précisément de celui qui me fasait alors l'amour: défendre de cette manière sa vertu contre les assauts d'un monarque tournerait trop aisément au crime de lèse-majesté».[38]

El libro es sobre todo interesante como cuadro de la época, con una sensibilidad particular a la situación y los problemas de la mujer enfocados desde el punto de vista femenino. De un modo semejante como en otras novelas femeninas, las figuras masculinas no aparecen rodeadas de un halo. Puesto que aquí se trata de uno de los grandes reyes de Francia, las observaciones y reflexiones de la protagonista resultan especialmente divertidas. Al escribir, mezcla a menudo la reverencia tradicional hacia el rey y el hombre con una crítica perspicaz, como en la escena de declaración de amor y de pedida de mano: «En homme habitué à commander et à ne point voir ses raisons révoquées en doute, il me dit qu'il m'épousait car il ne voyait point d'autre manière pour me garder». Ella misma se revela como una mujer calculadora, que evalúa siempre con exactitud el comportamiento de los hombres que le hacen la corte: «Cependant, avec tout cela, il ne m'aimait qu'autant qu'il était capable d'aimer. Cela n'allait pas fort loin; à peine plus loin, sans doute, que ce qu'il éprouvait pour ces chiennes couchantes qu'il nourissait».[39] Aunque a lo largo de las memorias se muestra la influencia indirecta que Madame de Maintenon ha ejercido sobre el rey, las palabras conclusivas son mucho menos equívocas que las de Nefertiti: «Depuis quarante ans, je n'étais que l'ombre de ce héros. Je disparus à la vue des hommes et sortis de leur mémoire à l'instant qu'il rendit l'âme».[40]

El interés por la historia lleva a algunas autoras a retroceder hasta el mito y a reelaborar figuras clásicas. Así, Christa Wolf reinterpreta a Casandra, presentando los acontecimientos de la guerra de Troya desde dentro, a través de la percepción y las emociones de una mujer desligada de su función de oráculo. En esta novelita Casandra está esperando su ejecución y repasa en la memoria la historia de los últimos años. Esta visión retrospectiva nos muestra a los grandes héroes homéricos despojados de su gloria. Aquiles se revela como un homosexual rencoroso, «el bestia»; Agamenón, como un tirano egoísta y cruel. Sólo se salva la imagen de Eneas, pero es precisamente su amor por Eneas lo que causa la muerte de Casandra. Rehúsa huir con él, porque prevé su futuro glorioso. Ella prefiere su condición humana corriente: «No puedo amar a un héroe. No quiero presenciar tu transformación en una estatua sobre el pedestal. [...]. No podemos nada contra una época que necesita héroes».[41] La opción de Casandra afirma su espíritu independiente. En su libro sobre la génesis de esta narración Wolf señala múltiples fuentes y motivaciones.[42] Según ella, varios autores masculinos, como Esquilo o Schiller, habían desfigurado a Casandra convirtiéndola en pájaro de mal agüero, sin intentar comprenderla. Así nació su deseo de ir más allá del mito y tratar de encontrar la realidad de la que éste había surgido. A esto se añadía el anhelo de llegar a explicarse ella misma lo que era esta «primera mujer profesional». Otro factor que no menciona podría ser el papel paradigmático de Casandra: una mujer que ve y dice la verdad, a quien no obstante no se le hace mucho caso por ser sólo mujer. Como Chedid, dota a su protagonista de un lenguaje femenino y fuerte a la vez, que casi siempre obra en dos niveles.

La figura de Casandra atrajo la atención de otra autora joven, Christine Brückner, quien vuelve a crearla en su extraordinaria colección de «discursos incontinentes por mujeres incontinentes» bajo el título *Si tú hubieras hablado, Desdémona*.[43] En estos breves monólogos de mujeres famosas de siglos diferentes, Brückner hace alarde de un humor penetrante, de un gran poder de condensación y de una maestría lingüística excepcional. Dota a cada mujer de un lenguaje que corresponde a su posición social, su tiempo y su educación y revela en cada una a un ser que los historiadores no habían notado. Entre las voces más impresionantes se encuentran las de la joven mujer campesina de Goethe dirigiéndose al amor ideal de éste, la refinada Charlotte von Stein; la endecha de Laura moribunda a Petrarca quien la abandona para huir de la peste;[44] la invectiva de Catalina Luther contra su santo marido. Pronunciados en una actitud burlona, provistos de gran potencial humorístico, mostrando las figuras tradicionales y bien conocidas al revés, sin dejar de atenerse a hechos históricos, estos monólogos no sólo critican, sino también emocionan, ya que incluyen también una nota lírica. Demuestran que se puede ir a través de la subversión a la poesía.

La inversión se usa también en la creación ingeniosa de otra figura de la antigüedad: Judit y su visita a Holofernes. Partiendo de un punto de vista interno, femenino, Vytauté Zilinskaité produce un relato delicioso.[45] Aquí se trata ya no de desmitificar o desheroizar a un hombre (aunque los hombres no salen muy bien parados), sino a una heroína. La intención es la misma que en las autoras vistas arriba: demoler la imagen establecida y afirmar a Judit ante todo como mujer.

La experimentación y subversión se extienden también a figuras literarias. Tanto Wolf como Brückner exploran la posibilidad de re-formular la historia literaria. No se limitan a evocar, transformándolas/explicándolas a autoras de siglos anteriores; se meten también con los personajes famosos. Brückner rehace a Desdémona de un modo semejante al de Jean Rhys quien re-inventa a Berta de *Jane Eyre* en su *Wide Sargasso Sea* (1966). «Las tres Marías» (Barreno, Horta, Velho da Costa) continúan las cartas de María Alcoforado en sus *Novas cartas portuguesas* (1974). Ann Sexton re-escribe los cuentos de Grimm. Christa Wolf coincide con Karin Reschke en volver a considerar el suicidio de Heinrich von Kleist, figura que interesa mucho últimamente a las autoras femeninas principalmente por su *Penthesilea* (1808). Aun hablando de Kleist, las dos autoras ponen una figura de mujer en el primer plano. Wolf (*Kein Ort. Nirgends*, [*Sin lugar. En ninguna parte*], 1979) inventa un curioso encuentro entre

141

Kleist y otra famosa suicida de su tiempo, Caroline von Günderode, estableciendo correspondencias andróginas entre ambos. Reschke, en *Verfolgte des Glücks*, (*Perseguida por la dicha*, 1982) se concentra sobre una «vida oscura» que ha influido el destino del autor bien conocido.

Verfolgte des Glücks se presenta como el «libro de apuntes» de Henriette Vogel, con un cuadro completo de la existencia de las mujeres en la Alemania del siglo XVIII. Kleist aparece sólo en las primeras páginas de la novela (la última escena cronológicamente sirve de introducción) y en la última parte. Lo principal del libro representa el estudio de la mujer que llega a ser su «alma gemela» y acepta la muerte para consumir la unión con el amante cuando Kleist cuenta sólo 34 años. Ya en un libro anterior, *Memoiren eines Kindes* (*Memorias de una niña*, 1980) experimentaba Reschke con la forma, prestando mucha atención a la historia más reciente. Allí expone los sucesos del año 1945 vistos a través de los ojos y la conciencia de una niña de seis años: percepciones entreveradas de fantasía, en capítulos que tienen escasa ilación, con confusión total de los tiempos y discurso elíptico en el que los hechos aparecen ya transformados por el subconsciente. En esta novela se trata ante todo del proceso de concienciación. En *Verfolgte des Glücks* también hay un dejo de *Bildungsroman*, pero se ensancha al añadir al diario de Henriette otros puntos de vista a través de cartas de sus amigas o introduciendo «voces de la calle» acerca del comportamiento de Henriette recogidas y referidas por la doncella, así como varias historietas intercaladas con la misma función que las cervantinas. Otras veces incluye sueños que podrían interpretarse como deseos reprimidos de Henriette. El límite entre el sueño, la fantasía y los acontecimientos reales es borroso. Desde el principio se subraya el elemento fantástico que lleva al fin trágico y hasta cierto punto paradójico: la liberación, pero no para la vida, sino para la muerte. Con ello, el *leitmotiv* de «la dicha», introducido desde el principio, adquiere significación irónica. Irónicas son todas las referencias a Vogel y a la vida matrimonial. El uso de desdoblamiento es constante. El proceso de concienciación se refuerza yuxtaponiendo a Henriette y otras mujeres jóvenes, pero ya más enteradas.

Reschke maneja sabiamente la técnica de los espejos. El matrimonio frustrado de Henriette, con la figura deshumanizada de Vogel, es casi una repetición del fracaso de los padres en el intento de fundar un hogar. Aunque todo el libro consiste en la historia íntima del personaje femenino, una cuidadosa distribución de detalles históricos recuerda que se trata también de la historia de una mujer en una época determinada. El lenguaje del diario es moderno y no tiene ningún rasgo sentimental; fuerte, casi cortante, subraya la independización así como la originalidad de la joven mujer. Notable es la última carta de Henriette a Kleist, que podría leerse como un ejemplo acertado del lenguaje femenino emocional. Consiste enteramente en una enumeración de lo que Kleist representa para ella, escrita como las antiguas letanías a la Virgen: «mi sombra al mediodía, mi fuente en el desierto, mi querida madre, mi religión, mi música más íntima, mi pobre Enrique enfermo, mi dulce corderito blanco, mi puerta del cielo».[46] La figura de Henriette se muestra más memorable que la de Kleist.

Un tratamiento más diferente aún de la historia-literatura es ofrecido por Irmtraud Morgner. Tomando una figura del siglo XII, la hace resucitar en tiempo presente y así, con doble vista, juzgar los acontecimientos del mundo moderno. El mensaje político es muy fuerte en las novelas de Morgner y se aplica sobre todo a nuestros días. Lo histórico se transforma no pocas veces en fantasía pura. Así como en las últimas novelas de Bourin, falta un personaje histórico conocido. Sus novelas interesan ante todo por la experimentación con la forma. *Trobadora Beatriz* se presenta en trece libros y siete *intermezzos* (que son fragmentos de otro libro), cuya conexión debe ser establecida por el lector. El texto es concebido como un *collage*, con recortes de periódicos, noticias transmitidas en la radio, fragmentos de reportajes sobre la revolución de 1968. Se desarrollan varias tramas simultáneamente. La figura «histórica» de Beatriz actúa como una conciencia desligada. Muy innovador es el lenguaje. Un capítulo consiste en sólo insultos; otro, en indicaciones de ritmos silabificados que hacen pensar en los mensajes encodados en Morse. Entre todo ello se intercalan divagaciones acerca de la mujer, de la escritura, la política, comentarios acerca de la historia como «este mar masculino de egoísmo».

La novela empieza como el cuento de la Bella Durmiente, con un lenguaje correspondiente, pero luego el ritmo predominante viene a ser el de hoy. La trovadora despierta de su sueño de ocho siglos cuando dos ingenieros van a inspeccionar el lugar donde duerme para construcciones futuras. Decide emprender otra vez su vida de trovadora andante, pero se da cuenta de que los caminos se han convertido en carreteras. Cuando intenta adelantar por auto-stop, es violada. Consta, pues, que la mujer, ocho siglos más tarde, sigue tan —o más— indefensa como antes. El libro podría considerarse como crítica de la novela histórica tradicional: crítica formulada explícitamente en tono polémico. Un fuerte efecto irónico se consigue con introducir la voz de la autora misma, titulando un capítulo «Donde I.M., jurando solemnemente, quisiera persuadir a algunos lectores masculinos a que continúen leyendo».[47] Morgner va lejos en su intento de moldear una novela nueva. No parece preocuparse demasiado por la verdad histórica, aun con toda la documentación que incluye. La historia le sirve sobre todo como fondo sobre el que destacar la crítica de la vida moderna.

La concentración en lo contemporáneo predomina en las novelas históricas escritas en Portugal, particularmente abundantes en los años ochenta. Casi todas hacen alusión al hecho que parece ser el más importante en este siglo para la mujer: la revolución del 25 de abril de 1974. La historia reciente entra en la novela como una parte inseparable de las vidas de las protagonistas, que no son figuras históricas. Histórico es el fondo: la dictadura de Salazar, la guerra de África, la revolución. Parece significativo que esta época aparezca ya como historia, no como hecho contemporáneo: un enfoque que señala el deseo de ruptura total. *O día dos prodígios* (1978) de Lídia Jorge compagina exposición lírica con andadura épica y transmite vivencias inmediatas, mostrando cómo la historia entra para trastornar la vida de una mujer. *Paisagem com mulher e mar ao fundo* (1982) de Teolinda Gersão cuenta la historia del tiempo de «O.S.» a través de una experiencia completamente interior, subjetiva, hecha de realidad, sueños, alucinaciones y casi rayando en locura. La presentación adquiere dimensiones mayores por medio de *flash-backs* y constantes transiciones de primera a segunda a tercera persona en la voz narrativa, o yuxtaponiendo mundo oficial real y órbitas fantásticas. En *Ora esguardae* (1982), Olga Gonçalves crea lo que ella llama un «mural»: una aglomeración de voces, hechos, acciones y reacciones que se funden para producir una visión global de vida portuguesa contemporánea. Concebida casi como una crónica, la novela procede por heteroglosía y ofrece un mosaico de perspectivas. Las voces a veces ni siquiera se identifican; lo que importa es el acorde final. Este tipo de novela reúne varias características señaladas como «lo nuevo» en la escritura histórica por Marc Bertrand. A pesar de tratar de la época contemporánea, son calificadas por los críticos de históricas.[48]

El mejor ejemplo de este acercamiento a la historia es tal vez *Lúcialima* (1983) de Maria Velho da Costa, donde la gran variedad de voces logra producir el efecto de una conciencia colectiva naciente. El fondo histórico se transmite a través de canciones, recortes de periódicos, fragmentos de programas televisivos, fórmulas epistolares anticuadas, parodia de la retórica oficial o de novela sentimental. Es un mosaico que reproduce la vida portuguesa en su totalidad. Efectos notables se consiguen a través del uso de monólogo interior y de simultaneidad. Dotada de gran sensibilidad, sutil percepción, formulación precisa y ternura exquisita, esta novela consigue alta calidad lírica sin dejar de ser histórica: histórica en mostrar cómo emerge la nueva mujer portuguesa.

Las autoras portuguesas se acercan al arquetipo de la mujer a través de vivencias muy contemporáneas. Luise Rinser, en Alemania, lleva la investigación del ser de la mujer a las escrituras sagradas. Con ello, propone el cuestionamiento no ya de la historiografía basada en hechos, sino de lo que se transmite como Evangelios apoyados en la revelación. Conocida por su dedicación a la causa cristiana y social, que suele conferir a sus obras cierto dejo de novela de tesis, sale ahora con un relato que podría considerarse feminista en su concepción. *Mirjam* (1983) aparece como una rectificación de los textos de los cuatro evangelistas, añadiendo una voz que suena casi como la del quinto evangelista y que desde la primera página afirma la dualidad y denuncia la interpretación unilateral: «¿Qué es lo que sabéis de mí? Sabéis lo que os refirieron algunos hombres que dejaron por escrito, muchos años más tarde, lo que habían oído de boca en boca acerca del tipo de mujer que yo era. [...]. ¿Cómo ha llegado a convertirse en historia esta mujer?». Mirjam-María Magdalena rehúsa presentarse como penitente —su imagen oficial—, aunque por razones distintas a las de Héloïse: «¿Por qué razón hubiera debido hacer penitencia, si *Él* me perdonó todos mis pecados? Seguir arrepintiéndome hubiera significado que yo no creía de veras ser como una recién nacida a sus ojos».[49] Aunque empieza su narración desde la situación final, cuando vive como ermitaña en su cueva muchos años después de la crucifixión de Jesucristo, en su relación salta en seguida a su juventud para explicar su propio carácter y su amor de la independencia. Abundan, sobre todo al principio, referencias irónicas a los historiadores y a las tradiciones: «Yo tenía que aparecer como puta para encajar en la imagen mitológica».[50]

La vida de familia y de las mujeres de su tiempo es vista y explicada desde el interior, con constante comentario irónico, muy feminista en el tono. El núcleo de la novela consiste en el recuento de la Pasión desde el momento en que ella se une a Jesucristo hasta su crucifi-

xión. Insiste constantemente —así como lo hacía Héloïse— en que el móvil principal de su conducta no es la
promesa de la salvación, sino la figura del salvador. Al
verle en la cruz, se le escapa un suspiro: «Se fue. Muerto.
Ido, muerto. Tan joven aún. Y tan guapo».[51] En su caso
se logra la unión sublimada, de espíritu sólo, que hubiera anhelado Héloïse. Irónicamente, mientras que en público Héloïse había adquirido la fama de casi santa, en
Mirjam se oyen voces del pueblo ignorante, e incluso la
de algún apóstol, que sugieren una visión denigrante de
Mirjam.[52] La posibilidad de interpretación múltiple de
todo personaje y todo acontecimiento se subraya en la
caracterización de la Virgen: madre de Dios, pero ante
todo mujer que no alcanza a comprender todo lo que
ocurre e incluso es capaz de sentir celos de una mujer
que ocupa la atención de su hijo. Sus gestos, sus parla-
mentos son muy logrados, creando un aura de ambiva-
lencia alrededor de su persona. El libro entero es una invitación a re-examinar todos los relatos o hechos históricos, añadiéndoles una dimensión nueva.

En España la novela histórica no ha merecido atención particular por parte de las mujeres en los años recientes, aunque la historia contemporánea entra con
gran fuerza en algunas (Martín Gaite, Rodoreda, Roig).
Los cuadros panorámicos trazados por los críticos (p.e.,
en *Ínsula*, 464-465, 1985) apenas mencionan algún nombre. Algún ensayo ha sido hecho por Paloma Díaz-Mas,
que intenta transformar, parodiándolas, las leyendas ar-
turianas en *El rapto del Santo Grial* (1984), sin lograr un
conjunto persuasivo, y sin pretensiones de crear un ambiente histórico. Carmen Gómez Ojea, en *Cantiga de
Agüero* (1982), se propone algo más ambicioso: re-examinar la historia de España a través de la vida de varias
generaciones de mujeres de una familia, con ecos del
mundo valle-inclaniano, pero a la vez técnicas semejantes a las usadas por García Márquez. El relato invierte
la secuencia cronológica y abarca tanto la vida en España como en «las colonias». Más lograda es su *Otras mu-*

jeres y Fabia (1982), donde se cuenta la historia contemporánea de un barrio y a la vez, de sus mujeres desde una conciencia individual, consiguiendo un mosaico intrincado, muy vivo, muy válido como documentación de una época. *La torre vigía* (1971) de Ana María Matute, que algunos críticos califican de novela histórica, apenas cabe dentro de este grupo; no sitúa la acción ni en un lugar ni en un tiempo concretos, no introduce ningún personaje histórico; el lenguaje (narración desde la perspectiva de un joven, en primera persona) es ante todo literario, sin matices precisos de una época histórica. El ambiente mismo no surge con realidad palpable, es más bien simbólico, y la novela se desarrolla hacia una dimensión visionaria. Es *Urraca* (1982), de Lourdes Ortiz, la novela histórica española que más fácilmente puede competir con las novelas europeas comentadas en las páginas precedentes en cuanto a su originalidad y fuerza.

En una entrevista reciente Ortiz indica algunas preocupaciones que será útil recordar para el estudio de esta novela: su interés por la relación del poder y de la mujer; su fascinación por el lenguaje «y su protagonismo», con el deseo de «lograr que tuviera unas resonancias, una cadencia poética que estuviera de alguna forma conectada con la época»; su observación de que «todas las reinas que han gobernado por sí mismas han tenido fama de ser devoradoras de hombres».[53] Con estas nociones urdirá una trama extraordinariamente densa y una novela sumamente original.

Ya su primer libro, *Luz de la memoria* (1976), demuestra una aguda conciencia histórica, pero trata de la época contemporánea. Allí, la historia entra como el factor determinante de los movimientos psíquicos del protagonista: se acerca más a las «novelas contemporáneas» que a los *Episodios nacionales* de Galdós. Como en otros casos de primera novela, el «yo» adopta aquí una voz masculina. Es en *Urraca* donde Ortiz lleva a pleno desarrollo el estilo autobiográfico femenino. Reúne en esta novela muchas de las características de la escritura histórica femenina apuntadas `más arriba, desarrollándolas con gran maestría técnica.

La elección de la figura histórica no hubiera podido ser más acertada para crear un personaje de gran ambigüedad. No se trata de la famosa Urraca de los romances, sino de su sobrina, hija de Alfonso VI. Aunque Urraca haya sido reina de Castilla y León, hay libros de historia que apenas la mencionan. Cuando aparece, se alude a «la ligereza de su carácter» y se señala el hecho de que su matrimonio con Alfonso el Batallador hubiera podido conseguir lo que logró tres siglos más tarde el de los Reyes Católicos: la unión de España.[54] Ortiz no echará en saco roto estas dos nociones: convierte la visión del Imperio en uno de los *leitmotivs*, insinuando, de un modo semejante a Adriano, que ninguno de los hombres que rodean a Urraca es capaz de «comprender la magnitud de mi empresa».[55] La autora explota, además, la falta de documentación fiable acerca de la muerte de la reina para crear un fin original: «unos dicen fue al salir de San Isidoro, de León, sacando el tesoro de la iglesia, y que causó muerte de repente. Orderico Vital refiere que solicitó quitar la vida al rey de Aragón por armas y por veneno, y que al cabo murió de parto. Algunos añaden que murió reclusa en la iglesia de San Vicente».[56] En esta novela la reina no muere, pero se insinúa la posibilidad de suicidio.

La experimentación técnica que deslumbró a los lectores de su primera novela no ha desaparecido aquí; se incorpora a una narración aparentemente menos fragmentada, pero en realidad aun más compleja. Las exigencias de «objetividad» —puesto que es una crónica lo que va redactando— se cumplen por estratagemas innovadoras. A la vez, se pone en duda el que exista una verdad objetiva. La novela se cierra con una nota ambigua, como *Luz de la memoria*, y como en ésta, el tema de la escritura va cobrando más importancia a medida que se desarrolla el relato.

Desde el primer capítulo, brevísimo, se anuncian los procedimientos: el libro se escribirá en primera persona y representará una visión retrospectiva del reinado por una soberana hecha prisionera en la celda de un monasterio, despojada de su poder y ya entrada en años, que comenta los hechos con un confidente. Ya en el primer párrafo se procede al desdoblamiento: yo/el papel de reina que hago. La distanciación y reunión de las dos se efectuará a través del libro con constante fluctuación de la primera a la tercera persona. El desdoblamiento afecta el enfoque de lo narrado con ironía solapada: su libro será una confesión, pero no la confesión *pública* que le exige el abad, lo cual implicaría arrepentimiento (en esto muestra afinidad con *Très sage Héloïse*). Lo escrito por Urraca representará más bien una indagación y una justificación. El personaje se refracta en tres facetas: Urraca-reina, Urraca-cronista, Urraca-mujer. La presentación polifacética se extiende a otros personajes y consigue condensación y ampliación a la vez; cada faceta se relaciona con situaciones y figuras secundarias diferentes. Esto permite captar el ambiente total de la corte de Alfonso VI abreviadamente: un Alfonso VI fuerte, héroe de la Reconquista que predica las cruzadas; un rey lujurioso que abandona el lecho matrimonial por las concubinas moras; un viejo moribundo odiado/amado por Urraca quien en el momento de escribir la crónica cree comprenderle con «los oídos del alma».

Del mismo modo, se alude a las diferentes posibilidades de transmitir una historia, rechazando la historia oficial con una mueca irónica y recalcando la importancia no ya de una crónica más personal, sino sobre todo de lo que sobrevive en el pueblo: la leyenda creada por los juglares. Esta afirmación subraya, además, el tema de la relatividad y con ello anuncia sus procedimientos de ambigüedad: Urraca va a narrar «para que los juglares recojan la verdad».[57] El énfasis se coloca sobre la palabra y la historia vivas, abiertas a la de- y re-construcción, y sobre la necesidad del interlocutor: el monje que la vigila. Las conversaciones de Urraca con el hermano Roberto revelan a través de varios capítulos que los dos interpretan los mismos acontecimientos de un modo distinto, añadiendo a la diferencia entre historia escrita e historia oral también la distancia entre dos clases sociales. Además, se alude al hecho de que un árabe o un judío la verían desde un ángulo diferente aun. En cuanto al estilo, se oscila siempre entre el escrito —introduciendo alguna vez párrafos que emulan las historias «oficiales»— y el oral. Se pasa de diálogo íntimo a monólogo interior y se repite reiteradamente que la palabra no es totalmente fiable ni suficiente. Así, el monje que escucha la confesión de la reina deberá animar el relato con dibujos. En cierta ocasión aparece la observación de que al escribir los sucesos, Urraca les está quitando vida. Los dibujos, al contrario, les añaden savia nueva. También en ellos se desliza la ambigüedad: las hojas iluminadas del manuscrito medieval van pareciéndose extrañamente a cartelones de feria.

Desde el principio se insinúa el método de la asociación: «cuando oigo el rezo de los monjes [...] me parece percibir aún el ruido de los cascos del caballo».[58] Detalles del presente traerán siempre imágenes del pasado y pensamientos sobre el futuro, sin dejar de incluir a los «yos ex-futuros»: lo que hubieran podido ser Urraca y su reino. Las transiciones se efectúan por medio de una palabra, un sonido, un color. La red de relaciones es muy densa y se explota hasta el máximo. Es esto lo que le permite ofrecer en una novela relativamente breve un mundo muy completo. La constante evolución de los personajes, de las situaciones, de las acciones hace cambiar también la significación de la escritura para Urraca. Junto a plantear la pregunta general acerca de la historiografía y de la verdad histórica, surgen consideraciones sobre la historia como vivencia personal. La novela empieza como una justificación de la vida de Urraca que a la vez da expresión a sus fantasías; luego su «crónica» se le presenta como salvación o como modo de conseguir la inmortalidad; por fin, se convierte en la compañera más fiel. Lógicamente, al ser liberada prevé que su crónica quedará inconclusa (por quedarle más vida por delante, pero también por no haber contado todo lo que sabía/sentía) y lega la tarea al monje.

La estructura de la novela, de cada una de sus tres partes y de alguno de los capítulos (IX, p.e.) es circular. Esto sugiere una concepción cíclica del tiempo. Se subraya el tema del eterno retorno estableciendo paralelos a través de varias generaciones. La centralidad del personaje Urraca se destaca repitiendo una escueta afirmación, que realza su voluntad invencible, en las primeras y las últimas páginas así como en el centro exacto de la novela: «Urraca sigue en pie», «pero no está la Muerte».[59] Dentro de cada círculo hay progresión: el cambio y la continuidad se afirman como inseparables. La obra total se subordina a un *leitmotiv* general: el deseo (en varios niveles) y la voluntad de reinar, acompañados de la imagen del juego de ajedrez que sugiere la idea del azar resumida en el penúltimo capítulo: «Todo se recompone como una historia donde aparecen en primer término unos protagonistas que creen ser dueños de su actuación, cuando, la mayoría de las veces, son las cosas, las situaciones, las que actúan en nombre de uno».[60] A la vez, se desarrolla, insinuándola desde el capítulo II, la idea básica de la búsqueda —y la relatividad— de la verdad: «Pero eso yo todavía no podía saberlo [...] sólo oía los ecos, aunque todavía no podía entender los sentidos».[61]

Una tercera melodía oída a través de las tres partes es el *ritornello* «pero una reina no debe [...]», «pero una crónica no debe [...]», que subraya la importancia del *papel* que le toca hacer a Urraca. Los *leitmotivs* se transmiten como una estructura musical: a través de estribillos, de repeticiones rítmicas que influyen la distribución de párrafos, de aliteraciones estratégicamente colocadas. (El ritmo varía también según el uso del «tú»: diálogo directo con el interlocutor o una exposición más objetiva que sencillamente resume los hechos.)

La circularidad de las partes es ejemplar: la primera empieza y concluye con la importancia del *papel* de la reina/del rey. En cada capítulo ocurren referencias a la tradición oral: romances, canciones, poesía árabe recitada, y se oye alguna variación del tema «una mujer es sólo mediadora». Al morir Alfonso VI, cuya figura y la estabilidad de la corte de Toledo, creada por él, predominan en esta parte, se esfuman las figuras femeninas que le acompañaban. En el penúltimo párrafo del último capítulo se presenta visualmente la convivencia de las tres razas y religiones que en la tercera parte volverá ya sólo como una evocación nostálgica.

La segunda parte se abre con los conjuros en Mexía y se cierra con el recuerdo de ellos. A lo largo de sus capítulos se multiplican referencias a supersticiones, brujerías, misas negras, pronósticos sibilinos y presagios sobrenaturales: casi como una insinuación de que una mujer podría lograr el trono sólo con la ayuda de tales subterfugios. La imagen de la disgregación del reino se consigue a través de la estructura: párrafos muy cortos, saltos temporales y espaciales continuos, cambio constante de la forma pronominal que refiere al interlocutor o al lector, medias palabras. Estas estrategias narrativas reflejan la multiplicidad no sólo de las mañas a las que acude Urraca, sino también de los puntos de vista bajo los cuales son vistas por otros: composición polifónica insinuada por el lema que introduce esta parte enumerando diversos instrumentos. En cuanto al ritmo, sigue fielmente la definición que Urraca misma da de su vida: «Y todo lo demás son vaivenes de una misma historia de encuentros y desencuentros; episodios de una larga partida de ajedrez».[62]

El último círculo dentro de la progresión (Urraca-niña/Urraca-reina/Urraca-amante) pone énfasis en lo femenino. La tercera parte empieza haciendo constar la seducción del hermano Roberto que desencadena —como la *madeleine* de Proust— el recuerdo de todos los otros amantes. En las partes anteriores se ha mostrado la «necesidad» del padre y del primer marido de cambiar de amantes con frecuencia, así como la renovación constante de los jóvenes monjes que acompañaban al segundo esposo. A través de alguna historieta intercalada se dejaba ver que el pueblo temía y admiraba a los hombres que manifestaban un hambre insaciable de mujeres. Sin comentario alguno, sólo por medio de yuxtaposición, se sugiere ahora que una mujer que reina podría tener antojos semejantes.

El capítulo final recoge, además, la referencia a las tres facetas de Urraca anunciadas en el primero: reina, cronista, mujer, cerrando la experiencia de cada una, pero invitando al monje a continuar —en doble nivel— la crónica, lo cual permitiría interpretar la fase de cronista como la de más alcance. A través de esta última parte aumentan las consideraciones sobre la escritura.[63] Al juego de ajedrez se sustituye el juego de combinar las letras y las palabras. Se podría decir generalmente que esta parte se formula bajo el *leitmotiv* de las transformaciones: tema iniciado en la segunda por referencias a la losa de los conjuros en Mexía como barca-caballo-cuna. En la tercera, la reina se transforma en amante; el monje en amador; el deseo en palabra escrita; las hazañas épicas del Cid y de los cruzados en un relato de rencillas particulares; las voces polifónicas de la segunda parte en una sola voz inspirada por la fuerza interior que nace en la soledad. Las inferencias de este capítulo son muchas. Según su costumbre, Ortiz deja la interpretación del sentido final a la discreción del lector.

La progresión dentro del círculo/de los círculos alcanza varias facetas. La más evidente consiste en la vida narrada: de Urraca-niña a Urraca-reina, a Urraca-prisionera, a Urraca que se prepara a salir de la prisión llena de fantasías nuevas. Esta evolución —aun con todos los *flash-backs*, digresiones, premoniciones, comentarios posteriores— nutre el hilo de la narración. Ésta no consiste, sin embargo, en mero recuento retrospectivo, sino que incluye análisis y juicio sobreañadido, como en *Memorias de Adriano*. Incluso lo que podría parecer una sinopsis tiene la función de enjuiciamiento gracias a constante yuxtaposición en dos tiempos.

También la relación entre Urraca y el hermano Roberto muestra progresión; de interlocutor casi mudo en la primera parte pasa a escucha que formula preguntas necesarias para desencadenar la narración polifónica en la segunda, a amante en la tercera, que le presenta también como co-creador. Estas transformaciones se subrayan por la presentación visual de la figura del monje: sin actividad bien definida en la primera parte; ocupado en tallar piezas de ajedrez en la segunda; dibujando «con colores de Apocalipsis» la historia que va surgiendo en la tercera (con esto se subraya la necesidad de *multi me-*

dia para transmitir la historia completa). Se debería destacar, además, una progresión en el discurso mismo: evoluciona hacia lirismo y musicalidad, con uso más constante y consciente de repetición rítmica, aliteración, léxico afectivo. A la vez, se recrudece el uso de ironía. Si en la primera parte se sugiere que los juglares deben recoger y transmitir la verdad histórica en sus cantares, en la tercera se pone en duda la verdad sobre los héroes contenida en la poesía épica. La ambigüedad pervade todo el libro.

La novela sugiere más de lo que dice. Esto se consigue a través del muy hábil uso de polivalencias y de yuxtaposición de paralelos semánticamente contrastantes que permite unir los sucesos horizontal y verticalmente (tres generaciones y por lo menos tres cortes). Las transiciones son facilitadas por una palabra o una imagen que desencadenan el flujo de conciencia. Estas yuxtaposiciones no sólo ilustran la máxima de que todo se repite; frecuentemente ponen énfasis en la paradoja: «La historia se repetía y mostraba un lado irónico. ¿Cómo, quien había dado muerte a su hermano, iba a atreverse a someter a juicio de Dios a otro de quien se afirmaba que había quitado la vida al suyo?».[64] Pueden causar epifanías de índole psicológica: la niña crece entre las vidas paralelas, casi desconectadas, de sus padres, lo cual la desorienta, hasta que tiene una revelación: «comprendí que si yo era capaz de aunar el rigor de mi padre con el "saber hacer" de Constanza, no habría nadie que pudiera interponerse en mi camino hacia el Imperio».[65]

Las epifanías abundan y dirigen la conciencia hacia una visión de conjunto cada vez más lúcida.[66] Lo elíptico de la estructura, las oraciones sintetizantes, los silencios y los puntos de suspensión permiten una condensación extraordinaria, las más de las veces irónica: «Así de sencillo: tres pájaros de un solo tiro; un nuevo rito, un nuevo abad y una reina consolidada, aunque su marido se negara a tenerla en su cama».[67] Frecuentemente trenza dos o tres historias que se iluminan mutuamente, ahorrándose con ello párrafos explicativos. Todo en esta novela son insinuaciones, toques leves que reflejan las mañas de la reina. Las referencias a lo contado o aludido anteriormente se cruzan constantemente, ampliando lo que se enuncia. El deseo de algo completo —dos reinos unidos en un imperio, la función femenina y guerrera en una sola mujer— se expresa en términos que traen a la memoria el ideal formulado por Virginia Woolf: «El mercurio pasivo se une con el azufre que da la fuerza gracias a la sal poderosa y nace el andrógino purificado que supone la unión de los contrarios. Yo, Urraca, emperatriz, mujer y hombre».[68] Unión de inteligencia y belleza, de severidad y misericordia, conseguida estilísticamente a través de las partes segunda y tercera alternando discursos apropiados.

La yuxtaposición sirve también para mostrar dos puntos de vista diferentes, a veces casi sin palabras, p.e. haciendo constar en la misma página «Dios» y «dios». Puede ser feroz, como cuando establece un paralelo entre Alfonso VI con sus concubinas y Alfonso el Batallador con sus monjes afeminados. Una de las grandes virtudes de esta novela consiste en no enunciar demasiado, sólo mostrar. Es notable su maestría en crear escenas eróticas de mucha fuerza que ni de lejos se acercan a lo pornográfico (este logro continúa en *Arcángeles*). En el caso de Alfonso el Batallador las medias palabras corresponden a la presentación de éste por los historiadores quienes, cuando más, le pintan como «si no misógino, misoginante» (Ramos Loscertales). Una de las pocas noticias acerca de sus verdaderas inclinaciones la da la Urraca histórica en un documento: «casándome con el cruento, fantástico y tirano rey de Aragón, juntándome con él para mi desgracia por medio de un matrimonio nefando y execrable».[69]

Los paralelos contrastantes son infinitos y forman verdaderas constelaciones: Constanza y Zaida como compañeras de Alfonso VI; Constanza, Felicia de Roucy, Zaida y Urraca como madres; Mafalda y Urraca como infantas viudas; Urraca y Zaida como mujeres (guerrera femenina, con el recuerdo obsesionante de las palabras dichas por Alfonso a su hija: «Ella tiene algo que tú jamás podrás tener», que se convierte en un *leitmotiv* más en los últimos capítulos, haciendo surgir toda una hilera de yos ex-futuros); el oso amansado, Sancho García, Urraca como prisioneros; la corte de Alfonso VI, la de al-Mutamid, la de Aragón, el reino cristiano de Jerusalén, que añade una perspectiva más universal. Infinitos hilos se cruzan en la urdimbre total, produciendo cada cruce una iluminación nueva tanto en la cronista como en el lector.

Ortiz procede a base de paralelos incluso para la desmitificación, yuxtaponiendo el plan nacional (el Cid) y el religioso (las cruzadas). El espíritu anticlerical es evidente a través de toda la novela, pero choca menos que la desheroización del Cid, que refuerza la insistencia en la relatividad e incluye cierta veracidad psicológica: parece lógico que los miembros de la familia de Alfonso VI tengan una imagen diferente del Campeador. Recuerdan al legionario de Brecht dando *su* imagen de Julio César. No desentona en un ambiente de crítica general, de la monarquía *per se*, y de la que Urraca hace de sí misma como reina.

El múltiple punto de vista y lo polifacético de cada personaje tienen su correspondencia en lo tocante a la expresión. Ya se ha mencionado el creciente interés de Urraca en la escritura, casi a expensas del deseo de hablar de su vida. Dentro de su relato se produce un extraordinario, consciente florecer de estilos dictado por la preocupación básica: ¿cómo transmitir la vida misma?: «Mientras escribo tengo la impresión de que el tiempo desgasta y el relato convierte a los protagonistas en muñecos de feria; les roba la palabra, el gesto, y mi juicio les despoja, les desnuda».[70] Para conservar alguna viveza, experimenta con estilos distintos. En las páginas que siguen a la declaración anterior, suple todo un repertorio de modos de contar, no sólo mencionándolos, sino ofreciendo una muestra de cada uno: el cuento de hadas, la historia de miedo, la historia de familia, la narración perifrástica. Estructuralmente, estas consideraciones-ensayos se presentan en el momento en que se habla de la inestabilidad de la vida de Urraca y de su carácter polifacético: «Cuatro reconciliaciones en apenas cuatro años de matrimonio. Urraca, la reina loca, dicen muchos. Urraca títere, Urraca inconsciente, Urraca histérica [...]».[71] Los cambios de estilo preparan esta definición y transmiten casi táctilmente los *volte-face* políticos.

El lirismo de la expresión aumenta cuando se quiere subrayar la preponderancia de la mujer sobre la reina. Su relato es lúcido, pero su percepción y presentación del ambiente podría ser calificada de femenina. Recrea el Toledo medieval a través de los sentidos, evocando su luz, sus olores, sus colores con una nota afectiva. Acoge el vocabulario que en los años recientes ha entretenido a la crítica feminista: una mujer se presenta como «la cueva, el pozo de pecado, la fosa».[72]

El fino uso de ironía acerca de la importancia del lector/público crea ambigüedad en el nivel de la lectura. Se oye casi como un *ritornello* a través de toda la novela lo que es y lo que no debería ser una crónica, sin indicar específicamente quién establece las reglas. Pero hay referencias más concretas a la formulación del relato según quién lo escuche, acentuando la nota arbitraria: «¿Quién iba a hacer caso de cualquier otra versión, de aquella que presenta a una madre que pretende controlar al hijo, encerrarle, quitarle su posible fuerza? Si te contara esta última, empezarías a intuir que el conde malvado no se diferenciaba demasiado de tu reina, y por eso bajo los ojos con modestia y reinvento para ti aquella jornada. [...]. Estoy fatigada y ya no sé lo que digo. Son ya muchos meses de encierro, demasiados, y tu inocencia introduce un desorden en mi relato; y no es bueno vacilar, porque ¿qué quedaría entonces de mi crónica?». Prevé —y sintetiza en palabras de su interlocutor— el efecto de su narración controlada: «"Un rey déspota, un rey maricón que maltrató a su mujer." Esa sería, Roberto, la versión que me devolvería tu devoción, la que me interesa fomentar en mi pueblo».[73]

El papel activo del público/lector se afirma en la modulación del discurso. La presencia o ausencia del interlocutor en un capítulo influye la estructura de éste. Sin la presencia del monje el relato fluye como una crónica, contando los sucesos exteriores. Con la presencia de él se intensifica la faceta de Urraca como mujer. Otras veces, para desencadenar la confesión lírica, Urraca pretende hablar al interlocutor imaginario. Particularmente interesante en este respecto es el capítulo XIV, donde, al dirigirse a la figura ausente, vierte toda su femineidad. Los contactos con el monje motivan la progresión de la escritura, proceso que consta en el primer capítulo de la segunda parte: en una misma página se presentan pensamientos interiores, la formulación oral de ellos para el escucha, la reacción de éste, y el intento de transcribir lo que ha surgido de la memoria a través de este contacto.

Dentro de las consideraciones sobre la escritura Urraca vuelve más de una vez al tema de lo que es «estilo femenino», enfocándolo con ironía sutil, sirviéndose de la yuxtaposición, o usando palabras y expresiones de doble filo: «Me canso. Cada vez que la historia requiere un orden, una cronología, unos hechos, la pluma pesa y siento la nulidad de mi tarea. No son batallas lo que quiero contar».[74] El modelo masculino —de conducta, de «entendimiento» de las cosas del gobierno, de escritura— está siempre delante. Lo que Héloïse, en sus verdaderas cartas a Abelardo, consigue por aplicación sistemática de la voluntad (controlar la expresión de su pasión, hablar de cosas «más elevadas»), Urraca lo está intentando continua, pero más esporádicamente: «Yo, la reina [...] y sé que necesito recuperar la gallardía, el orgullo, para que mi crónica sea tal y no lagrimeo de mujercita angustiada».[75] Al revés que Héloïse, sin embargo, deja cada vez más libre la salida a la efusión lírica.

La página quizá más interesante estilísticamente se ofrece en la tercera parte, cap. XV: recuerdo de la narración de las hazañas de Bohemundo y Tancredo en Jerusalén por Pierre de Tours. Consiste en evocar la voz de Pierre, hacer un comentario mental en brevísimas oraciones impersonales, hacer volver la voz del narrador con la intención de justificar lo acaecido, volver a los pensamientos de Urraca, pero esta vez ya con referencias al relato que está escribiendo, etc. Es un auténtico trenzado de voces, puntos de vista, reacciones, que confiere extraordinario dinamismo a la página, sugiriendo el mensaje sin enunciar una condenación explícita. Este es el gran acierto de Ortiz: sin entrar en polémica o propaganda abiertas, crea la figura de una mujer sumamente inteligente y capaz que no deja de ser femenina.

Los elementos que integran esta crónica extraordinaria son muchos: uso de procedimientos psicoanalíticos, hábil incorporación del caudal histórico en varios niveles (hechos oficiales, literaturizados, pasados por el tamiz del gusto popular), planteamiento filosófico de preguntas esenciales. Ninguno de ellos se introduce como un componente *per se*: es a través de su compleja interrelación, de la urdimbre de hilos cruzados como Ortiz consigue la densidad del texto y de su significado. El relato podría ser considerado también como una novela de concienciación. El «darse cuenta» es un proceso continuo y ocurre en varios niveles: en la joven Urraca, en la reina destronada que está rememorando su gloria, en el hermano Roberto mientras la escucha, y finalmente en el lector, invitándole a suplir la versión final. Con *Urraca*, Ortiz añade una dimensión nueva a la escritura de la novela histórica en España.

NOTAS

1. Virginia Woolf, *A Room of One's Own*, p. 45.
2. Marcelle Marini, *Territoires féminins avec Marguerite Duras*, Minuit, París, 1977, p. 11.
3. György Lukács, *Le Roman historique*, Payot, París, 1972.
4. Henry Butterfield, *The Historical Novel. An Essay*, The University Press, Cambridge, 1924. La evolución es gradual: los autores románticos aún creen en y crean héroes; Balzac propone estudiar los grandes movimientos de masas y sus causas socio-económicas; Unamuno insiste en los hechos de la vida cotidiana —aspecto que será muy popular entre las autoras de novelas históricas en Portugal, y que es magistralmente introducido por Elsa Morante en *La storia*—; los autores actuales se orientan hacia movimientos interiores en la conciencia individual.
5. Marguerite Yourcenar, *Carnets de notes de Mémoires d'Hadrien*, 1952, en *Oeuvres romanesques*, Gallimard, París, 1982, p. 524. Con ello se declara partidaria de un concepto nuevo del papel del narrador.

6. *Op. cit.*, p. 33. En muchas de estas novelas aparece invertido, o con significación doble, el concepto de Oswald Spengler de que los hombres hacen, las mujeres son historia.

7. Según Henri-Irénée Marrou, la misión del historiador moderno es plantear preguntas, no dar respuestas: *De la connaissance historique*, Seuil, París, 1954.

8. *Op. cit.*, p. 60. En sus observaciones sobre la índole de la novela histórica en general, Albert Halsall establece varias categorías según la predominancia de Pathos, Ethos o Logos. Lo que consigue Yourcenar con usar un narrador intradiegético correspondería a la inclinación hacia el Ethos, lo cual, en realidad, es su propósito. (Albert W. Halsall, «Le roman historico-didactique», *Poétique*, 57 [febrero 1984], pp. 81-104). Véase también Joseph W. Turner, «The Kinds of Historical Fiction. An Essay in Definition and Methodology», *Genre*, XXI-3 (otoño 1979), pp. 333-355.

9. Para una diferenciación más detallada del concepto de la historia y de la novela histórica en los siglos XIX y XX y su aplicación en España, véase mi *Los noventayochistas y la historia*, Porrúa Turanzas, Madrid, 1981, cap. I.

10. Marc Bertrand, «Roman contemporain et histoire», *The French Review*, LVI-1 (oct. 1982), pp. 77-86.

11. Cita tomada de *Bulletin Gallimard-NRF* (mayo-julio 1980), p. 5, en Bertrand, p. 80.

12. En *Women Writers Talking*, p. 31.

13. *Áyax*, II, v. 293; Honoré de Balzac, *Béatrix*, Garnier, París, 1962, p. 251.

14. Bettina L. Knapp, «Interview avec Andrée Chedid», *The French Review*, LVII, 4 (mayo 1984), pp. 520 y 521. Véase también su *Andrée Chedid*, Rodopi, Amsterdam, 1984, donde se encuentra otra declaración que pone énfasis en el hecho de que la emoción sólo es válida cuando encuentra la forma correspondiente: «Des morceaux vous sont parfois donnés; mais je crois au travail. Il ne suffit pas d'éprouver, il faut aussi "mettre en forme"» (p. 47).

15. Yourcenar, *Carnets...*, p. 535 y 543.

16. Gregorio Morales Villena, «Entrevista con Lourdes Ortiz», *Ínsula*, 479 (oct. 1986), pp. l y 10.

17. Chedid, «Interview...», p. 521; cf. con lo que dice Michèle Montrelay, *L'Ombre et le nom*, p. 159.

18. Ed. de Lorenzo Riber, Aguilar, Madrid, 1957, p. 496.

19. Según Jung, la epifanía es un modo de comprensión que se da sobre todo entre mujeres (véase Ann Belford Ulanov, *op. cit.*, p. 169). También Silvia Bovenschen incluye la percepción inmediata que se da a través de los sentidos, sin pasar por lo racional, entre los rasgos eminentemente femeninos (*Die imaginierte Weiblichkeit*).

20. Peter M. Axthelm, *The Modern Confessional Novel*, Yale University Press, New Haven & Londres, 1967, p. 11.

21. El primer boceto lleva la fecha de 1923-1926; el segundo, de 1934; el tercero, de 1937-1938. Ella misma ha confesado: «une grande partie de ma vie allait se passer à essayer de définir, puis à peindre,

cet homme seul et d'ailleurs relié à tout» (*Carnets...*, p. 519). Véase también lo que dice sobre su composición en *Le Temps, ce grand sculpteur*, Gallimard, París, 1983.

22. Käte Hamburger, *Die Logik der Dichtung*, Ernst Klett, Stuttgart, 1957. *Mémoires...*, en *Oeuvres romanesques*, p. 305.

23. *Carnets...*, p. 528.

24. *Mémoires*, p. 302.

25. Íd., p. 287.

26. Íd., p. 334.

27. Íd., pp. 334, 336, 375 y 376.

28. *Carnets...*, p. 526. Esta declaración ha causado controversias y alguna crítica por parte de las feministas. Son interesantes las consideraciones al respecto por Colette Gaudin, «Marguerite Yourcenar's Prefaces: Genesis as Self-effacement», *Studies in Twentieth Century Literature*, X,1 (otoño, 1985) pp. 31-55; llega a la conclusión de que aun creando una voz masculina Yourcenar consigue algo diferente: muestra al hombre como una criatura frágil. A esto se podría añadir que el hecho de mostrar a la mujer muy sumisa en varias novelas suyas podría interpretarse como una denunciación implícita.

29. *Die Geschäfte des Herrn Julius Caesar*, Gebr. Weise, Berlín-Schöneberg, 1957, p. 8.

30. *Très sage Héloïse*, 1966, La Table Ronde, París, 1980, p. 205. Étienne Gilson, *Héloïse et Abélard*, Librairie Philosophique J. Vrin, París, 1938. Véase también el comentario feminista por Peggy Kamuf, *Fictions of Feminine Desire. Disclosures of Heloise*, University of Nebraska Press, Lincoln, 1982.

31. Véase *Jeanne d'Arc par elle-même et par ses témoins* (1962), *Aliénor d'Aquitaine* (1965), *Héloïse et Abélard* (1970), *La Reine Blanche* (1972), *Christine de Pisan* (1982), *Jeanne et Thérèse* (1984) de Régine Pernoud.

32. *Nefertiti et le rêve d'Akhnaton*, Flammarion, París, 1974, pp. 9 y 10.

33. Véase su *Le Temps...*, pp. 35-37.

34. *Nefertiti...*, pp. 52 y 53.

35. Íd., p. 40.

36. Era el único en insistir en que la figura de Nefertiti apareciera a su lado de tamaño natural en las representaciones plásticas, no reducida, como era el uso.

37. Íd., p. 165.

38. Françoise Chandernagor, *L'Allée du roi. Souvenirs de Françoise d'Aubigné marquise de Maintenon épouse de Roi de France*, Julliard, París, 1981, p. 234. Los comentarios de este tipo son frecuentes: «C'était une vie de contrainte sans exemple. Je me trouvais aussi parfaitement recluse que dans une prison, mais, par malheur, point si solitaire. [...] dans la situation du lion de la ménagerie enfermé dans ses barreaux obligé de voir défiler devant lui mille personnes tous les jours» (p. 343).

39. Íd., pp. 336 y 347. Haciendo uso de la yuxtaposición, muestra que sólo las mujeres de «vida fácil» o las grandes aristócratas podían permitirse ciertas libertades.

40. Íd., p. 514.

41. Christa Wolf, *Kassandra*, 1983, Luchterhand, Darmstadt, 1986, p. 160.

42. Christa Wolf, *Voraussetzungen einer Erzählung: Kassandra*, Luchterhand, Darmstadt, 1986, p. 160. El deseo de precisar los orígenes y el desarrollo recuerda los *Carnets* de Yourcenar.

43. Christine Brückner, *Wenn du geredet hättest, Desdemona*, Hoffmann & Campe, Hamburgo, 1983. Su procedimiento tiene cierta afinidad de intención con lo que hace Friedericke Mayröcker en *Heiligenanstalt*, que consiste en cartas imaginarias de personajes famosos, y con la exhortación de Monique Wittig: «volver a escribir los mitos de nuestra cultura en voz femenina» (véase Diane Griffin Crowder, «Amazons and Mothers: Monique Wittig, Héléne Cixous and Theories of Women's Writing», *Contemporary Literature*, XXIV, 2 [1983], pp. 117- 144). Elena Soriano, que se inspira en el mito de Medea, no logra una inversión tan completa. Como un tipo de inversión también se presenta *Freue dich, du bist eine Frau. Briefe der Priscilla* [*Alégrate de ser mujer. Cartas de Priscila*], (1983), de Geno Hartlaub.

44. Ya Castelo Branco había puesto en tela de juico su devoción incondicional, así como Byron: «Think you, if Laura had been Petrarch's wife/ He would have written sonnets all his life?» (*Don Juan*, III, VIII, 286). (Agradezco la última referencia a Paul Ilie.)

45 Vytauté Zilinskaitó, «El breve triunfo de Judit», *Fin de Siglo*, 4 (1983), pp. 46-50.

46. Karin Reschke, *Verfolgte des Glücks. Findebuch der Henriette Vogel*, Rotbuch, Berlín, 1982, p. 218.

47. Irmtraud Morgner, *Leben und Abenteuer der Trobadora Beatriz nach Zeugnissen ihrer Spielfrau Laura*, Aufbau-Verlag, Berlín, 1974, p. 149. Véase el comentario sobre su escritura en Jürgen Serke, *Frauen schreiben*, pp. 20-22.

48. Así en Maria Lúcia Lepecki, «Ficção 82: um percorso», *Expresso*, 15 enero 1983. Ninguna de estas autoras llega, sin embargo, a la maestría de un José Saramago, quien con su *Memorial dum convento* trae a las letras portuguesas una verdadera innovación, o a la fuerza y la amplitud conseguidas por Jorge de Sena en *Sinais de fogo*.

49. Luise Rinser, *Mirjam*, Fischer, Frankfurt/Main, 1983, p. 10.

50. Íd., p. 11. Resulta curioso comparar esta Mirjam con la María Magdalena creada por Yourcenar en 1935 («Marie-Madeleine ou le Salut», en *Feux*). Son dos figuras que no tienen nada en común.

51. Íd., p. 302.

52. Las paradojas del destino son percibidas por Héloïse y formuladas con amargura en una de sus cartas verdaderas: «Porque mientras disfrutábamos las delicias de un amor nada fácil y nos dedicamos a la fornicación, no nos alcanzó la mano severa de Dios. Pero en cuanto rectificamos nuestra conducta ilegal por lo que sancionaba la ley y reparamos la vergüenza de la fornicación con un matrimonio honrado, el Señor nos mandó un castigo fuerte en su ira, y no permitió una unión casta habiendo tolerado por mucho tiempo lo que no lo era». *The Let-*

ters of Abelard and Heloise, trad. de Betty Radice, Penguin Books, Londres, 1974, p. 131.

53. Entrevista en *Ínsula*, p. 1.

54. Así Modesto Lafuente, *Historia General de España*, III, Montaner y Simón, Barcelona, 1889, p. 223.

55. *Urraca*, Puntual, Barcelona, 1982, p. 12.

56. P. Eugenio Flórez de Setien, *Memoria de las reinas católicas de España*, I, Aguilar, Madrid, 1945, p. 353.

57. *Urraca*, p. 12.

58. Íd., p. 11.

59. Íd., pp. 12, 102 y 202.

60. Íd., p. 191. Idea que, en cuanto a las guerras, autores como Tolstoi, Unamuno, Baroja recogieron de Joseph de Maistre, y en cuanto a la vida ha sido formulada por Schopenhauer.

61. Íd., p. 14.

62. Íd., p. 116.

63. Escritura como deber y salvación (p. 114); como compañía (p. 149); como Juicio final (p. 169); como revelación y descanso (p. 173); su efecto mágico (p. 176).

64. Íd., p. 140.

65. Íd., p. 21.

66. En una ocasión comenta que su lucidez le ha sido más bien funesta: «Esa ha sido tu desdicha, siempre, desde que eras niña: contemplar la realidad como un tejido, donde causas y efectos se entrelazan [...] y además ese formidable don, que te ha permitido calar en el corazón del otro, intuir sus debilidades, preveer sus expectativas, meterte en su mente y en sus venas, adivinar su pensamiento» (p. 191).

67. Íd., p. 92.

68. Íd., p. 171.

69. Anónimo de Sahagún citado por Risco en *Historia de León*, de donde lo recoge Lafuente (p. 216). Resulta interesante comparar la presentación de Urraca por Ortiz y, en 1848, por Navarro Villoslada, cuyo punto de vista se ve claramente desde la primera nota: «Tenía Doña Urraca un genio dominante y tiránico, que en un hombre sería el origen de grandes empresas, y en una mujer el manantial de intrigas y disturbios» (*Doña Urraca de Castilla*, Apostolado de la Prensa, Madrid, 5.ª ed., 1956, p. 16).

70. Íd., p. 68.

71. Íd., p. 73.

72. Expresiones usadas afirmativamente por varias autoras francesas, p.e. Chantal Chawaf. Véase también Irma García, *op. cit.*, p. 310.

73. Íd., pp. 78-80.

74. Íd., p. 75.

75. Íd., p. 99.

CAPÍTULO V

LA ESCRITURA REBELDE

La búsqueda de identidad, el proceso de concienciación, la autoafirmación no se manifiestan siempre de una manera pacífica y sólo creativa en la novela femenina. Si las autoras se suscriben al feminismo militante, la actitud que prevalece en sus novelas se vuelve irremediablemente polémica; adoptan un tono agresivo. Se ha visto cómo, al crear novelas históricas, se sirven muy hábilmente de la inversión irónica, trasladando sus propias preocupaciones a figuras de siglos anteriores. En este tipo de novela el discurso no se aparta por completo de los usos lingüísticos vigentes en el tiempo que evocan. La mayor parte de las novelas que nos ocupan trata de la época —y con ello, de la mujer— contemporánea. La rebeldía contenida en ellas es más fuerte. En este sector se sitúa la escritura deconstructivista: como Nietzsche (pero siguiendo muy de cerca las teorías de Lacan y Derrida), estas autoras proclaman que es necesario destruir antes de crear. La destrucción proyectada puede abarcar gran variedad de aspectos: las jerarquías sociales, la moral burguesa, el lenguaje (esta variante representa el más alto grado de experimentación: no se contentan con mera transmisión del mensaje; en general tienen una

165

orientación intelectual). Las *best-sellers* se concentran sobre el cambio de la posición social de la mujer, y a veces llegan a rayar con el periodismo o la novela de tcsis. Según la dirección del énfasis principal consideraremos las novelas de este grupo bajo varias modalidades tituladas arbitrariamente: 1. la reivindicación de lo erótico/sexual, 2. el rechazo de estructuras lingüísticas y sociales existentes y 3. la protesta/afirmación lírica.

1. La reivindicación de lo erótico/sexual

En un ensayo que da cuenta de la evolución y la creación de varios tipos nuevos de la novela en España, Phyllis Zatlin menciona aparte aquellas que se ocupan de la «exploración de la sexualidad».[1] Es una cuestión que surge coetáneamente en todos los países a medida que la mujer adquiere más voz y pide más derechos de igualdad. De repente se atreve a sacar a la luz del día temas que antes eran impensables bajo la pluma femenina. Lo erótico ha existido en la literatura desde la antigüedad, pero se ha considerado siempre impropio de la mujer. Las novelas que se centraban en lo sexual no solían distinguirse por extraordinaria variedad, y una buena parte de ellas eran calificadas como literatura de segunda categoría. Hoy la mujer se propone explorar más a fondo esta experiencia vital y presentarla desde *su* punto de vista. Puesto que es un tema aún no comúnmente admitido, frecuentemente adopta una actitud combativa. Pero no descuida su configuración artística.

La novela con énfasis en lo sexual escrita por mujeres tiene algunas características específicas. Se escribe no para excitar la imaginación erótica, sino para dar cuenta de la vivencia plenaria de la mujer. No se explaya en descripciones del acto sexual, sino más bien enfoca la experiencia interior. Las autoras perciben la manipulación del factor sexual como una de las causas primarias de la subyugación de la mujer, e investigan su comportamiento, los mitos existentes y las posibles soluciones. Más de una escritora que se ocupa de este aspecto insiste en la necesidad de no confundir novela erótica con escritura pornográfica.[2] Una de las defensoras más empedernidas de la libertad sexual femenina que quisiera ver expresada en un lenguaje nuevo, Monique Wittig, señala que todo discurso pornográfico (literatura, películas, artes plásticas) va dirigido en contra de la mujer: su significación última es mostrar que la mujer está dominada, sigue siendo objeto del poder masculino.[3] Por esto rechaza también las teorías psicoanalíticas que parten de Freud-Lacan y consideran el deseo desde el punto de vista masculino. Según Wittig, toda la mitología sexual existente está basada en conceptos unilaterales que reducen a la mujer al pánico frente al potente. Como solución sugiere el amor lesbiano, que no implica actitud inicial de defensa, no necesita superar la «otredad» e introduce una perspectiva nueva.[4]

El amor lesbiano ocupa hoy un lugar importante en la novela femenina, agregándole un aspecto innovador tanto en el contenido como en cuanto a la expresión. La agresividad que se encuentra en los escritos de Wittig, quien acusa a la sociedad por admitir sólo normas de conducta establecidas partiendo de premisas heterosexuales, encuentra su justificación hasta cierto punto en la circunstancia histórica: en los tratados de psicoanálisis o psiquiatría la problemática lesbiana se trata como «casos», es decir, como una enfermedad, no como un fenómeno normal y corriente.[5] (En realidad, esto podría poner en tela de juicio toda la crítica psicoanalítica, que nació del análisis de «casos», no de personas ni situaciones normales.)

La transformación de los valores morales que piden las lesbianas coincide en cierto modo con lo preconizado por Rachel Blau DuPlessis en su sugerente libro *Writing beyond the Ending*.[6] Postula allí que es necesario cambiar la estructura misma de la novela, que antes, sobre todo en el siglo XIX, solía terminar con el matrimonio de la protagonista: el fin de su desarrollo libre. Las autoras de hoy no admiten tal fin; el matrimonio sólo abre nuevas indagaciones en la experiencia incesante de la maduración. En la novela lesbiana o erótica, significa un punto de partida para la inversión, muy evidente en la estructura de *Le Bonheur* (1970) de Jocelyne François, por ejemplo. Esta novela *comienza* con el matrimonio, que en este caso representa un obstáculo y separación de las dos amantes, y termina con el divorcio y la reunión de la pareja original. François parece haber superado la etapa de protesta y haber llegado al modelo propuesto por Anaïs Nin. Escribe desde una perspectiva y una percepción «marginales», sin hacer alarde de ello, consiguiendo sus efectos por medio del lirismo. En este caso, lo erótico femenino se convierte en constatación tranquila, no en polémica; en vivencia íntima en vez de descripción externa.

Varios estudios sobre los cuentos de hadas señalan la presencia solapada de lo erótico en ellos.[7] En la narración contemporánea pide salida libre, poniendo gran cuidado en ser bien entendido. La afirmación del gozo intenso, de *la jouissance* no debe ser tomada por deseo de crear efectos baratos ni esotéricos. No hay que olvidar que el término no es una invención de los años recientes: ha sido usado ya por Colette en *Le pur et l'impur* (1932) con referencia al amor entre mujeres.[8] Lo que interesa a las escritoras de nuestros días es dar derecho de ciudadanía a esta experiencia sin ser acusadas de contravención. Esther Tusquets, quien con más persistencia se ha ocupado de este aspecto en España, intenta delimitar el uso y la significación del término «lo erótico», con una preocupación parecida a la de Wittig:

> «[...] sí le parece a Elena que tienen razón las feministas, cuando afirman que, si bien un erotismo lo más liberado posible, jalonado por múltiples perversiones —¿qué sería el erotismo sin la perversión?— y enriquecido por catervas de fantasmas —¿qué sería sin ellos la sexualidad?—, puede actuar como fuerza revulsiva y por lo tanto creadora, la pornografía, por el contrario, lejos de liberar, lo que pretende es encorsetar la sexualidad dentro de un orden, y es ya realmente el colmo que creen para nosotros un esquema universal de sexualidad y nos impongan a presión unas torpes y burdas perversiones y unos desvaídos y desangelados prototipos de fantasmas.[9]

La evolución de la novela erótica escrita por mujeres y de la novela lesbiana acusa varias etapas. Se suele referir a *La Bâtarde* (1964) de Violette Leduc como al primer hito en la escritura liberada. Este relato podría ser considerado como una especie de *Bildungsroman*: sigue la formación y maduración de la protagonista paso a paso. El contexto social y cultural tiene la misma importancia que la vida interior. La nota autobiográfica es muy fuerte. Interesa sobre todo por la exposición del dilema y la reacción a él en un ambiente calcado de la realidad, en el que se mueven muchas personalidades conocidas. Aunque escrita en primera persona, la novela cuenta la experiencia de un modo organizado, cronológico, en un estilo más bien tradicional. Son raras las efusiones líricas o investigaciones de procesos interiores. Queda como confirmación del valor de sacar a luz la problemática vedada y darle una exposición escueta.

Sólo cinco años más tarde, el efecto que causa Monique Wittig con su *Les Guérillères* (1969) es el de una bomba. En esta novela se declara la guerra total: a la sociedad, a los mitos existentes, al amor heterosexual, al lenguaje usado para expresarlo. Según algunos críticos, es ante todo una protesta política. Otros subrayan su efectividad en la transformación del lenguaje.[10] Wittig parte desde punto cero para llegar a la glorificación del cuerpo femenino transformando el lenguaje. Esto se intensifica en *Le Corps lesbien* (1973). Rompe las secuencias sintácticas y temporales, rompe el fluir regular del relato, descompone la tipografía de la página y las palabras, llena largos párrafos de meros nombres de mujeres. Algunos de sus procedimientos hacen pensar en Marinetti, en cuya narrativa lo visual-auditivo también usurpaba un lugar más importante que el elemento semántico, y quien también protestaba en todos los frentes. Wittig cambia de género en medio de una narración; divide palabras (*j/e*); lo subordina todo a secuencias rítmicas y se sirve constantemente de la inversión: «Elles affirment triomphant que tout geste est renversement».[11] Su enunciación parece querer amoldarse al «lenguaje del cuerpo», pero no desaparece la nota intelectual. En los procedimientos deconstructivistas se transparecen sus vastas lecturas, y el diálogo con la literatura existente nunca cesa, planteando la pregunta acerca de la literaturidad de sus textos.

Según Wittig, «mujer» y «hombre» son categorías políticas, no biológicas. Sugiere abolirlas, escogiendo lo lesbiano que se encuentra «más allá de lo sexual». En *Les Guérillères* se propone dar un repaso de las injusticias infligidas a la mujer a través de los siglos, pero sitúa la acción en un espacio atemporal, consiguiendo extremada densidad y llegando a crear imágenes casi apocalípticas —que también merecerían la calificación de desacralizantes— o visionarias-surrealistas, como en su última novela, *Virgile, non* (1985).

La deconstrucción radical, la actitud cínica, el lenguaje forzado de las novelas (y aún habría que determinar hasta qué punto son novelas) de Wittig han abierto una brecha en la escritura tradicional. Con procedimientos muy diferentes, Chantal Chawaf llega a una ruptura casi completa también, aunque sin la fuerza o la violencia de Wittig. Novelas suyas como *La Rêverie* (1976) o *Le Soleil et la terre* (1977) también usan «el lenguaje del cuerpo» y tienen componentes eróticos. El amor, para ella, parece consistir en la glorificación del sexo. Cuando toca la maternidad, se concentra en las sensaciones provocadas por la parturición o la menstruación, siempre con un lenguaje sumamente sensual. El papel tradicional de la mujer no entra; el continuo fluir del lenguaje, un léxico poco usual y ritmos casi de conjuro borran toda huella de escritura común y corriente.

La ironía, el cinismo, la deconstrucción predominan en otras dos «novelas» que promueven la subversión de lo erótico tradicional: *Entmannung* [*Pérdida de hombría*] (1977) de Christa Reinig, y *Häutungen* [*Cambios de piel*] (1975) de Verena Stefan quien, como Wittig, rompe la estructura, el lenguaje, la unidad de la página y propone la misma solución: el amor lesbiano. Su propósito principal es introducir lo erótico desde el punto de vista femenino, con un lenguaje adecuado, y ya en las primeras páginas expone el dilema: el léxico existente es brutal y denigrante para la mujer.[12] Stefan examina el uso del lenguaje de un modo semejante al de Wittig, rechazando el impersonal «on» en francés, «man» en alemán, que, dice ella, nunca apunta a la mujer. Muy parecida a la de Wittig es su observación de que «el amor no es otra cosa que una reacción causada por el espanto al descubrir que el ideal se reduce a la violación».[13] El mejor recurso que encuentra para expresar sus sensaciones es el discurso poético, que permite establecer polivalencias sin llegar a la ruptura violenta practicada por Wittig. Lo erótico como plenitud se revela posible sólo como contacto entre dos mujeres. En las páginas que tratan de ello alcanza la mayor innovación del lenguaje y el tono más densamente lírico. *Häutungen* se presenta como una denunciación, pero es a la vez creación de un discurso nuevo: negación convertida en afirmación.

Christa Reinig se acerca al problema de un modo diferente: a través de la parodia. Aunque en realidad la narración en *Entmannung* se desenvuelve en tercera persona, la fuerte voz irónica acusa la constante presencia de la narradora. En la parte central irrumpe directamente: «Yo, Christa Reinig, soy capaz de dos cosas: charlar con los hombres sobre asuntos insignificantes, y obligarles al orden con amenazas. De lo que no soy capaz es de intercambiar información con los hombres. De esto, ninguna mujer es capaz. Porque los hombres no reaccionan al contenido de las palabras del discurso femenino. Sólo reaccionan al volumen emocional de la voz de la hembra».[14] El absurdo de la situación de la mujer se transmite a través del absurdo del discurso: se rompen todas las unidades, se refractan personajes, se anula el tiempo. Freud, Hitchcock, cardenales romanos se encuentran codeándose; el protagonista, un cirujano célebre que intenta convivir con cuatro mujeres muy diferentes a la vez, pierde por fin toda su energía y su voluntad, es decir, su masculinidad (transformación a la que alude el título). A lo largo del libro se percibe una burla solapada de los procedimientos psicoanalíticos. Frecuentes alusiones a protagonistas de obras famosas imponen una lectura intertextual: la novela parece haber sido concebida como

171

una venganza total de lo que han escrito los hombres. Las insinuaciones al amor lesbiano aparecen en versos intercalados. Como Wittig, como Stefan, Reinig da a entender que la relación diferente que ella presenta (todo el libro consiste en examinar variantes sobre lo sexual, sin por eso descuidar referencias muy precisas a la vida alemana de su tiempo) pide un discurso aún no existente. El tono permanece siempre impasible, rayando en lo cínico. Por medio de la fragmentación (catorce capítulos, cada uno subdividido en 4-5 «cuadros») la denunciación se extiende a gran variedad de facetas de la existencia de la mujer: un vivir que, se sugiere, no es más que representar (el último capítulo se desarrolla como una farsa en la que los personajes aparecen como actores). El fin queda abierto: seis versos que hablan de las transformaciones y de «igualar las cosas».

Otro libro revolucionario en el tratamiento de lo erótico es *Novas cartas portuguesas* (1974), estudiado con agudeza por Ezergailis, que también se inscribe en el ciclo de las transformaciones. Representa un diálogo constante con *Cartas portuguesas*, sustituyendo la única voz de Mariana Alcoforado por la de «las tres Marías» que oscilan entre el mundo ficcional y aquél en que viven. En estas páginas se va y vuelve del siglo XVIII al XX, de la mujer recluida a la liberada, de la silenciada a la vociferante, de los problemas genéricos de la mujer a la lucha actual de cada una de las tres autoras. Lo más llamativo en esta narración es su estilo, que reúne discursos muy variados, confiriéndoles unidad a través de la fuerza lírica de los monólogos. Llegan a destruir el modo tradicional de la exposición, «hablar con el cuerpo» y, defendiendo el derecho a «gozar», expresarse por gritos incoherentes.

El tratamiento de lo erótico y lo lesbiano puede tomar forma menos violenta y presentarse en tono burlón y ambiguo, como en *The Life and Loves of a She-Devil* (1983) de Fay Weldon. En este caso no se trata de una novela polémica, ni de crear un lenguaje nuevo. El efecto se consigue por medio de la exageración, presentando una inversión completa de la situación inicial de la mu-

172

jer acallada, sumisa, que debe aguantar los amoríos del marido, el cual se convierte casi en esclavo al fin. A lo largo de la novela la protagonista va adquiriendo estatura propia, poder, dinero, amantes, relación lesbiana. La pregunta que se insinúa al final es si tal «vida liberada» es más deseable. El lenguaje totalmente cínico, las frases cortantes, una alternancia de la narración en primera y en tercera persona no permiten intrusión de la voz extradiegética: lo que importa a la autora no es predicar, sino divertir.

Muy diferente, y más parecido a lo que se verá en las autoras españolas, es el acercamiento al problema heterosexual/homosexual por Elsa Morante en *Aracoeli* (1982), narrada en primera persona con voz de hombre. Morante no se limita a estudiar las relaciones sexuales, que surgen más bien de paso. Le interesa más el fenómeno mismo de la desviación, sus raíces, su explicación. Aquí se cruzan varias teorías psicoanalíticas y se muestran los potenciales estragos del complejo de Edipo. Predomina la exposición retrospectiva —estructuralmente no representa gran innovación, aunque consigue efectos interesantes con saltos temporales continuos— que resume y examina las experiencias del despertar sexual. La obsesión, la búsqueda de la madre —salpicada de alusiones a la envidia sexual infantil— llaman la atención más que la nota erótica. Como todas las novelas de Morante, se extiende al existir total.

También en España se ha abierto camino el tema que había sido coto vedado durante siglos. No se presenta con tal violencia como en las novelas examinadas arriba; sí con fuerza y variedad, cuando no se trata de narraciones donde entra más bien como título sensacional, a modo de *Un espacio erótico* (1982) de Marta Portal. En las más interesantes, el tono no es de protesta explícita, sino más bien una implicación lírica, y la experiencia sexual no pocas veces —¿será coincidencia?— va relacionada con la pasión por el mar. Así en «Palabra de mujer», de Carme Riera, donde se logra gran densidad poética.

La escritora española cuyo nombre suele asociarse con la nueva novela erótica y lesbiana es Esther Tusquets. Desde su primera novela, *El mismo mar de todos los veranos* (1978), recoge la problemática del amor entre mujeres y la va desarrollando hasta la última, *Para no volver* (1985). Su acercamiento es más sutil que las voces clamantes de Wittig, Reinig o Stefan. Se parece más al de Morante: indaga no sólo el fenómeno mismo, sino también sus causas. La crítica ha destacado el logro de sus novelas en varios planos: como juego literario, como metaficción, como despliegue magistral de técnicas lingüísticas. Se ha señalado su intento de ilustrar la «otredad» y la «diferencia» femeninas.[15] Todos reconocen su maestría en la composición, la importancia de la intertextualidad, su inclinación hacia el mito, que intenta subvertir, su cualidad intelectual y su erudición. Se han detenido menos en su arte de captar y crear ambientes.

Ya en *El mismo mar...* Tusquets ofrece mucho más que una mera novela erótica: representa al mismo tiempo una crítica fuerte de la sociedad burguesa con sus ritos y sus mitos que ella trata de reemplazar con otro rito-mito. Junto a ello va el desafío a la iglesia y la religión tradicionales. Contiene, además, una denunciación de la condición de la mujer a través de varias generaciones por medio de un solo símbolo para designar al macho a través del tiempo: el buey. Para apoyar su tesis introduce comparaciones con otra raza/otros mitos, revelando la relatividad de todo. Entonces, el mundo de lo fantástico, de los sueños y de la niñez llega a ser más auténtico. La crítica ha aludido al hecho de que la relación de los ambientes creados por Tusquets con la realidad exterior es escasa. (Sin embargo, se sitúan claramente en la España de la segunda mitad del siglo.) Por otra parte, Suñén no deja de hacer notar que a pesar de esta tenue relación toda su escritura es «una desbocada carrera hacia la verdad de lo real». Cabría recordar al respecto lo que decía Anaïs Nin: que sólo renunciando al realismo descriptivo, detallista se llega a la realidad interior. Y esto es lo que busca Tusquets: aprehender la verdad del personaje «haciéndose». Nichols llama la atención a sus puntos de contacto con *Chant du corps interdit* de Cixous y sugiere que los textos de Tusquets invitan a un análisis musical. Es el ritmo interior de la mujer lo que trata de transmitir, más que su presencia social. Los *leitmotivs* vuelven en una cadencia regular; varios fragmentos se construyen a base de un *ritornello* que no es, sin embargo, sólo un recurso estructural, sino que transmite la obsesión y hace pensar en las transcripciones de alguna sesión de terapia psicoanalítica.

El mismo mar... se desarrolla en niveles superpuestos, particularmente evidentes cuando se trata del tema básico de la soledad: la soledad desde la cual escribe la protagonista, y su soledad recordada que está a la raíz de sus problemas actuales. Central para el desarrollo es el motivo de la falta de amor por parte de la madre: un tópico muy frecuente en la novela femenina contemporánea. Explica el hambre de afecto femenino y la desviación hacia el amor lesbiano. El lema que abre la novela «[...] y Wendy fue creciendo», advierte, además, que será importante el elemento fantástico como experiencia de la niñez. Cuando al mirar la última página notamos que el mismo lema cierra la narración, nos damos cuenta de que se trata de *dos* procesos de crecimiento: de la protagonista así como de su amante. El «fue creciendo» subraya la importancia del «darse cuenta» gradual, de un proceso que toca a su fin.

La vivencia interior se acentúa con borrar los límites temporales. Se anula la secuencia cronológica, ampliando la extensión del tiempo narrado en el primer plano (la duración de la acción principal no llega a un mes) con excursos en el pasado de las dos protagonistas. El *tempo* lento de la novela se debe a la constante alternancia de lo vivido-percibido por los sentidos y la reflexión sobre lo aprehendido o su elaboración artística: abundan comparaciones y metáforas. (Los personajes femeninos de Tusquets son sensuales, pero nunca desprovistos de capacidad intelectual.) A esto se añade el significado complementario que se deriva de las alusiones literarias. Otro factor en crear lentitud es el discurso casi ininterrumpido, de períodos muy largos, llenos de incisos y de medias palabras que permiten jugar con el doble sentido y la evocación. La intertextualidad se vuelve más compleja a medida que progresa la novela: a los elementos extradiegéticos se añaden los intradiegéticos (por ejemplo, la aniquilación de la mirada —es decir, vida interior— por el padre de la protagonista en Sofía, y por la protagonista en Clara). Así, incluso las escenas eróticas se llenan de connotaciones, de apuntes intertextuales, subrayando su polivalencia.

La primera escena plenamente erótica ocurre sólo ya bien mediada la novela, con una carga poética muy fuerte, que neutraliza lo sensual. La insinuación aparece desde el principio, sin embargo; lo que busca la mirada de la protagonista que vuelve a la casa familiar al abrirse el relato es el sexo en una escultura, que desencadena el flujo de la memoria, trayendo recuerdos de transformaciones eróticas que la imaginación de la niña ejercía ya entonces. La página inicial ofrece más de una clave e introduce símbolos frecuentemente usados en la escritura femenina:

> Cruzo la puerta de hierro y cristal, pesada, chirriante, y me sumerjo en una atmósfera contradictoriamente más pura [...], como si [...] me hubiera refugiado en el frescor de piedra de una iglesia muy vieja [...]. Me gusta la penumbra y el silencio, y me quedo de pie, en el umbral, de espaldas a la puerta que se cierra sola a mis espaldas con un chasquido, mientras mis ojos se van acostumbrando poco a poco a la oscuridad y empiezan a distinguir objetos en las sombras. Unas sombras que, por otra parte, conozco de memoria desde siempre, porque aquí, como en las viejas catedrales, son muy pocas las cosas que han cambiado.[16]

Cruzar la puerta se asocia con algunos ritos de iniciación. A su vez, en las novelas femeninas frecuentemente significa un paso hacia la liberación. Es de notar la composición doble de esta puerta: el hierro, que imprisiona, y el cristal, que permite el juego de fantasía. Más interesante aun es el sintagma siguiente: «atmósfera contradictoriamente pura». La lectura de las páginas que siguen muestra que la pureza se extiende en dos direcciones: la niña en su estado puro que la protagonista ha sido, y la promesa de un amor puro, aunque contradictorio, lesbiano. El refugiarse en una iglesia vieja corresponde al evocar el pasado en una casa llena de tradiciones; se vuelve a la imagen un poco más abajo, aludiendo a las viejas catedrales que no admiten cambio. El refugio, entonces, se convierte casi en prisión: la prisión de la moral convencional defendida por la iglesia. Por otra parte, esta prisión del recuerdo (las primeras impresiones que moldean el subconsciente) ofrece penumbra y silencio: abre vías a la introspección. La novela entera será un adentrarse por estas vías a la vez que un intento de romper las puertas de hierro.

Aunque narrada en primera persona, la experiencia se objetiva con cambiar de vez en cuando al modo impersonal: «no se sabe», o a la tercera persona: «la niña no sabe», lo cual confirma la inclinación a una presentación dramática, con uso preferente del presente, particularmente lograda en la escena del entierro de la abuela, donde se presenta visualmente el tema de las generaciones, al cual se añade en seguida una meditación acerca del destino de la mujer, de su debilidad y su fuerza a través de los años: «porque de repente me parece como si en mi familia no existieran, no hubieran existido jamás, elementos masculinos, por más que se hayan movido hombres a nuestro alrededor y hasta hayan ejercido el poder».[17] El cambio y la continuidad corren paralelos.

La necesidad de crearse un mundo que sobrepase aquel en que se vive establece tres constantes que atraviesan la novela entera: se subrayan la avidez de lecturas, el cultivo de la imaginación y el poder mágico de las palabras. Es decir, se confirma la índole metaficcional del relato, insistiendo desde el principio, sin embargo, en la orientación dionisíaca como contraste con la obra de las mujeres apolíneas, autosatisfechas (la madre y la hija de la protagonista). Es otro indicio del deseo de ruptura, de su afiliación con la escritura femenina que no se limita a conceptos: el chorro desordenado del flujo de conciencia es la confirmación más evidente de su opción. (Suñén refiere a la semejanza del estilo de Tusquets con autores ingleses. Se podría ver cierto eco del monólogo interior de Molly Bloom en la configuración de sus páginas, sobre todo en el largo monólogo con que se cierra *Varada tras el último naufragio*.)

La narración contiene muchos elementos de una novela psicoanalítica, pero la intención de la autora no parece haber sido ésta. Si recuerda algunas novelas intencionalmente psicoanalíticas por la insistencia en el complejo creado por falta de amor maternal, no lo analiza más profundamente.[18] Es más fuerte la nota lírica, y falta, en la estructura, la figura imprescindible del interlocutor-escucha. El aspecto erótico no se presenta como «caso», sino como vivencia.

Las novelas siguientes de lo que se puede llamar una trilogía subrayan aún más el aspecto erótico, que llega a ser el eje principal en *El amor es un juego solitario* (1979) a expensas de la indagación psicológica, aunque presentándolo con gran veracidad. (Resulta curioso notar que las protagonistas escogidas para compartir el amor lesbiano corresponden al prototipo estudiado por Charlotte Wolff [*Bisexuality*]: no son atractivas, se presentan como tímidas e incluso apocadas.) En *Varada tras el último naufragio* (1980) la preparación para llegar a lo erótico es larga y lenta, como en *El mismo mar...*, e incluye autoexamen casi psicoanalítico de los cuatro protagonistas, con recuerdos y complejos de la niñez semejantes a los de las novelas precedentes. Se incorporan, con más igualdad, lo fantástico y lo alegórico, trenzándolo con el papel simbólico del mar. El lenguaje se adecúa al tema; los caminos sinuosos de la mente se transmiten en chorros ininterrumpidos de palabras, oraciones llenas de interpolaciones y paréntesis, preguntas, imágenes ambiguas. Como en las novelas precedentes, predomina el *tempo* lento, adquieren mucha importancia y se reproducen con gran acierto los procesos mentales. Una nueva variación es la constante yuxtaposición de cuatro puntos de vista sobre el amor, que permite una interpretación irónica, contraponiendo amor heterosexual (perspectiva masculina) y amor lesbiano (femenina). En las tres novelas está latente el mensaje feminista sin llegar a ser propaganda. Lo mismo se podría decir de los relatos de *Siete miradas en un mismo paisaje* (1981), donde predomina narración en tercera persona. Con este bloque Tusquets se ha adentrado en la exploración más honda de lo erótico y lo lesbiano en la literatura española de hoy.

Varios años antes que la primera novela de Tusquets aparece la hasta hoy última novela de Ana María Moix, *Walter ¿por qué te fuiste?* (1973), que también debe ser considerada como un hito importante en la evolución de la novela erótica en España. Moix había dado pruebas de gran poder de compenetración con el mundo de los niños y adolescentes en *Julia*. En *Walter...* continúa la recreación de los años formativos, con una estructura más compleja, un ambiente más amplio, con más elementos fantásticos (p.e., la mujer-caballo —un detalle que tiene algo en común con otro caballo humano, en *Karneval* de Eva Demski— enamorada de The Great Yeibo). La experiencia erótica, el despertar sexual ocupan en esta novela el lugar central, pero, como en la mayor parte de las novelas de Tusquets o de Morante, la atención se centra principalmente en la indagación de las causas de los comportamientos diferentes.

Walter... pertenece al mismo tiempo a metaficción: la problemática de la escritura está presente a través de todo el libro. Muy logradas son las primeras páginas, que establecen la confusión temporal y plantean la pregunta sobre lo que es la realidad. Los límites entre el sueño, la fantasía y lo auténticamente existente permanecen borrosos desde el principio al fin. El problema se expone en el párrafo inicial: «¿cuántas veces, y con qué frecuencia, palabras, frases o imágenes no reinciden, falsas e incansables, en el fondo de una cabeza hueca que las acoge como ciertas, o, al menos, sin preocuparse, y ni siquiera reflexionar, sobre su autenticidad?».[19] La primera frase, que llega a ser también la última, establece doble distancia, temporal y fenomenológica: «Anoche soñé que había regresado a T.». Se advierte, pues, desde el principio que lo que se cuenta es ficción, pero esto no impide la recreación del ambiente muy auténtico de la alta burguesía de la posguerra, con su fondo histórico-político-social y la crítica correspondiente. El narrador, que habla en primera persona, es un chico, quien con frecuencia pasa al «tú», desdoblándose y pronunciándose desde varias etapas de su conciencia y de su presencia civil (Ismael, The Great Yeibo; en una ocasión, es aludido como Walter), a las cuales se añaden también algunos monólogos interiores de mujeres.[20]

Como en las novelas de Tusquets, hay en esta novela una confusión de los niveles temporales, logrando a veces efectos de simultaneidad, aunque incluso en el recuerdo se subrayen varias latitudes temporales. El insistente uso de lo fantástico confirma las observaciones de los psicoanalistas: Joyce McDougall hace notar que los homosexuales «se escapan hacia la fantasía para encubrir un deseo más profundo».[21] Lo erótico aparece siempre desde la perspectiva del niño condicionado por el imperante *leitmotiv* del pecado, que apunta a los efectos psicológicos posteriores. Para conferir más variedad a las experiencias recordadas se recurre al diario de un mocete del grupo, escrito en los años evocados. Un contexto más amplio se consigue con incorporar alusiones a la literatura, la cultura, cine, televisión, canciones de la época evocada. Como en tantas novelas de estos años, queda explícita —aunque implícita— la denunciación de la educación que ha formado/malformado a los jóvenes de la primera posguerra. La novela funciona, pues, tanto en una dimensión universal, exponiendo un problema genérico, como en un contexto preciso, con su nota correspondiente de costumbrismo.

Entre las relaciones problemáticas entran alusiones a la homosexualidad, pero la parte «amorosa» principal consiste en la recreación de los ensueños eróticos del narrador-protagonista y sus reacciones al misterioso Walter, que se revela ser otra invención. La mirada incisiva de Moix penetra con éxito en la conciencia del adolescente y muestra —es una de muy pocas que lo logra— que la vida y los problemas eróticos empiezan mucho antes de llegar a la adolescencia.

2. El rechazo de las estructuras existentes

La reivindicación del derecho a la expresión libre de lo erótico comprende una crítica de las estructuras sociales y aboga por un lenguaje no censurado que subraye la importancia atribuida al aspecto sexual en la vida de la mujer. La protesta puede ser más amplia e incluir prácticamente toda manifestación existencial. En este apartado consideraremos otras dos vertientes: la reclamación polémica de los derechos de la mujer en general, con énfasis en el fondo ontológico y la renovación lingüística, y la denunciación de su condición existente que se centra ante todo en lo sociológico.

Hélène Cixous es, con Luce Irigaray, la voz teórica más oída, mejor conocida y más influencial, por lo menos en Francia. Sus investigaciones se extienden en tantas direcciones que podría igualmente bien ser discutida en el capítulo sobre la novela psicoanalítica, o en el que trata del estilo femenino en general. El tenor dominante de su voz es polémico, sin embargo, y el principio de deconstrucción está latente en todos sus textos. Tiene, además, un nexo estrecho con el primer apartado de este capítulo, ya que hace frecuente mención de lo erótico/sexual como parte integrante del ser femenino. Pero para ella, la experiencia erótica tiene importancia igual que la escritura; es más: la escritura misma debe constituir un gozo erótico, ya que, según ella, la mujer escribe siempre con el cuerpo y en una entrega total parecida a la de los amantes (o los místicos). Conviene tener en cuenta, sin embargo, que su teoría no siempre se compagina con su práctica, y que ha adquirido fama principalmente con sus escritos teóricos, no con sus novelas.

La dicotomía inicial que presenta el «caso» Cixous es la siguiente: aboga por una escritura liberada, guiada por los sentidos, amorfa, espontánea; pero produce novelas donde la nota intelectual predomina siempre. Incluso

181

en la forma de construir sus obras de ficción se traslucen el esfuerzo y el efecto calculado (que reprocha a los hombres). El continuo juego de palabras, su de- y re-composición, creando polivalencias y ambigüedades, se acerca no poco a los procedimientos del conceptismo. Mientras afirma *la jouissance* del instante, la escritura inmediata, hecha casi de tomas cinematográficas (pero enfocando movimientos interiores que traen un eco de las *sous-conversations* de Sarraute), confiesa que su modo de trabajar tiene su base en la intertextualidad: «Cuando me pongo a escribir un libro, me rodeo de una docena de textos diferentes, que interrogo constantemente. Es una especie de diálogo con mis prójimos».[22] Basta abrir cualquier libro suyo para ver que así procede siempre: sea declarando guerra a los hombres y transformando mitos antiguos, sea estableciendo nexos con autores «femeninos» (Kleist, Joyce), sea entablando diálogo, las más veces adversativo, con los psicoanalistas, de quienes se apropia, sin embargo, algunos procedimientos. La gran dificultad que crean las teorías de Cixous estriba en el hecho de que con predicar la demolición de los sistemas existentes, por ser de hechura masculina, tiene que aludir a ellos constantemente, y así los re-absorbe parcialmente. Otro aspecto que desconcierta al lector es el hecho de que, fiel a su teoría de lo fluctuante y del cambio continuo, hace declaraciones de las que se desdice algunos años más tarde.[23]

La noción de la escritura femenina como terapia y como camino hacia la plenitud (no diremos del «yo»: se trata siempre de varios «yos» en pelea o en complementación; la mayoría de sus personajes se refractan en múltiples facetas) explicaría la profusión de su propia producción. Partiendo de la afirmación tradicional de que la represión lleva a la histeria, señala el silencio como la característica más saliente de ésta y recomienda ritmo de canto para salvarse de ella.[24] Canto que se sitúa entre la experiencia literaria y lo vivido, ya que para Cixous, el canto tiene su raíz en el primer amor experimentado por la mujer, que nunca cesa de vibrar en ella.[25] Notable es la nota afirmativa en sus escritos: relega la melancolía, la nostalgia, la tristeza al dominio de los hombres (en ellos nace del deseo del poder), y aconseja a la mujer exaltar la vida, la plenitud del instante, el «presente absoluto» que va ampliándose con cada contacto nuevo generado por entrega amorosa. Se refiere al universo como una fruta que sólo puede ser aprehendida enteramente por los sentidos; éstos hacen vibrar las palabras, produciendo reverberaciones cada vez más amplias.

La fluidez es la virtud que más elogios le merece: cada texto debería ser como el agua vivificante que cambia a cada instante sin dejar de ser ella misma, pero renovándose constantemente. (Una de las autoras que más admira es Clarice Lispector, cuya *Agua viva* pone como modelo de escritura femenina.) La palabra debería penetrar en lo más secreto: «toucher le coeur des roses: c'est la manière-femme de travailler: toucher le coeur vivant des choses, être touchée, aller vivre dans le tout près, se rendre par de tendres attentives lenteurs jusqu'à la région du toucher, lentement se laisser porter, par la force d'attraction d'une rose, attirée jusqu'au sein de la région des roses, se laisser donner par les choses ce qu'elles sont au plus vivant d'elles-mêmes».[26] Las referencias al agua comprenden una alusión al subconsciente, donde se conserva lo reprimido listo para brotar al sentir el toque acertado. La relaciona con lo inasible, es decir, lo inexpresable, porque nunca igual. Esta es otra de las constantes en la temática de Cixous: la pluralidad fenomenológica, cuya adopción explica el que la mayoría de sus personajes aparezcan sin nombre, o con dos-tres nombres: personalidades distintas, haciéndose, buscándose, buena representación de lo que ella llama lo «non encore-là»: «J'y suis, personnage en avance sur Soi, et tous les autres que je suis vaguement, un cortège d'ombres affairées par le désir de m'être, et moi d'être à Dioniris. Me soit le Rêve et mon corps en écho».[27]

La cita apunta a otro ingrediente importante de la narrativa de Cixous: los sueños. Sugiere que «texto y sueño van intercambiándose hasta lo infinito», trayendo a la superficie lo único que la interesa: lo prohibido.[28] Esto explica su rechazo de la trama: «car la langue n'a pas d'autres désirs que de donner souffle à nos désirs». En sus novelas no pasa prácticamente nada, pero va aumentando el auto-conocimiento. Explica el efecto de perpetuo movimiento conseguido en sus obras apuntando hacia lo inacabado/inacabable: «Je suis toujours dans la suivante des phrases qui courent de toutes leurs forces en avant».[29] Por esto puede afirmar que la ficción es «ce mélange de seuil et d'inconnu, qui fait vie».[30] Se ha visto en las páginas precedentes que la imagen de la puerta o del umbral que llevan hacia lo desconocido aparece en más de una novela femenina.

La fluctuación constante es mantenida aún por otro componente, que falta pocas veces, también relacionado con el mundo psicoanalítico: el deseo. Cabe precisar que el deseo femenino según Cixous es bastante diferente del masculino: éste se orienta hacia la posesión y el poder, es decir, tiene fin teleológico; aquél, hacia la liberación que invita a exploración incesante. Mientras que el primero afirma la configuración de la personalidad del que le siente y se subordina a un sistema, el segundo no reconoce lógica, procede por tropezones, coge a la mujer por sorpresa y la hace salir de sí misma (lo cual se ve como una virtud de la escritura femenina): «il se meut de biais, en paradoxes, se sustente de contradictions, s'assure de son impossibilité».[31] Esto trae como consecuencia la nota de búsqueda, el constante transgresar de los límites de los géneros, la intercambiabilidad de los pronombres (rasgos que se encuentran también en Wittig, pero allá nacen a raíz de la negación, y se orientan hacia la afirmación de un poder nuevo). Un buen ejemplo de estos procedimientos son las primeras cincuenta páginas de *Limonade tout était si infini* (1982), donde se incorpora una fuerte nota lírica y se vuelve a subrayar la importancia de los sentidos, llegando a transmitir matices casi imperceptibles: «elle ne réussissait même pas à trouver le nom de cette chose dont le goût lui sublimait la bouche si précisément; c'était peut-être cela d'ailleurs, l'essence paisible de la liberté-par-excellence, ce suave de salive si léger que la langue le percevait comme un rêve de saveur». En *Limonade* la presentación de personajes se basa totalmente en los sentidos y recuerda alguna creación de Miró: «Et Begonia entre belle comme une pomme, reinette, continuant toujours à exister belle, charnue, colorée, brillante de présence, merveilleusement quotidienne. [...] avec son parfum, Begonia ouvrait l'espace devant elle et faisait du présent autour d'elle, comme ferait une voix en train de chanter. Et on pouvait entrer dans sa sphère à la vanille si on voulait bien». (Muy diferente, muy contrario al discurso sensual que predica, y sin embargo bastante frecuente en su ficción es otro tipo de lenguaje innovador: «Comme il est troublant pour une femme bien ordonnée qui s'est laissée confiner treize vies dans la même chambre de refoulement, sa libido bien suspendue, toutes ses forces attachées à un seul objet, le perdu».)[32]

Con sus raíces bien ahincadas en lo psicológico-psicoanalítico, Cixous no puede no hacer referencia a la relación madre-hija: tema que vuelve con frecuencia en su ficción. Ve esta relación como una confirmación de la continuidad, pero no de estancamiento. Alguna vez ha dicho que la escritura es la investigación de la fuerza de las mujeres. Esta fuerza se encuentra en la experiencia siempre renovada de la maternidad (parturición de cuerpo y de texto), el dar/tomar simultáneo, tratando de sobrepasar a la madre (o la obra anterior). Define la relación como un «paso de baile en círculos», comparable a la descripción de esta relación por Irigaray. La liberación se vuelve ambigua: la hija se emancipa, pero es la fuerza latente en la madre lo que le presta ayuda en su empresa. Ambigüedad que se encuentra en gran número de novelas contemporáneas, como se ha visto en los capítulos precedentes. Lo original de Cixous estriba en haber sabido transmitir la inseparabilidad a través del estilo, no sólo semánticamente.[33]

La insistencia en lo irracional en la escritura es fuerte. El tema de la escritura entra en casi todas sus novelas, incluso las más psicoanalíticas, como *Angst*. Lo irracional presupone «no-anticipación»; tanto el léxico como la estructura se descomponen continuamente. Esto mismo exige una participación activa del lector, a quien Cixous asigna un papel tan importante como para decir que la obra llega a adquirir su justificación —«le troisième corps»— sólo cuando escritura y lectura se funden como dos cuerpos que se aman, formando una unidad nueva. La definición más sencilla de este estilo sería *perpetuum mobile*. Lucette Finas, con fina perspicacia, sugiere llamar sus textos *transes*, lo cual reanuda con el «canto» propuesto por Cixous misma, que en realidad es conjuro, y apunta hacia el mundo primitivo.[34]

El mundo primitivo y el mundo mítico (a la inversa: Prometeo convertido en Prometea) se encuentran en la imagen muy importante de «voler», a la cual vuelve siempre, y que se presta a un juego de palabras ingenioso. En francés, significa no sólo volar, sino también robar: teoría que encuentra un eco en *Les Voleuses de langue* de Claudine Herrmann. La conclusión en *Souffles* (1973), designado por algunos críticos como su libro más voluptuoso, después de hacer notar que el deseo de volar es una de las pulsiones que más se había reprimido en la mujer, reza: «En vol, se libère la femme primitive, avide, gourmande, téteuse, sauvage, épargnée par l'accablante religiosité masculine».[35] Es decir, se emancipa de las normas impuestas por la civilización. También el robar podría considerarse dentro de este esquema, llegando a la conclusión de que verlo como pecado es una invención de la sociedad ya corrupta. El robo también ayuda a emanciparse: Prometeo robó el fuego para dárselo a los hombres, que dependían completamente de los dioses. Prometea debe hacerlo para las mujeres, para ayudarles a liberarse del yugo impuesto por los hombres. En este contexto resulta curioso notar una observación por Joyce McDougall basada en experimentos psicoanalíticos: varios casos de desajuste sexual que ella ha tratado acusaban también una fuerte inclinación a la cleptomanía. Aunque propuestas como operaciones irracionales, las reflexiones de Cixous siempre se apoyan en una base racional.

Metamorfosis constante, textos en transformación, desafío a toda norma existente, autosuficiencia en todos los aspectos de la existencia, incluido el sexual (Cixous prefiere referirse al amor entre las mujeres como «homosexual», no como «lesbiano», ya que este último, según ella, se orienta hacia el poder, no hacia la entrega): esto son —o deberían ser— la mujer y su escritura para Hélène Cixous, quien ha sabido darles una expresión muy original, aunque sólo accesible a un círculo limitado de lectores.

La obra de Xavière Gauthier representa un desarrollo dentro de dimensiones comparables a las de Cixous, aunque de menos alcance. Trabaja en dos frentes: crítica y ficción, con una actitud militante, incorporando la polémica, lo erótico y la re-estructuración del lenguaje. Sus obras más interesantes en este respecto son *Surréalisme et sexualité* (1971), *Dire nos sexualités* (1976) y *Rose saignée* (1974), en la cual aplica sus teorías. Se ha hecho notar sobre todo por su *Les parleuses* (1974), donde discute la escritura femenina con Marguerite Duras, tocando el tema del «lenguaje del deseo», de los silencios, de la eficacia de lo no enunciado y de la necesidad de afirmar su sexualidad. La prosa expositoria de los ensayos críticos cambia en la ficción, donde, como Cixous, procede por ruptura. Como Cixous, escribe sus novelas partiendo de la teoría, lo cual les quita una parte de creatividad espontánea.

Dentro de la línea de las defensoras de *la jouissance* cabe mencionar también a Annie Leclerc, cuya *Parole de femme* (1974) ha suscitado muchos comentarios. En este libro expone su teoría de la «escritura del cuerpo», la única, según ella, que pueda dar origen a un nuevo concepto del lenguaje e independizar completamente a la mujer. Común a las escritoras de este grupo es la insistencia en la necesidad de romper el silencio impuesto: «Tout ce qui était nôtre sans être vôtre vous l'avez converti en souillure, en douleur, en devoir, en chiennerie, en petitesse, en servitude. Après nous avoir réduites au silence, vous pouviez faire de nous ce qui vous convenait, domestique, déesse, jouet, mère-poule ou femme fatale. La seule chose que vous nous ayez jamais demandée

avec une réelle insistance, c'est de nous *taire*».[36] Según
ella, el silencio impuesto está en la raíz de la concentración sobre el cuerpo, el cual debería ser convertido en un
arma de doble filo. Leclerc continúa con este tema en
Hommes et femmes (1984), donde crea, según algún crítico, un himno al amor y al deseo entendidos desde la
perspectiva femenina. En términos generales, su narrativa —*Le Pont du Nord* (1967), *Au jeu du jour* (1979)— no
llega a representar una innovación tan radical como la
de Cixous o Gauthier.

Entre los experimentos que se proponen «hacer saltar» la forma y el lenguaje tradicionales se alinea *Der
vorsichtige Zusammenbruch* [*El cauteloso derrumbamien-
to*] (1981) de Diana Kempff, donde se plantea la pregunta
de la finalidad de la escritura y se pone en tela de juicio
la eficacia de los procedimientos que se usan corrientemente: «¿Han intentado ustedes alguna vez mirar por
debajo de la piel? [...]. Deben ir con la mirada más allá,
traspasar todos los poros, quitar la piel tira por tira, hasta que den con la carne viva. Entonces hay que penetrar
más hondo aún [...] y entonces les tiras, a los recién lle-
gados, tus pellejos, las trizas que te han quitado. No te
queda nada ya para cubrirte. Ni una palabra que pueda
absolverte, ni un solo grito».[37] El discurso de Kempff
queda fuera de lo militante. Lo social y lo sexual no parecen tener importancia igual que lo lingüístico para
ella. En todos sus libros se concentra en la invención de
un nuevo discurso, llegando a ser una de las voces más
originales en la Alemania de hoy. Una posición paralela
en Austria ocupa Friederike Mayröcker en su constante
búsqueda de modos nuevos para expresar la femineidad
y la rebeldía.

Graziella Auburtin divide a las autoras francesas que
escriben hoy en dos grandes grupos: las que parten de la
teoría (Cixous, Irigaray, Kristeva) y las que tienen
«orientación social» (Rochefort, Santos, Thérame, Wittig). Es una agrupación útil, que se puede aplicar también a las escritoras de otros países, sobre todo si se com-

plementa con la observación de que las primeras se apoyan fuertemente en la filosofía y en la investigación psicoanalítica e intentan transformar radicalmente el lenguaje. Las del segundo grupo prestan más atención al contenido, es decir, al mensaje. (Esto es muy evidente en las entrevistas con varias autoras recogidas en *Homosexualities and French Literature*.)

Una figura del segundo grupo que ha llamado la atención con su *Les Stances à Sophie* (1963) —una sátira despiadada de la actitud masculina frente a la mujer en la vida cotidiana— es Christiane Rochefort. Aun con ser muy polémica, la novela está escrita con arte y con gracia, y transmite la protesta jugando. La rebeldía se manifiesta no sólo en la protesta contra la situación de la mujer. En la mayoría de sus libros un lugar importante se dedica al sexo, tratándolo muy libremente. Recapitula su propia posición —«polisexualidad»— en *Archaos; ou, le jardin étincelant* (1972) y la desarrolla más en *Quand tu vas chez les femmes* (1982) que no tiene, sin embargo, ni la gracia de *Les Stances*, ni la parodia ingeniosa de la novela histórica que se ofrece en *Archaos*, donde juega con el mundo utópico. Rochefort se sitúa en realidad entre los dos grupos: no se limita a la ficción, sino que expone teóricamente sus opiniones en *C'est bizarre l'écriture* (1970) y en una entrevista más reciente con Cécile Arsène incluida en *Homosexualities...* En su ficción prefiere la narración en tercera persona, por lo cual una discusión más detenida de su obra no cabe dentro del marco de este trabajo. Por la misma razón no se considerarán con debida atención las obras de Marguerite Duras.

Novelas que desarrollan la narración en primera persona, como *Les Abîmes du coeur* (1980) de Catherine Rihoit, o *La Décharge* de Béatrix Beck (1979) integran varios aspectos de protesta, uniéndola a la renovación de la escritura. Emma Santos, en *L'Illulogicienne* (1971), combina un fuerte mensaje social con ejemplos muy interesantes de expresión paratáctica: «On n'a pas le choix. On ne nous demande pas notre avis. Notre opinion. Nos sentiments. C'est comme ça. On subit. On finit par l'accepter. Petite révolte d'abord. Inutile. Résignation. Soumission. Abandon. On est tous les mêmes. On supporte. On endure».[38]

Entre las autoras cuya obra es principalmente polémica hay que mencionar a Karin Struck. La mayor parte de su ficción está escrita en tercera persona, pero aun allí incluye muchos monólogos interiores, aplicando las teorías psicoanalíticas recientes. Por otra parte, tiene gran interés en la escritura autobiográfica, y se acerca a ella tanto teóricamente como en la práctica. Su *Kindheits Ende. Journal einer Krise* [*Fin de la infancia. Diario de una crisis*] (1982) es casi una novela, donde no se disfraza bajo la máscara de un personaje inventado, sino que muestra directamente la maduración de una escritora. A la vez, es un manifiesto que expone su ideología y sus ideas acerca de la creación. Su actitud es casi siempre militante. Ya se ha visto en el capítulo II cómo reclama reconocimiento de los problemas presentados por la maternidad. En *Kindheits Ende* considera todos los aspectos de la existencia femenina, con tono bastante amargo, ironía cortante y pesimismo latente. La pregunta que se hace acerca de lo que debería entrar en un diario, y la respuesta que da explican parcialmente sus procedimientos narrativos, que se pueden observar en más de una autora de este grupo: «¿Se debería contar todo? ¿Se debería seleccionar? ¿Se debería elucidar los acontecimientos? Creo que hay que contarlo todo». Así, también en la ficción lo incluye todo, porque su propósito principal es mostrar la situación, denunciar la injusticia, reclamar cambios. Lo hace en una prosa no desprovista de aciertos, pero ésta no es su preocupación principal: «Al escribir pienso siempre en el censor dentro de mi cabeza, que me dice: ¿Qué has hecho que sea importante políticamente en este tiempo?»[39] Las ideas le interesan más que los procedimientos. (En sus novelas incorpora material que se prestaría a la creación de una narración psicoanalítica, pero no lo organiza, no surge como una nueva novela.) Aun sin pretender crear una obra auténticamente artística, dentro del grupo de la «orientación social» es una de las voces más escuchadas.

La escritura polémica con orientación socio-política

alimenta todas las novelas de Dacia Maraini. Un buen ejemplo es su *Donna in guerra* (1975), que trata de reproducir la mentalidad de una mujer sencilla a través de monólogo interior, diálogos en el lenguaje de un determinado nivel social, alguna carta. Lo erótico surge constantemente; entra el amor lesbiano; todo visto no desde la intimidad psicológica, sino más bien como un repertorio de los productos de una sociedad corrupta y transmitido en un modo de hablar muy coloquial, que sitúa la acción en la Italia de los años setenta. Se yuxtaponen el punto de vista femenino y masculino, el amor lesbiano y el homosexual. Como en tantas novelas de «liberación», se plantea el dilema al que se enfrenta toda mujer: aceptar el papel de la compañera sumisa —«sono qui per chiederti di tornare da me quando sarai tornata la dolce Vannina che conoscevo, che ho sposato»— o escoger la soledad.[40] La protagonista opta por ésta, y esta elección es presentada como una victoria. Es una novela sin pretensiones intelectuales, accesible a un público amplio, pero sin interés especial en cuanto a su configuración.

Las novelas polémicas que han llegado a afirmarse como *best-sellers* suelen cuidar la forma menos que el contenido. Un caso muy característico es *Der Tod des Märchenprinzen* [*La muerte del príncipe de los cuentos de hadas*] (1980) de Svende Merian, que se ha mantenido en las listas de la más alta circulación durante varios años en Alemania, aun sin representar un logro estético. El gran tema de la emancipación se propugna aquí sin buscar recursos estilísticos originales, procediendo con saña: el tono de imprecación incesante se conjuga con un lenguaje muy realista, que parece haber sido grabado en alguna reunión de jóvenes muchachas rebeldes, con léxico poco selecto. La orientación es demasiado obvia: la literatura se convierte en un vehículo para transmitir un mensaje. No se pide la colaboración del lector: sólo debe recogerlo.

El gran éxito de las novelas de Rosa Montero también es parcialmente debido a su contenido y a su accesibilidad para el gran público. La primera, *Crónica del desamor* (1979), aparece cuando el movimiento de la emancipación de la mujer está llegando a su auge. Está muy influida por la profesión de la autora: el periodismo. Ella misma apunta a esto con el primer vocablo del título: «crónica». El relato, o más bien varios relatos contiguos, se componen de varios reportajes, recogiendo a vuelo de pájaro diferentes casos y situaciones para yuxtaponerlos y llegar a la conclusión de que a la mujer se la trata de un modo igual bajo cualquier circunstancia. Esta orientación se indica desde el principio: «Sería el libro de las Anas, de todas y ella misma, tan distinta y tan una».[41] Propósito que en seguida es llevado a cabo, ofreciendo varias situaciones hipotéticas para demostrar la infalibilidad de su teoría. Este será el procedimiento de base en la novela entera: presentar varios «casos» en desarrollo simultáneo. La autora se da cuenta del peligro que implica tal procedimiento, que no logrará soslayar del todo: «Pero escribir un libro así, se dice Ana con desconsuelo, sería banal, estúpido e interminable, un diario de aburridas frustraciones».[42]

Aunque gran parte de la narración consiste en exposición en tercera persona, frecuentemente transmite los movimientos subyacentes a través de monólogo interior en cada mujer, de las cuales ninguna llega a ser verdadera protagonista, y parte de cuyas historias podría ser eliminada sin destrozar la novela. El libro da cuenta de la situación de la mujer y de los problemas que encuentra en la España posfranquista (todas sin marido, casi todas con hijos, deseando emanciparse, y sin embargo incapaces de vivir sin un hombre), presentándolo en un lenguaje muy vivo, muy de su día, aunque sin tratar conscientemente de crear un discurso que se destaque por femenino. En el año que aparece puede ser considerada como revolucionaria por presentar la mecánica de lo sexual desde el punto de vista de la mujer. Representa casi una inversión del modelo habitual: en la presentación tradicional suelen ser los hombres quienes se jactan de sus conquistas y se cuentan las experiencias sexuales; esta vez lo oímos en boca y desde el punto de vista de la mujer. Es una novela hecha de actualidad española y de experiencia profesional autobiográfica. Incluye —como todas las novelas de Montero— el tema de la escritura, pero más bien exteriormente. Los «casos» son vistos más bien por encima; no pretende entrar en honduras psicológicas. La experiencia de las protagonistas se complementa con la de la generación anterior —la madre de una de ellas— para justificar la conclusión de que todo se repite, y que es difícil esperar un cambio repentino: «hacia las espaldas un fracaso, hacia el futuro una relación inventada, idiota e imposible».[43]

Rosa Montero posee el don de observación penetrante y de una sensibilidad lingüística notable que le permite crear «estampas» llenas de vida y de actualidad. Esta misma facilidad perjudica hasta cierto punto la estructura total: se desparrama en escenas exteriores. Intenta remediar esta tentación en *La función Delta* (1981). Aquí las situaciones siguen siendo paradigmáticas, pero ahora las une el sintagma de una sola protagonista: se cuentan sus experiencias con varios hombres. En vez de desarrollo seguido, ahora alterna la narración en dos tiempos. La conciencia de una mujer de sesenta años, recogida en una clínica, va recordando y juzgando, en forma de diario retrospectivo (buen ejemplo de cómo se noveliza la vida), los acontecimientos vividos por su «yo» de 30 años. En los dos niveles intervienen, además, otras evocaciones breves, fragmentando el tiempo aun más. El mensaje de base es el mismo: el abuso, la explotación de la mujer, y por otra parte, su incapacidad de ser feliz estando sola. Aquí, sin embargo, ofrece más matices: no se pinta a todos los hombres de color negro. Se subraya con igual fuerza que en *Crónica* la necesidad de tener una relación sexual, sin prescindir de páginas eróticas. La dimensión metaficcional está presente constantemente; la protagonista sexagenaria no sólo va escribiendo su diario/novela, sino que lo da a leer a uno de los amigos para que él lo comente. Pero tampoco aquí se llega a tocar la problemática esencial de la escritura, a modo de las autoras francesas, ni se crea un estilo completamente original. Aún quedan huellas del reportaje rápido que trata de abarcar todos los tópicos del día. La unidad se consigue con un cuidadoso manejo del *leitmotiv* de la muerte, entreverando las alusiones en la clínica con recuerdos, en el diario, de una vecina vieja que concibe la idea de suicidarse (en el primer capítulo busca quien le dé «un empujoncito») y lo logra al fin. Aumentan los efectos de distanciamiento, y con ello, la ironía: «Así, pegada a él, con mi cara próxima a la suya, pude observar con detenida frialdad cómo se iban cumpliendo paso a paso las fases previstas».[44] Se trenzan de un modo persuasivo los diferentes episodios. Una vez más, el gran tema del amor sirve como aglutinante. Pero la estructura global queda relativamente sencilla y con ello, accesible al gran público: no hay intertextualidad, ni teorías filosóficas o psicológicas subyacentes que exijan un esfuerzo mayor para su comprensión.

En la presentación de su tercera novela, *Te trataré como a una reina* (1983), Rosa Montero señaló que en ella había conseguido «controlar menos conscientemente lo que digo de mí misma, sin plantear algo sobre lo que ya tenía respuesta y dejando interrogantes sobre mi forma de ser».[45] Es su novela más unida, más artística: una obra de ficción en vez de reportaje, sin dejar de incluir los temas y los aspectos de la vida cotidiana que siempre han preocupado a la autora, así como la obsesión por el sexo. Narrada en tercera persona, realmente no debería ser comentada aquí, pero hay que señalar que con su presentación en tercera, logra adentrarse más en sus personajes que en *Crónica*. Incorpora mucho monólogo interior, algún uso de estilo indirecto libre, algunas cartas. Si Enrique de Miguel Martínez ha podido calificar sus primeras novelas de «periodismo con claras connotaciones ideológicas», en *Te trataré...* se destaca ya el oficio de novelista que sabe integrar discursos diferentes. Los sueños y los deseos de la mujer (porque también en esta novela la variedad de las protagonistas sirve para ilustrar su destino común) han adquirido más profundidad. La nota polémica entra de modo más velado. Los diálogos se atienen a las exigencias estructurales más que al deseo de incorporar temas actuales. Con todo, queda muy dentro del segundo grupo establecido por Auburtin: novela de orientación socio-política que tiene, además, muy en cuenta el gusto popular.

3. La protesta/afirmación lírica

La última modalidad en ser incluida en este capítulo de las rebeliones y protestas apenas parece encajar en él: no se manifiesta como increpación o clamor, sino como transformación lírica. Reanuda, así, la expresión tradicional de lo femenino, pero aun en esto procede por inversión. Los ejemplos más antiguos de la voz lírica femenina se encuentran en las jarchas y los cantares de amigo: una dulce queja de la muchacha que deplora la ausencia del amado a cuyo amor está supeditada su existencia. En las novelas actuales el lirismo obedece a otro propósito: mostrar que la mujer puede hallar fuerzas dentro de su condición femenina por el potencial de poesía/creación que lleva en sí. Lo lírico penetra en muchas de las novelas ya consideradas: es un modo, no un tipo. Nos detendremos brevemente en aquéllas que han escogido la voz lírica como su eje estructural.

Marie-Thérèse Kerschbaumer crea un ambiente intensamente lírico en su *Der weibliche Name des Widerstands* [*El nombre femenino de la resistencia*] (1980), que no llama novela sino «reportajes», pero que tiene gran unidad estilística y en realidad parece menos reportaje que algunas de las novelas consideradas en el apartado precedente. Trata de las atrocidades cometidas por los nazis en Viena durante la guerra, pero Kerschbaumer consigue convertir el horror en poesía un poco como Elsa Morante en *La storia*. Los «reportajes» se escriben en primera persona: la narradora entablando diálogo imaginario con las siete víctimas. Cada caso es diferente, pero en todos es la dimensión lírica lo que confiere grandeza a la figura de la mujer que lucha, y la rodea casi de un halo. La transmisión de esta lucha no se concentra en detalles exteriores (los datos escuetos preceden cada relato, a modo de documental): consiste en presentar la experiencia íntima de cada mujer desde sus años jóvenes brevemente aludidos, que le ayuda a sobrellevar su suplicio. Las modulaciones sintácticas, los ritmos rotos y reanudados, la reiteración anafórica, las largas series de preguntas alejan lo narrado de lo cotidiano y a veces cobran fuerza casi sobrenatural. La enunciación es extremadamente condensada. La cualidad lírica se consigue gracias a esta economía de palabras que caen como latigazos y cuyo fin es provocar una reacción emocional inmediata en el lector, sin llegar, sin embargo, a lo melodramático. De vez en cuando aparecen consideraciones sobre la escritura como medio para sobrevivir, con insistencia especial en el lenguaje. Debajo de la modalidad lírica está latente el mensaje político, más eficaz en los fragmentos menos explícitos. Con este libro Kerschbaumer erige un monumento a la resistencia: un monumento ante todo artístico, despojado de verborrea, que logra sublimar la experiencia del sufrimiento y casi invierte los papeles; depurada, agarrada a lo esencial, la mujer en su muerte emerge superior al que la mata.

Irène Schavelzon aplica el método lírico a la representación de las mujeres de varias generaciones y de sus preocupaciones. En *Les Escaliers d'eau* (1978) evoca la hilera inacabable —espejos que se multiplican— de representantes de una familia. Se centra principalmente en los recuerdos de la juventud de la narradora y el círculo de las amigas con quienes ha crecido. La narración procede a base de párrafos brevísimos, repetición rítmica, series de las mismas palabras dentro del discurso evocado que se entrelaza en un diálogo de personajes casi intercambiables (es decir, también aquí encontramos a la mujer paradigmática). En su estructura se nota una posible influencia de *Las olas* de Virginia Woolf a quien va dedicada la novela: una semejante alternancia de voces que hablan desde dentro, creando un efecto de simultaneidad. El lirismo comprende la evocación de la casa de la abuela, la re-presentación de la naturaleza percibida por la sensibilidad infantil, que traspasa los límites del tiempo: «Que jamais ne soient perdu, le ciel, les étoiles et la terre plus belle, avec l'herbe coupante, le limon

196

rouge, les forêts, galeries sans fin, la nuit et le jour que se rejoignent, océan où nous vivons».[46] Es lírica también la re-vivencia de las primeras experiencias que marcan profundamente a la mujer, como, por ejemplo, la menstruación, presentada aquí en términos sumamente poéticos. La afirmación de la mujer se opera por la ausencia de figuras masculinas y las referencias a la insignificancia de los hombres. La realidad se mezcla con la fantasía; el recuerdo aniquila el instante presente, dejando a la protagonista casi suspendida en el aire: «Il plane sur toute chose une sorte d'agitation intense, pourtant tout est sans poids, sans réalité. Il n'y a autour de moi que des choses sans nom. Je vais dans un espace vide et sans borne».[47] En esta novela no se niega el papel tradicional de la mujer, ni su sensibilidad «a la antigua»: se muestra que una vida vivida lírica, y con ello, independientemente, acarrea fuerzas para resistir y defender sus espacios secretos. *Les Escaliers...* es una novela con menos intención explícitamente innovadora que otros libros de Schavelzon, pero cautiva la atención precisamente por su ausencia de mensaje polémico, sin dejar de afirmar a la mujer.

En *Stebuklinga patvoriu zolé* [*La milagrosa hierba a ras de las vallas*] (1981), Vidmanté Jasukaityté también procede por afirmación sin vociferar. Presenta, de un modo extremadamente denso y a la vez aéreo, la suerte de seis generaciones de mujeres (1864-1970), centrando la atención en tres, que representan tres etapas importantes en la historia de Lituania y de la situación cambiante de sus mujeres. La narración se sitúa dentro de los parámetros del realismo mágico: oscila constantemente entre lo real, lo posible, lo visionario. La situación de las tres mujeres se repite: cada una tiene un amor ideal, pero se ve obligada a casarse con el hombre que es escogido para ella. Lo tradicional acaba aquí; a lo largo de la novela se muestra que es posible, gracias a la fantasía, vivir una vida y un amor dobles, es decir, no renunciar a su ideal y encontrar en él la fuente de la plenitud. (Sólo la última, emancipada, se divorcia.) No se intenta demoler lo femenino tradicional: se demuestra que es precisamente lo que da fuerzas. Jasukaityté no predica abandono de formas o actitudes tradicionales; tampoco se propone romper el lenguaje: lo condensa por medio de recursos poéticos (es poeta). Acentúa desde las primeras páginas el deseo de ser libre en el plano real, pero lo une con «el inexplicable misterio femenino» que permite independencia en cualquier situación. En cierto modo, esta actitud podría parecer una vuelta al neorromanticismo, y lo es; pero modificada. Las tres protagonistas se afirman como una fuerza arcaica, inagotable, que no admite melancolía ni melodrama, sino dicta el canto de la plenitud: «Soy feliz. Porque en el mundo vive un hombre que mira mi vida con sus ojos azules y sonríe. [...]. Y será así durante mucho tiempo. Hasta la muerte». Es esta seguridad primaria lo que crea la atmósfera en la novela. Dice la tercera protagonista, que es escritora: «Hay que escribir donde se está libre y se es feliz, donde las palabras encuentran bastante espacio, donde se quiere hablar sólo de lo que es bueno, bello, eterno, porque en realidad no hay otra cosa en el mundo».[48] El proceso mismo de la creación se transmite en términos sumamente líricos/visionarios, convirtiendo las palabras en palomas que tras un revoloteo animado llegan a posarse sobre las páginas blancas y van alineándose según un ritmo secreto. A lo largo de toda la novela se acentúa —por alusión, sugerencia, símbolos— la necesidad de permanecer fiel a sí misma, sus ideales, su femineidad. Jasukaityté no exhorta a las mujeres a la rebelión: muestra que llevan el fuego eterno en sí, y que sólo de ellas depende crearse una vida independiente que no excluya lo profesional, pero deje sitio también a la magia.

Parecido es el enfoque de los temas femeninos en las narraciones de Adelaida García Morales, cuyas mujeres admiten la existencia de elementos sobrenaturales o mágicos y creen aún en «locura de amor». Tampoco ella predica feminismo militante; la afirmación del mundo femenino está inherente en su escritura. En su última novela, *El silencio de las sirenas* (1985), crea un ambiente poblado exclusivamente de mujeres, aunque la trama principal gire alrededor de una figura masculina. La fuerza interior surge de la soledad; las mujeres de esta novela no viven pendientes de las actualidades: «Lo que no existe en el tiempo de todos los días parece que tiene una intensidad especial», declara la autora. Tampoco le interesa la experimentación lingüística: «Me gusta que el lenguaje sea muy preciso y que se manifieste ocultando, es decir, que tenga el poder de convocar una realidad, pero que no esté en primer plano».[49] Subraya la importancia del elemento fantástico, y en los tres relatos que han aparecido hasta hoy logra crear mundos con límites muy borrosos entre lo real y la fantasía (sea en el acontecer, sea en la mente de los protagonistas), empezando por la niebla que cubre y llena el pueblo donde sitúa la acción. Lo real/irreal se cruzan y se acompañan constantemente. La historia de la pasión/locura de amor se narra en dos voces: la de la narradora, que la presenta desde el exterior, y la de Elsa, la mujer enamorada, que necesita esta pasión para escribir. A la voz lírica de Elsa hace contrapunto el discurso más racional de la narradora así como las reacciones silenciosas de las mujeres del pueblo. La figura exaltada de Elsa queda abierta a la interpretación por el lector. De lo que no queda duda es de la mezquindad del hombre sobre el que ha construido su mito. Al verlo derrumbarse, Elsa se encamina hacia la muerte: pero no bajando (ahogándose, saltando de una ventana o un despeñadero), sino subiendo. Con esto se afirma su fuerza y la victoria de lo femenino.

La actitud en todas las novelas del último grupo es positiva. Sus autoras parecen estar ya de vuelta de las proclamaciones o protestas. La entrañable, serena afirmación corresponde a una sugerencia certera hecha por Xavière Gauthier al discutir la novela femenina: «Le féminin pourrait apparaître comme cette herbe un peu folle un peu maigrichonne au début, qui parvient à pousser entre les interstices des vieilles pierres et —pourquoi pas?— finit par desceller les plaques de ciment, avec la force de ce qui a été longuement contenu».[50]

NOTAS

1. «La aparición de nuevas corrientes femeninas en la novela española de posguerra», *Letras femeninas*, IX, 1 (1983), pp. 35-42.

2. La definición de lo erótico que da Anaïs Nin está latente en más de una novela femenina de las últimas décadas: «Por erótico entiendo la totalidad de la experiencia sexual, su atmósfera, talante, sabor sensual, misterio, vibraciones, el estado de éxtasis, la gama completa de sentidos y emociones que la acompañan y la rodean» (*The Novel of the Future*, p. 178). Sugiere que la mujer sólo adquirirá derecho de ciudadanía y conseguirá algo realmente nuevo cuando deje de protestar («Eroticism in Women», 1974, en *In Favour of the Sensitive Man and Other Essays*, p. 9).

3. Recuérdese lo dicho por Michel Foucault en *La volonté de savoir* e *Histoire de la sexualité* y, por otra parte, la constatación de Lillian Hellman que la mujer no sabe producir escritura erótica de calidad, porque no tiene el poder ni la experiencia del proceder libre (en Serke, *op. cit.*, p. 36).

4. «The Straight Mind», *Feminist Issues*, 1 (verano 1980), pp. 103-111.

5. Véase, por ejemplo, Charlotte Wolff, *Bisexuality. A Study*, Quartet Books, Londres, 1977.

6. Rachel Blau DuPlessis, *Writing Beyond the Ending. Narrative Strategies of Twentieth-Century Women Writers*, Indiana University Press, Bloomington, 1985. Nancy K. Miller, *The Heroine's Text. Readings in the French and English Novel, 1722-82*, Columbia University Press, Nueva York, 1980 también ofrece observaciones interesantes sobre el tema.

7. Véase Jennifer R. Waelti-Walters, *Fairy Tales and the Female Imagination*, Eden Press, Montreal, 1982; René Démoris, *Le Roman à la première personne*; Ellen Cronan Rose, «Through the Looking Glass: When Women Tell Fairy Tales», en *The Voyage In*, ed. de E. Abel & al, pp. 209-227.

8. Véase Elaine Marks, «Lesbian Intertextuality», en *Homosexualities and French Literature*, ed. George Stambolian & Elaine Marks, Cornell University Press, Ithaca & Londres, 1979, pp. 353-377, p. 359.

9. *Para no volver*, Lumen, Barcelona, 1985, p. 55. Susan Suleiman ofrece un trabajo muy sugeridor sobre este tema, «La pornographie de Bataille. Lecture textuelle, lecture thématique», *Poétique*, 64 (nov. 1965), pp. 483-493.

10. Marthe Rosenfeld, «Language and Vision of a Lesbian Feminist Utopia in Wittig's *Les Guérillères*», *Frontiers*, VI, 1/2 (prim.-verano 1981), pp. 6-9; Diane Griffin-Crowder, «Amazons and Mothers? Monique Wittig, Hélène Cixous and Theories of Women's Writing», *Contemporary Literature*, XXIX, 2 (1983), pp. 117-144; Marcelle Thiébaux, «A Mythology of Women: Monique Wittig's *Les Guérillères*» (1969), en *The Analysis of Literary Texts*, ed. de Randolph D. Pope, Bilingual Press, Ypsilanti, 1980, pp. 89-99.

11. *Les Guérillères*, Minuit, París, 1969, p. 8.

200

12. Tal vez esta haya sido la motivación para Monique Wittig en la redacción de su *Brouillon pour un dictionnaire des amantes* (1976).

13. Verena Stefan, *Häutungen. Autobiographische Aufzeichnungen. Gedichte. Träume. Analysen*, Frauenoffensive, Munich, 1975, p. 26.

14. Christa Reinig, *Entmannung. Die Geschichte Ottos und seiner vier Frauen*, Luchterhand, Darmstadt, 7.ª ed., 1983, p. 78. Según Peter Horn, el eje estructural de esta obra es la incoherencia («Christa Reinig und "Das weibliche Ich"», en Manfred Jürgensen, *Frauenliteratur*, pp. 101- 122). Ya en su novela precedente, *Die himmlische und die irdische Geometrie [La geometría divina y humana]* deconstruía el discurso y afirmaba su intención con titular el último fragmento «Adivinanza».

15. Véase Geraldine Cleary Nichols, «The Prison House (and Beyond): *El mismo mar de todos los veranos*», *Romanic Review*, 75-3 (mayo 1984), pp. 366-385; Janet L. Gold, «Reading the Love Myth: Tusquets with the help of Barthes», *Hispanic Review*, 55-3 (verano 1987), pp. 337-346; Luis Suñén, «"El amor es un juego solitario", de Esther Tusquets», *Ínsula*, 394 (sept. 1979), p. 5; Catherine G. Bellver, «The Language of Eroticism in the Novels of Esther Tusquets», *Anales de Literatura Española Contemporánea*, 9, 1/3 (1984), pp. 13-27.

16. *El mismo mar de todos los veranos*, Lumen, Barcelona, 1978, p. 7.

17. Íd., p. 141.

18. Como señala Sara E. Shyfter, Charlotte Wolff, en *Love Between Women*, considera el incesto emocional con la madre como la esencia del lesbianismo («Rites without passage...»). Joyce McDougall lo llama «la secreta victoria sobre la madre» («Ueber die weibliche Sexualität», en *Psychoanalyse der weiblichen Sexualität*, ed. de Janine Chasseguet-Smirgel, 1964, Suhrkamp, Frankfurt/Main, 1974, pp. 233-292, p. 283). Estas nociones están presentes en la narración de Tusquets.

19. Ana María Moix, *Walter ¿por qué te fuiste?*, Barral, Barcelona, 1973, p. 9.

20. Margaret E.W. Jones señala la creación del doble como uno de los rasgos más característicos de la escritura de Moix («Ana María Moix: Literary Structure...»).

21. *Op. cit.*, p. 268.

22. *Die unendliche Zirkulation des Begehrens*, Merve, Berlín, 1977, p. 12.

23. Véase la nota que precede una entrevista con ella publicada en *Homosexualities and French Literature*, ed. de Stambolian & Marks, pp. 70-86 así como las observaciones acerca de las inconsistencias por Carol Armbruster, «Hélène-Clarice: Nouvelle voix», *Contemporary Literature*, XXIX, 2 (1983), pp. 145-157 y Christiane Makward, «To Be or not to Be... a Feminist Speaker», en *The Future of Difference*, ed. de Eisenstein & Jardine, pp. 95-105.

24. *Die unendliche Zirkulation...*, p. 32.

25. Hélène Cixous & Catherine Clément, *La Jeune née*, Union Générale d'Éditions, París, 1976, p. 172.

26. «L'approche de Clarice Lispector», en *Entre l'écriture*, Des femmes, París, 1986, p. 122.

27. *Tombe*, Seuil, París, 1973, p. 172. Véanse también los textos siguientes: «Qui? Suis? La troisième. Court au bord de la terre, la mer. Qui? Suis nous? Qui? Je? Nous? Erre hors d'elle. Illa». (*Illa*, Des femmes, París, 1980, p. 7). «Riche en formes cachées, je déborde, j'échappe, tant d'Autres sont moi, mon nom est: "je-vis-en-autre", celles qui vivent en moi je les délivre dans les chairs de mes formes neuves, si elles pleuvent, je pleus, je viens! jointes averses» (*La*, Gallimard, París, 1976, p. 200). Sobre estos procedimientos, y para un examen más detenido de su estilo, véase Verena Andermatt Conley, *Hélène Cixous: Writing the Feminine*, donde estudia también las combinaciones de lo erótico con lo onírico. Cixous misma incluye varias declaraciones en *Prénoms de Personne*, *Vivre l'Orange* y *With ou l'art de l'innocence*.

28. *Die unendliche Zirkulation...*, p. 12.

29. *With ou l'art de l'innocence*, Des femmes, París, 1981, pp. 9 y 53.

30. *Prénoms de personne*, Seuil, París, 1974, p. 6. Cf. «Le choix que fait une femme, comprenant deux âmes, entre deux portes, tel est le sujet de l'examen» (*Illa*, p. 59). Véase, además, «The Character of "Character"», trad. de Keith Cohen, en *New Literary History*, V, 2 (invierno 1974), pp. 383-402.

31. *Prénoms de personne*, p. 7.

32. *Limonade, tout était si infini*, Des femmes, París, 1982, pp. 16 y 134; *Anankê*, Des femmes, París, 1979, p. 14.

33. Una buena ilustración de tal estilo es la repetición rítmica y anafórica que ocurre en las pp. 83-84 de *Illa*, que por su encadenación confirma la fuerza de la mujer acumulada a través de las generaciones.

34. Lucette Finas, Introducción a *Le Troisième corps*, Grasset, París, 1970, p. III-IV. Gilles Deleuze da la siguiente definición de su estilo en la solapa de *Tombe*: «Une sorte d'écriture stroboscopique, où le récit s'anime, et les différents thèmes entrent en connexion, et les mots forment des figures variables, suivant les vitesses précipitées de lecture et d'association».

35. *Souffles*, Des femmes, París, 1975, p. 180.

36. *Parole de femme*, Grasset, París, 1974, p. 15.

37. Diana Kempff, *Der vorsichtige Zusammenbruch*, Residenz, Salzburgo, 1981, pp. 16 y 17.

38. Emma Santos, *L'Illulogicienne*, Flammarion, París, 1971, p. 23. Aplica la misma condensación para lo sexual: «Méandre de chair rose. Fente. Grotte. Paroi. Muqueuse. Bouche. Couche même. Abîme. Alcôve. Plis et replis. L'oeil de l'homme pénètre dans ces chemins hospitaliers. Elle s'offre. S'entrouvre. S'écarte. Sourit. Bâille. Frémit. S'écoule» (p. 122).

39. Karin Struck, *Kindheits Ende. Journal einer Krise*, Suhrkamp, Frankfurt/Main, 1982, pp. 372, 373 y 49.

40. Dacia Maraini, *Donna in guerra*, Einaudi, Turín, 1975, p. 268.

41. Rosa Montero, *Crónica del desamor*, 1979, Debate, Madrid, 10.ª ed., 1982, p. 9.

42. Íd., p. 12.

43. Íd., p. 265.

44. Rosa Montero, *La función Delta*, Debate, Madrid, 1981, p. 25.

45. «Rosa Montero presenta su tercera novela en Barcelona», *El País*, 25 nov. 1983; véase también Emilio de Miguel Martínez, *La primera narrativa de Rosa Montero*, Universidad de Salamanca, Salamanca, 1983, p. 45.

46. Irène Schavelzon, *Les Escaliers d'eau*, Des femmes, París, 1978, p. 20.

47. Íd., p. 125.

48. Vidmanté Jasukaityté, *Stebuklinga patvoriu zolé*, Vaga, Vilnius, 1981, pp. 221 y 169.

49. Milagros Sánchez Arnosí, «Entrevista. Adelaida García Morales: La soledad gozosa», *Ínsula*, 472 (marzo 1986), p. 4.

50. *Les Parleuses*, p. 81.

CAPÍTULO VI

PROCEDIMIENTOS NARRATIVOS

Un intento de elucidar lo que es el estilo femenino plantea desde el principio un problema básico: ¿a qué noción de «lo femenino» atenerse? En la mayoría de los trabajos críticos —tanto lingüísticos como literarios— que se han llevado a cabo por parte de mujeres en los últimos decenios se ha investigado principalmente la narrativa del siglo XIX e incluso del XVIII. Esto significa que se han estudiado obras apoyadas en estructuras sociales contra las cuales hoy se eleva la voz de protesta. Lo mismo es válido en cuanto a las primeras teorías psicoanalíticas y lingüísticas. La creación de la mujer en esos siglos no puede ser separada de su marco temporal; lo que hace la crítica actual es señalar las desfiguraciones y ciertos modelos que nacen bajo tal circunstancia.

La novela nueva, por otra parte, aún está en el estadio de desarrollo. Esto mismo puede decirse de la expresión oral cuando se intenta especificar qué es lo típicamente femenino: la mujer sigue buscando su lenguaje. Como se ha mencionado ya, el trabajo de apuntar algunas características que se repiten se hace más difícil por el hecho mismo de que las escritoras no quieren admitir que haya reglas o modelos: «J'ai pas de théorie du roman. Ça me fait rigoler, rien que l'idée».[1] Por ahora, la mayoría de las escritoras sólo se regocijan con haber logrado romper el marco impuesto. Cuando escriben, salvo algunos trabajos ya bien conocidos (Cixous, Didier, Irigaray), se dedican a señalar e invitan a rechazar lo que está equivocado. Las pautas nuevas permanecen más bien vagas y generales. La escritura misma de las últimas décadas sugiere, sin embargo, que existe una nueva conciencia y se va formando un nuevo ideal de estilo, que es una respuesta directa al estilo «femenino» de los siglos precedentes.

El procedimiento más común y más ampliamente usado en la novela escrita por mujeres que conscientemente quieren crear un discurso diferente femenino es la subversión. A medida que cambian las estructuras sociales se hace más evidente la necesidad de reflejarlas —o incluso anticiparlas— en la escritura. La subversión se extiende a todos los niveles y aspectos: temas, tradiciones literarias recogidas, modelos estilísticos y lingüísticos. Las modalidades que se manifiestan con más frecuencia son la inversión y la ironía, que abren camino hacia la ambigüedad. En esto coinciden con los principios elementales de la deconstrucción. Christiane Rochefort resume el nuevo propósito muy escuetamente: «écrire vraiment consiste à désécrire».[2] Un modo particularmente adecuado para salirse con voz nueva de las normas establecidas en la novela «clásica», o sea, decimonónica, es la narración en primera persona.

El cambio del modo «objetivo» al «subjetivo» es frecuente a principios de este siglo. Por un lado permite penetrar más profundamente en el protagonista; por otro, es un indicio del deseo de experimentación. Darío Villanueva ha estudiado este cambio de énfasis en los autores de la primera mitad del siglo, que se encaminan de la novela realista hacia la novela lírica.[3] Sus observaciones iluminan el cambio de la actitud frente a la escritura. Hay, sin embargo, un aspecto que separa la experimentación de un Azorín, Jarnés o Pérez de Ayala de lo que emprenden las escritoras hoy: el énfasis en lo intelectual. Por lo menos en teoría, la mujer insiste en la necesidad de escribir con el cuerpo y las emociones. La nota personal, afirman, se consigue a través de los sentidos, no del intelecto. Para nuestro estudio son pertinentes los comentarios de Joanne Frye, quien examina la significación del uso del «yo» en la novela femenina más reciente desde varias perspectivas.[4]

Jean Rousset señalaba, hace años ya, la importancia del «yo» en el deseo de establecerse como persona al comentar la obra de Robbe-Grillet: «le réel est ce qui apparaît à une conscience selon son poste actuel et son angle de vision. [...]. C'est donc mon point de vue qui me constitue et me définit».[5] El comportamiento de Narciso-escritor se refería a la figura masculina. Hoy se debate la plausibilidad de aplicar unilateralmente el término Narciso al hombre y a la mujer. Las conclusiones de Rousset conciernen más bien a lo que Frye llama «la trampa narrativa»: una única visión y evaluación posibles. Según ella, las mujeres empiezan a rechazar esta trampa —el modelo establecido por hombres— escapándose hacia lo fantástico, lo sobrenatural, lo utópico, es decir, aún sin atreverse a tocar las jerarquías establecidas en lo real.[6] Sugiere —analizando textos escritos en inglés— que el uso del «yo» permite mayor ambigüedad que el del pronombre personal de tercera persona, vinculado al género. Como la aportación más importante de esta estrategia considera el hecho —y aquí la mujer se distinguiría del hombre— de que la voz en primera persona no intenta aparecer como la voz de la autoridad, sino la de un ente en formación. El Narciso masculino se mira en el agua y se admira: tiene ya su discurso hecho. La mujer se mira buscando; el agua que la refleja es movida. Esto dicta, como se verá, muchos de los procedimientos usados en la narrativa femenina de hoy.

Una vez establecida la prioridad del «yo» sobre la norma colectiva y la voz impasible, cada autora procede a liberar la novela de un modo particular. Se ataca la estructura tradicional; no se admiten ni principio, ni fin fijos o deseables. Se renuncia a una trama lineal, clara, que *contaba* los acontecimientos. El énfasis cae hoy sobre *hacer sentir* el mensaje y reaccionar frente a él. Para provocar una respuesta global se mezclan los géneros. Jeanne Hyvrard escribe «novelas» en verso; Viviane Forrester mezcla fragmentos en varios idiomas sin incluir una «historia». Tampoco en *Die irdische und die himmlische Geometrie* [*Geometría terrenal y divina*] de Christa Reinig hay unidad o secuencia clara. Friederike Mayröcker insiste repetidamente en el carácter «explosivo» de sus escritos y en el deseo de mostrar grietas más bien que superficies lisas. Confiesa que prefiere escribir sólo comienzos (lo admite también Cixous), porque así, al «yo» le quedan más posibilidades de exploración, y no necesita regirse por las leyes de la causalidad. La novela va acercándose, así, cada vez más a la poesía: se crean unidades autónomas que cautivan toda la atención instantáneamente. Friederike Roth rechaza completamente la secuencia lógica, afirmando que «sólo el caos total ofrece completa libertad para tomar decisiones».[7] Movida por el espíritu de rebelión, compone *Das Buch des Lebens* [*El libro de la vida*] (1983), que subtitula «un plagio», donde parodia tanto «el libro de amor» como el de la vida o el de la muerte. Se vuelve muy importante el papel atribuido al silencio; la mejor novela femenina habla por alusión e insinuación, dejando grandes blancos en el texto.[8] La colaboración del lector llega a ser imprescindible; las escritoras más audaces saben que sus libros no serán leídos por el gran público, sino que serán acogidos e interpretados por conciencias individuales, que no les aplicarán criterios estandarizados.

Más de una autora invierte la andadura usual de la trama. Algunas lo consiguen subvirtiendo las jerarquías; se cuentan, por ejemplo, las peripecias de una criada en vez de las de su señora (Martín Gaite, Romá, Cohen). Otras trasladan el enfoque principal del «yo» narrante a otra figura, que a veces no habla, o ni siquiera aparece (*La enferma*, de Quiroga; *La larga noche de un aniversario*, de Barbero). Son procedimientos que recuerdan el viaje de novios de Jacinta y Juanito en *Fortunata y Jacinta*, donde el personaje que se destaca más es Fortunata, ausente. Se subvierten asimismo mitos y arquetipos, lo cual requiere doble atención por parte del lector: seguir la trama fragmentada del texto, y estar comparando su desarrollo constantemente con el mito original, como en *Os habla Electra*, de Concha Alós, o *Los perros de Hécate*, de Carmen Gómez Ojea. La lectura se complica cuando en el plano real no pasa casi nada; todo se vuelve un juego de imaginación, un estado prenatal de la novela en gestación.

Un aspecto destacado por varios críticos en cuanto al cambio en la estructura de la novela femenina es la escasa importancia de la figura masculina, que ya no ocupa el centro, ni abre o cierra las novelas como solía acontecer en el siglo XIX. Se pone en tela de juicio la concepción misma de «protagonista»: prescindiendo de jerarquías, la importancia se distribuye entre varios personajes. (Tal distribución correspondería a la observación de Gilligan que la mente femenina percibe el mundo como una red de relaciones en vez de líneas rectas paralelas.) El cruzarse continuo de vidas y experiencias trae como consecuencia lo que Alice Jardine llama la «descentralización» y la preferencia por estructuras polifónicas, de carácter dialógico.[9] Puesto que lo que interesa cada vez más es la vivencia interior, se establecen varios focos de conciencia, y se procede alternándolos, entrelazando los vínculos individuales. Es una técnica de la que se servía Virginia Woolf para obtener lo que ella denominaba «la plenitud esférica»: «una unidad en la iridiscencia del aire».[10]

La alternancia implica el rechazo de otro aspecto de los modelos tradicionales: el desarrollo lineal, diacrónico. Cuando hay varios focos de conciencia contiguos, se produce el efecto de simultaneidad. En las novelas en las cuales la atención se centra en un personaje, la alternancia se establece entre los «yos» diferentes que éste contiene, y aunque entonces sí hay diacronía, los tiempos pasados se actualizan sobreimponiéndoles una evaluación presente, descubriendo en ellos la raíz del comportamiento actual, mostrando la equivalencia de ciertas emociones en todos los niveles temporales.

El tiempo, uno de los elementos integrantes de la estructura de la novela, también adquiere características particulares. Casi todos los críticos coinciden en señalar que la mujer lo percibe —y lo vive— de un modo diferente al hombre. Éste se propone un fin y se lanza a conseguirlo. En su actuar se destaca el aspecto progresivo. Para la mujer tradicional, el tiempo se manifiesta en la rutina diaria, es decir, lo repetitivo y lo cíclico. Partiendo de esta diferencia fundamental, Ulanov sugiere que para la mujer, el tiempo es cualitativo, cuantitativo para el hombre. Lo suscribe Irma García, precisando que es «afectivo». Claudine Herrmann atribuye a esta percepción el hecho de que las mujeres reaccionan negativamente al tiempo concebido teleológicamente, que les impide el gozo del instante vivido.[11] De aquí el énfasis en vivir el presente en las escritoras jóvenes, y en las más maduras, la frecuencia de retrocesos al «tiempo sin tiempo»: la infancia, cuando la niña aún se siente libre. El retroceso a los orígenes se complementa frecuentemente con la imagen de la abuela, juntando a tres generaciones en el eterno retorno: un recurso muy eficaz para hacer constar la continuidad y sugerir cambio. El concepto cíclico del tiempo lleva a algunas autoras a usar estructura circular y dentro de ella, círculos más pequeños. Curiosamente, en este movimiento se reúnen dos opuestos: la mujer dando vueltas en la rutina de la que no puede evadirse, y a la vez liberación por el baile, que también significa vuelta a sus orígenes, a lo más primitivo, que existía antes de la civilización y de la palabra escrita, que han ido quitándole la libertad.

El tiempo es concebido como continuidad, con gran énfasis en lo que queda grabado en la memoria. Las experiencias de la niñez adquieren suma importancia, como se ve en muchas novelas escritas en Francia (Cardinal, Chawaf, Duras, Leduc, Schavelzon) y más aún, en las primeras novelas femeninas de la posguerra española. El título de la de Ana María Matute, *Primera memoria*, podría extenderse a las de Quiroga, Laforet y más tarde Romá, Chacel. No pocas veces la memoria es conjurada por una mujer ya entrada en años quien, mirándose en el espejo, rehúsa el reflejo que ve y lo substituye por otro, anterior (Beauvoir, Duras). La memoria funciona como un factor positivo. Hoy el recuerdo sirve frecuentemente como testigo de la injusticia, o como modelo de lo que no hay que ser. No es tan fuerte la nota nostálgica: debe ser sustituida por la realización del instante presente.

Dentro de los cambios tocantes a la estructura general cabe mencionar el desplazamiento de énfasis en cuanto a la descripción. Raras veces pretende ser objetiva o exhaustiva. Cuando ocurre, representa la reacción de *una* conciencia en vez de la observación precisa por un narrador impasible. Pocas veces sirve para la caracterización de un personaje, ya que hoy interesan más sus pensamientos y sentimientos interiores. Didier resume el cambio muy perspicazmente: «Non plus décrire, avec un arsenal de stéréotypes, les grâces que la romancière prête à l'héroïne parce qu'elle les a entendu louer en elle par des partenaires masculins [...] mais exprimer son corps, senti, si l'on peut dire, de l'intérieur: toute une foule de sensations jusque-là un peu indistinctes interviennent dans le texte et se répondent».[12] La presentación de los exteriores también incluye el punto de vista del personaje que los mira, con su significación particular para éste. No se intenta ya reproducir fotográficamente la realidad; como Gertrude Stein, quieren construirla.

Otra característica distintiva es la preferencia por los interiores, confirmada por estudios psicológicos y corroborada por las investigaciones de crítica literaria: «L'écriture féminine est une écriture du Dedans: l'intérieur du corps, l'intérieur de la maison. Écriture du retour à ce Dedans, nostalgie de la Mère et de la mer».[13] Carol Christ indica que la mujer busca en la casa un santuario donde refugiarse. Bachelard asocia el lugar cerrado con la fabricación de sueños y ensueños, pero también subraya su ayuda para concentrarse. Erikson y Gilligan se apoyan en estadísticas para presentar sus conclusiones acerca de los juegos o dibujos de niños/niñas: en los de las niñas prevalecen los interiores.[14] Últimamente la crítica feminista ha llevado esta fascinación por lo interior más lejos aún. Irma García observa que «les images de lieux creux, comme la niche, la caverne, la grotte, renvoient directement à l'imaginaire féminin». Estas imágenes se relacionan con el sexo que, según Annie Leclerc, es el lugar donde nace la escritura: «C'est là, du fond de l'obscure matrice où le pouvoir n'est pas entré que je parlerai [...] où ça naît, où ça germe, où ça gonfle et se dilate.»[15]

La preferencia por lo interior —Chantal Chawaf insiste en que no es una visión global conseguida a distancia lo que busca, sino una «toma» de cámara de cine, un *close-up*— explica parcialmente la fragmentación que se da en muchas de estas novelas y que es, en realidad, un fenómeno que ocurre igualmente en las novelas contemporáneas escritas por hombres. Siempre atento a los fenómenos nuevos, Pedro Salinas apuntaba, como hace recordar Darío Villanueva, el deseo de leer una página como una unidad, casi como un poema, en vez de tener que estar pendiente del desarrollo de la trama entera. Es un tipo de lectura particularmente aplicable a la prosa experimental de Mayröcker, Kempff, Chawaf. Las novelas se conciben como mosaicos, con grandes blancos o una masa gris que une las piezas del dibujo. Así procede Natalia Ginzburg en su extraordinario *Caro Michele*; así surgen algunas novelas de Béatrix Beck y de Carmen Gómez Ojea. De fragmentos se constituyen *Celia muerde una manzana* de María Luz Melcón y *La trampa* de Ana María Matute, donde la imprecisión notada por Gonzalo Sobejano es buscada, así como lo es la asimetría en las narraciones de Barbara Frischmuth. Anne Cuneo no acepta la crítica que señala este procedimiento como una debilidad: «Avertissement. Ne cherchez pas ici le langage de la raison. [...]. Je réclame le droit de balbutier».[16] Marie Chaix ofrece una definición de sus estrategias narrativas que podrían ser consideradas como paradigmáticas:

> Je vis la fin d'une histoire dont j'essaye chaque jour de me raconter des bribes. Je me souviens comme je tricote ou comme je parle, en faisant des trous, en rattrapant une maille ou en courant après un mot. Pour m'occuper, je mélange le vécu et le vivre. J'habille les secondes dépouilles du premier. Pour passer le temps, je le raccommode. [...]. Je vais. Je reviens. Je saute. Je m'arrête. Je

repars. Je rêve. Je me souviens. Je fais défiler les images comme les séquences disparates d'un film que je n'aurais plus le temps de monter.[17]

Lo incoherente ha sido señalado ya en el siglo XVIII como una característica de la escritura femenina.[18] Se lo ha reprochado más recientemente Walter Benjamin, afirmando que el lenguaje «desalma» a la mujer, cuya expresión queda por crear, mientras que ella permanece «poseída de un hablar loco».[19] Este hablar loco es visto como algo positivo por Michèle Montrelay: es una transformación de lo reprimido que asume el ritmo del *transfert*. Su apariencia histérica proviene de su inmediatez; la mujer, según Montrelay, no establece distancia entre el discurso que va creando y sí misma: «Les mots sortent en direct. Là est la force».[20] Es decir, lo que antes se ha criticado aplicando criterios establecidos por hombres ahora se afirma como positivo desde una perspectiva femenina. La escritura, entonces, no cambia radicalmente: sólo se la somete a una evaluación distinta, y lo inconsciente se vuelve consciente. Todo está en el enfoque.

Lo inconcluso se revela como deseable; la improvisación, como una cualidad buscada. Anaïs Nin lo relaciona con los procedimientos psicoanalíticos que, según ella, han cambiado definitivamente la escritura novelística. Se refiere ahora no lo que está, sino aquello a lo que se está llegando: «la novela convencional presentaba al personaje como una unidad formada, mientras que el estudio psicoanalítico del inconsciente ha revelado lo opuesto: que la personalidad es fluctuante, relativa, cambiante, desarrollándose de un modo asimétrico, madurando irregularmente, con áreas racionales e irracionales». Describe su propia manera de proceder, que sería aceptable a un gran número de las escritoras jóvenes: «Obedeciendo a la improvisación nacida de emociones, abandonándome a digresiones y variaciones, encontré una estructura indígena, una forma surgida del crecimiento orgánico, así como se forman los cristales».[21] Esto recuerda el consejo dado a Marie Cardinal por su psicoanalista: decirlo todo, sin seleccionar, sin construir. Todas estas declaraciones podrían producir la impresión de que la escritura femenina está de veras carente de estructura o de plan. No es así: es una incoherencia cuidadosamente planeada, de un modo parecido a la «carencia» de estilo en un Pío Baroja quien, como las mujeres hoy, intentaba acercarse al estilo oral.

Simone de Beauvoir decía que la mujer se fija demasiado en las cosas sin intentar relacionarlas o buscar el sentido del conjunto. Lo veía como algo negativo. Marguerite Duras hace la misma constatación refiriéndose al modo femenino de trasladar la realidad a la página escrita, con una nota afirmativa. Puesto que lo femenino, según las creadoras de la nueva novela, consiste en la transmisión directa de las percepciones emotivas, las impresiones se apuntan sueltas: «Je ne m'occupe jamais du sens, de la signification. S'il y a sens, il se dégage après. [...]. Le mot compte plus que la syntaxe. C'est avant tout des mots, sans articles d'ailleurs, qui viennent et qui s'imposent».[22] Según Ingeborg Bachmann, hoy el mundo se ha vuelto tan fragmentado y el tiempo, tan veloz, que cualquier cosa sólo se puede vislumbrar y expresar en pequeñas partículas.[23] La crítica ha notado la preferencia por construcciones paratácticas, elogiando o criticándolas según el caso. Jespersen se había valido de una metáfora para contrastar los dos modos de escritura: «Les hommes construisent des boîtes chinoises, les femmes assemblent des colliers de perles, se contentent de coordonner les idées à exprimer. D'autre part, elles ont une fâcheuse tendance à laisser les phrases en suspens».[24] Irigaray vuelve en todos sus libros sobre este aspecto, subrayando la importancia de lo imprevisto, la necesidad de romper la sintaxis y el orden, de escribir con silencios, blancos, elipsis. Lo cumple ella misma en su prosa lírica: «De grands espaces. Blancs. Un grand souffle, blanc. Rapide, épouser ce souffle. Y rester. Dans la hâte. Qu'il ne m'abandonne pas. Que je ne le laisse pas. Y être entraînée: mon chant».[25] Excelentes muestrarios del estilo paratáctico son *Fettfleck*, de Diana Kempff y *Mandeilhe uma boca*, de Olga Gonçalves. En el capítulo II se ha visto algún ejemplo de su uso por Romá. Pero hay que tener en cuenta que el estilo paratáctico no está reservado para el uso exclusivo de las mujeres: basta abrir *La media distancia* de Alejandro Gándara para persuadirse de lo contrario.[26]

Las estructuras paratácticas implican cierto grado de espontaneidad: la resistencia al logocentrismo (que algunas llaman falogocentrismo). Según los modelos nuevos, Logos debería ser desplazado por Eros, lo apolíneo por lo dionisíaco, Cronos por Perséfone. Estas preferencias reanudan con los ritos primitivos de baile y canto, que incluían un aspecto mágico. A este respecto resulta curioso recordar una declaración peyorativa de Ortega: el meollo de la mente femenina, por inteligente que ésta sea, está dominado por un poder irracional.[27] Una afirmación de Christiane Rochefort puede servir de respuesta a esta alegación: «Car l'écriture n'est pas de la pensée».[28]

Muchas de las autoras se pronuncian a favor del lenguaje pasional, dictado por el deseo.[29] Creen que lo racional y la abstracción empobrecen e igualan demasiado el discurso. Ellas quisieran volver a lo pre-racional; expresiones en las que participa el cuerpo entero. Es una cuestión compleja, donde no es siempre fácil determinar el punto en el que comienza la subversión. Los largos siglos en que la mujer había sido reducida al silencio y a ser objeto del deseo sexual del hombre la habían vuelto casi afásica. Entonces de veras hablaba casi sólo su cuerpo, pero de un modo que hoy resulta inaceptable. Por otra parte, el discurso pre-formado por los hombres tampoco la persuade. Por consiguiente, al volver a buscar la propia expresión, retrocede a lo primitivo, ritual, pero moldeando estos ritos independientemente. La noción de la escritura como canto o como grito vuelve repetidamente (Cixous, Montrelay, Chawaf, Christa Wolf): hacer que el texto entre por los sentidos. Volviendo al papel de objeto sexual al que habían sido reducidas durante tanto tiempo, Barbara Frischmuth propone como venganza crear un lenguaje tan sensual que «haga palidecer a los hombres».[30] Lo consiguen algunas autoras que tratan del amor lesbiano. Son curiosos los casos donde esta nueva sensualidad libre se ejerce de un modo ambiguo: creando un nuevo lenguaje sensual, pero a la vez haciendo parodia del existente, masculino. Chawaf lo ejerce con maestría particular:

> La grosse, dans sa chambrette, aime bien la chatouille, les mains d'un tripoton, bougresse! la jolivette a de quoi! dis-tu, des cuisses-dames, des tettes, des suces, pesantes mamelles de beurre! un bon lourd fessier, des pains-cuisses pour les lécherons, pour les léchouins aimant biter, lécher; et elle si tendre, si molle à embrasser, sens-tu, comme une tarte nappée de gelée de groseille, comme la crème pâtissière d'un gâteau démoulé, sur un plat garni d'un papier dentelle. Et tu as la bouche pleine.[31]

La protesta contra la literaturidad y las convenciones fijas desplaza el foco de atención de la palabra escrita a la hablada, que implica espontaneidad. Se quiere «desintelectualizar» la palabra y con ello, actualizarla, inscribirla en el momento presente como si acabara de nacer. A la vez, el aspecto oral apunta hacia la creación épica: se va creando la epopeya de la mujer, donde, obedeciendo a criterios modernos, cada lector/oyente puede intervenir. Para esto sirven todos los silencios y los blancos.

Lo no enunciado, o lo enunciado sin transición lógica es otro aspecto de la «cura de la locura» que debería ser la escritura para la mujer. El silencio insinúa lo reprimido; la verborrea inconexa se relaciona con las sesiones psicoanalíticas. La asociación libre y el flujo de conciencia han sido elementos muy importantes en la novela moderna desde Proust y Joyce, cuyo estilo algunos críticos califican de femenino. Según Anaïs Nin, deben su existencia al psicoanálisis. También Marie Cardinal reconoce su deuda a las sesiones de terapia, que le han enseñado lo que significa la palabra auténticamente suya: «Il m'a fallu quelques mois de séances pour me rendre compte que je parlais comme un perroquet, que j'étais plus vécue que vivante, que les mots que je prononçais ne m'appartenaient pas, qu'ils appartenaient à ma famille, à mon milieu, à mon instruction».[32] Se trata de encontrar la expresión propia, aunque no parezca lógica. Las palabras sueltas, inconexas tienen más fuerza: permiten que nazcan nexos nuevos para cada lector, pero también para la persona que escribe. Leslie Fiedler ve el florecer de la asociación libre como una vuelta a lo femenino. Según ella, la mujer insiste menos en el control y en mantener una línea recta. Sólo la asociación libre, dice, permite conseguir auto-expresión total.[33] En la novela con narración en primera persona es uno de los elementos estructurales más importantes.

El no tener un solo centro ni un punto de vista que se imponga como infalible acarrea consigo como resultado la ambigüedad, que en el siglo XX es cada vez más frecuente debido a la aceptación de la relatividad. El «yo soy un punto de vista sobre el mundo» orteguiano se encuentra confirmado en la novela contemporánea que es ante todo búsqueda. La perspectiva múltiple predomina en muchas de las novelas femeninas, a veces ni siquiera dejando entrar al verdadero protagonista con su propia voz, como en *Algo pasa en la calle*, de Quiroga, *Caro Michele* y *È stato così* de Ginzburg, *La larga noche de un aniversario*, de Barbero, o trenzando varias vidas en presentación simultánea, como en *Las olas* o *Mrs. Dalloway*, de Virginia Woolf. Frecuentemente la relatividad se subraya por medio del doble o del desdoblamiento: presentando dos o más fases de la misma persona. Hoy el desdoblamiento comporta casi siempre una nota irónica (Frischmuth, Roig), menos frecuente en el siglo XIX. En el siglo XX va creciendo el interés en reunir la actuación y las reflexiones sobre ella en una presentación casi simultánea. La novela entera de Doris Lessing, *The Summer before the Dark*, se basa en este procedimiento. Sirve como complemento, como enjuiciamiento, como un vago modelo de lo que se busca. La refracción del personaje puede ir incluso más lejos: la protagonista-narradora se ve tal como quisiera ser, comenta la visión que otros tienen de ella, y a través de sus palabras va surgiendo tal como es verdaderamente.

El desdoblamiento lleva siempre a la introspección, al auto-examen y suele generar largas series de preguntas que a veces surgen mirándose en el espejo. Según Irma García, toda escritura femenina está sujeta al cuestionamiento y angustia, porque la mujer aún no ha encontrado la palabra adecuada: «Cette impotence à s'exprimer que ressent la femme peut prendre parfois la forme d'une poignante interrogation, un véritable cri faisant frémir toutes les pages».[34] Otros críticos hacen notar que influye la sintaxis, creando «ritmos de búsqueda», que se perciben, en efecto, en las novelas de Virginia Woolf, Lessing, Tusquets, Moix, y se manifiestan en el frecuente uso del condicional, tiempo hipotético.

El cuestionamiento se relaciona estrechamente con otra técnica usada con mucha frecuencia en la narrativa en primera persona: el monólogo interior, en más de un caso recordando el de Molly Bloom en *Ulysses*. Es muy propicio para reunir varios aspectos señalados como particularmente característicos de la escritura femenina: lo inconcluso, lo indeciso, lo espontáneo, la asociación emotiva en vez de coordinación racional. También el monólogo interior ha evolucionado desde el siglo pasado o principios de este siglo. Lo que antes surgía como preguntas aparece ahora como desafío. La voz va volviéndose menos sumisa. En este cambio entra mucha teoría psicoanalítica.

La relatividad y la ambigüedad se apoyan en muchas de estas novelas en el sueño, que abre una dimensión nueva e incorpora la nota fantástica. También esto ha surgido como resultado del interés por las teorías psicoanalíticas, o en algunos casos como recuerdo de la lectura de algún libro teórico, como el de Todorov sobre la narración fantástica. Christa Wolf señala el sueño como uno de los tres caminos hacia la creación (los otros dos son la fantasía y la observación de la realidad). Lo usan con insistencia incluso las autobiografías (Struck, Leiris). El sueño hoy no significa evasión, sino el camino hacia un conocimiento mejor de sí mismo y funciona como una transformación inconsciente.

La transformación es uno de los grandes temas y recursos estilísticos. Para cambiar de raíz las actitudes prevalecientes, muchas autoras retroceden hasta el mito, una de las bases permanentes de la literatura. Antes se partía desde el mito sin cuestionar su hechura masculina. Hoy se está creando toda una mitología nueva desde el punto de vista de la mujer: sea re-interpretando los mitos viejos (Brückner, Wolf, Zilinskaité), sea transformando a los personajes míticos (Wittig, Cixous), sea adaptándolos al mundo moderno (Soriano, Alós). Se está intentando crear una nueva base mítica para poder apoyar en ella la narrativa específicamente femenina.

Las metamorfosis como tema, vigentes desde Ovidio, se han ido ramificando. En el siglo XVIII, Friedrich Schlegel ofrecía ya un caso de transexuación en su *Lucinde*. Virginia Woolf crea con *Orlando* el antecedente más inmediato de los experimentos actuales. Se ha visto cómo Christa Reinig «desmasculiniza» a su protagonista en *Entmannung* sin cambiarlo biológicamente. En 1975 se extendió la invitación a varios autores de la Alemania del Este a contribuir una narración con este tema para un volumen, en el que colaboraron hombres y mujeres, y en cuya introducción Annemarie Auer elucida su génesis.[35] Las historietas presentan la transformación de una mujer en hombre: cambio que al parecer sigue siendo considerado como deseable. En todas predomina la nota de crítica social. Christa Wolf lleva el juego más lejos: escribe con voz —e, insiste, lenguaje— de mujer, después de sufrir ésta, como Tiresias, una re-transformación, lo cual le permite introducir dos vivencias comparadas desde un tercer punto de vista.[36] Punto por punto examina las supuestas ventajas en la constitución del hombre y las desmi(s)tifica. Su narración se desarrolla como una parodia del «lenguaje objetivo» de un proceso verbal, fechado en 1992, lo cual sugiere que ella no cree que las circunstancias lleguen a cambiar pronto. La nota polémica se ameniza por el uso de una grácil ironía. Las referencias precisas no permiten descartarlo como mera fantasía. Una vez más, fondo y forma se compaginan; se pone énfasis en el lenguaje.

Al hablar del lenguaje hay que considerar varias facetas: fonológica, morfológica, semántica, sintáctica. Antes de llegar a la palabra, la escritora que quiere hacer hablar a sus protagonistas de un modo auténtico se enfrenta con el problema de la entonación. Las investigadoras de los aspectos tocantes específicamente al uso de la lengua en las mujeres hacen recordar que hasta hace poco, el tono femenino era el de sumisión e incerteza, de apología y deseo de merecer aprobación por la autoridad establecida. La necesidad de justificar lo dicho ha originado un estilo con gran abundancia de cláusulas parentéticas. Abundaban las fórmulas de cortesía: consecuencia de no saber afirmarse y tomar el destino en sus propias manos. Esta incertidumbre básica influía también sus aseveraciones, que frecuentemente eran vacilantes. Se daban muchos rodeos en vez de pronunciar constataciones firmes y escuetas.[37] El lenguaje femenino se consideraba tradicionalmente como el más apto para consolar; implicaba una nota y una actitud maternales. Hoy se quiere abolir esta unilateralidad. La mujer se ha hecho más visible profesionalmente, debe actuar en público. Por consiguiente, necesita adoptar una entonación que transmita resolución. Las que han tenido éxito y han sido reconocidas han adquirido un lenguaje lleno de fuerza. Las que ven frustrados sus esfuerzos y sus deseos, en vez de resignarse, adoptan una expresión agresiva. Elfriede Jelinek explica esta actitud partiendo de su propia experiencia:

> Creo que la agresividad, el sarcasmo y desafortunadamente a veces el cinismo en lo que escribo se debe a la frustración. Y esto es algo femenino, ya que las frustraciones que experimenta una mujer en esta sociedad son mucho más devastadoras que las de los hombres. A algunas, las llevan al lagrimeo y a la queja; a otras, al odio. En mí desembocan en una agresividad general. [...]. A un hombre no se le reprocharía la arrogancia. Pero en mí resulta poco femenino: brutal, sádico, extremado y cínico. A lo más, se dice que escribo de un modo típicamente masculino.[38]

Ocurren cambios también en el léxico. La irrupción de un lenguaje sexual más atrevido y realista ha desconcertado a la crítica. En realidad, representa el deseo de ensayar en un área que hasta ahora era el coto exclusivo de hombres, lo cual ha motivado un discurso lleno de eufemismos, alusiones, insinuaciones. Los largos siglos en los que no se toleraba excentricidad en la mujer (recuérdese el caso de George Sand) y en los que no se admitía que pudiera hablar bien y mucho —Yaguello hace notar que de un hombre que habla mucho se suele decir que es «brillante»; de una mujer, que es «una lata»— están pidiendo venganza. Como en todas las revoluciones, ésta a veces resulta exagerada. Las escritoras francesas ya no se contentan con quejarse o constatar el hecho. Reclaman el derecho de incluir en su discurso palabras usadas por los hombres (derecho a la obscenidad piden Annie Leclerc y Benoîte Groult, quien propone crear una revista para mujeres que sirva para «se libérer de leurs complexes par l'obscénité joyeuse et devastatrice»).[39] Queda el hecho, sin embargo, que el discurso femenino va enriqueciéndose, va ampliándose su léxico. Simone de Beauvoir, Cixous, Herrmann han estado exhortando a la mujer a *robar* el lenguaje reglamentado por los hombres para su propio uso, y a adaptarlo a sus propias necesidades específicas. Como pauta esto puede parecer exagerado. La realidad es, sin embargo, que durante mucho tiempo el lenguaje de la mujer se ha estudiado como algo marginal, una desviación de la norma.[40] Hoy se empieza a admitir como equivalente. El uso del condicional disminuye, se va sustituyendo por el presente y aun el futuro.

Dwight Bolinger ha analizado el léxico más corrientemente usado por hombres y por mujeres, y ha observado una discrepancia: las mujeres disponen en general de menos palabras.[41] Se trata ahora de remediarlo no sólo acogiendo vocablos hasta ahora proscritos, sino también con crear neologismos. En este respecto se destacan sobre todo las autoras francesas: toda novela de Cixous es una deconstrucción y recreación que va más allá del mero uso de la palabra. Ella misma lo indica como su procedimiento usual: «Texte des transformations, le texte lui-même est en transformation: il circule entre réflexion, fiction, récit, action sur plus d'un registre».[42] La descomposición añade a veces una nota casi ontológica a estos juegos con las palabras. Muy interesantes son también los efectos conseguidos por Helena Parente Cunha: «Não sabendo querer, não sabendo sentir, não sei saber o meu rosto no espelho. Antirosto. Despergunto. Improcuro. Anti-eu. Des-eu. Des-espelho».[43] Las polivalencias se consiguen jugando con los morfemas más pequeños, que permiten más combinaciones. Es un procedimiento muy diferente al del uso del símbolo, que también refracta, aun sin descomponerla, la significación de una palabra, y cuyo uso era recomendado por Virginia Woolf para llegar a la significación total: tomar una cosa y hacerla valer por veinte.

Incluso una característica estilístico-estructural señalada por la crítica como específicamente femenina —el gusto por lo inconcluso— se explica parcialmente a base de investigaciones lingüísticas. Yaguello refiere que en la experimentación con el discurso interrumpido, en el 97% de los casos los que lo interrumpen son los hombres.[44] La literatura refleja lo que ocurre en la vida concreta. (Lo mismo ocurre con colocar figuras masculinas en primer plano, romper escenas exclusivamente femeninas.) Hoy también aquí se podría hablar de la inversión: lo que antes se le imponía a la mujer, hoy lo busca ella conscientemente como algo positivo. La fragmentación es uno de sus procedimientos preferidos. Es de notar, sin embargo, que tampoco esta característica es exclusivamente femenina. Según Marianne DeKoven, se extiende a toda escritura experimental, que por el hecho mismo de experimentar va contra el orden establecido y, por consiguiente, patriarcal.[45]

Los cambios en el tono, en el léxico van acompañados del cambio de enfoque. Era usual señalar que el verdadero humorismo no se daba en la mujer. A su vez, la ironía, cuando la usaba, tenía pocas facetas; frecuentemente se limitaba a unas observaciones mordaces. Algunos estudios lingüísticos explican este fenómeno hasta cierto punto, situando sus raíces en el comportamiento social. Las anécdotas solían contarse en círculos exclusivos de hombres, muchas veces a expensas de la mujer. Allí reside el origen de la ausencia de ciertas palabras en el léxico femenino, así como su escasa sabiduría en reírse. La mujer que escribía tenía que vencer muchos obstáculos y tomaba la vida muy en serio. Si por una parte Gilbert Highet observa en 1962 que la mujer tiene una disposición demasiado amable para poder gozar de la sátira, y otros constatan que prefiere lo sentimental a lo cómico, un crítico parece poner con más precisión el dedo en la llaga: según Beatts, los hombres temen a la mujer que intenta ser divertida, porque el humor es equivalente a agresión.[46] Esto explicaría la escasez de mujeres satiristas, y parcialmente, la de mujeres que hayan ejercido crítica literaria. El cambio de la situación hoy es considerable: basta recordar la obra de Kempff, Brückner, Ortiz para persuadirse que no les falta el don de la ironía.

En el pasado, la ironía nacía con frecuencia de la frustración e iba dirigida con gran inmediatez contra aquellos que privaban a la mujer de la libertad. Mientras tanto la mujer ha aprendido a crear distancia entre sus propias acciones y reacciones, y a ejercer auto-ironía. Ha adquirido lo que Weigel llama «la mirada bizca» que le permite evaluar la situación y, cuando es necesario, reírse de sí misma. Sólo a través de la auto-ironía llega a verdadera afirmación. De aquí la frecuencia con que se emplea la imagen del espejo, con todas las implicaciones posibles.[47]

Entre las imágenes y símbolos más frecuentemente mencionados como típicamente femeninos se encuentran los pájaros y el volar, el agua subterránea, las puertas. También en su uso cabe observar ciertos cambios. Los pájaros solían simbolizar el deseo impedido de volar; se les asociaba también la jaula. Una significación semejante tenía la casa: casi una prisión de la que ni la joven muchacha, ni la mujer casada podían salir. Esto habrá motivado la frecuencia de la metáfora de la puerta que quiere ser franqueada y de la ventana a través de la cual se escapa la nostalgia.[48] Hoy los pájaros entran más bien por el valor de su movilidad; la casa representa refugio en vez de prisión (sin eliminar la ambigüedad por completo); la ventana abierta deja circular el aire y da entrada a la luz. El agua, elemento femenino desde siempre, se relaciona con la fluidez y la transformación constante: lo que ha sido señalado como una de las características más destacadas del estilo femenino. Esta misma fluidez apunta a la dificultad de establecer características fijas de lo femenino, cambiante como el agua. En el capítulo precedente se ha visto una declaración de Cixous al respecto. Irigaray insiste igualmente en ello: «Ce n'est jamais identique à rien d'ailleurs, c'est plutôt contigu. Ça touche (à). [...]. Inutile donc de piéger les femmes dans la définition exacte de ce qu'elles veulent dire».[49] El mar, siempre presente, representa también lo simultáneo y la duración ininterrumpida. Simboliza la profundidad misteriosa y su cualidad resbaladiza. Irma García ve en las corrientes subterráneas la imagen del acto mismo de escribir.

Una imagen que recurre con cada vez más frecuencia hoy es la del laberinto, con sus implicaciones míticas y con una reconsideración del papel de Ariadna. En *El mismo mar...* Tusquets lo coloca en el límite entre el mundo de la infancia y las experiencias de la vida adulta: también al Minotauro se le puede ver bajo luces distintas.

Si en los siglos anteriores los símbolos eran principalmente lo que se podría llamar literarios, y no pocas veces emblemáticos, hoy se busca su valor psicoanalítico. Su elucidación no se emprende sólo por el terapista, sino, con la ayuda de él, por el analizando mismo. Tanto Anaïs Nin como Doris Lessing subrayan el enriquecimiento que el tratamiento psicoanalítico ha traído para su escritura: reconocer el valor exacto del símbolo. Ulanov ha estudiado los símbolos femeninos desde esta perspectiva, y frecuentemente nombra los mismos que son enumerados por críticos literarios. Es de recordar que para Lacan, ya el acto mismo de usar la palabra es del orden simbólico: «pour libérer la parole du sujet, nous l'introduisons au langage de son désir, c'est-á-dire au *langage premier* dans lequel, au-delà de ce qu'il nous dit de lui, déjà il nous parle à son insu, et dans les symboles du symptôme tout d'abord».[50] Una parte de la crítica feminista, que no acepta las teorías de Lacan ni de Freud, se ve inclinada por esto mismo a rechazar el uso del símbolo, que relaciona al ser con el estadio edípico, y volver al lenguaje «presimbólico», libre, de la infancia inconsciente,[51] que se relacionaría con el lenguaje de gritos aludido por Irigaray, Cixous, Didier.

El uso de los arquetipos ha atravesado un proceso semejante: si antes aparecían en su mayor parte casi inconscientemente, y por esto permitían más fácilmente una interpretación (dentro del orden patriarcal, diría De-Koven) aplicable a un gran número de novelas, hoy las escritoras parten conscientemente de ellos, efectuando una transformación. Curiosamente, las novelas españolas que más fácilmente encajan dentro del sistema de los arquetipos ya establecidos y estudiados por Annis Pratt en la literatura femenina del siglo XIX son las que despliegan un discurso más bien tradicional, como la trilogía *Mujer y hombre* de Elena Soriano.

Al llegar la hora de pronunciarse sobre si existe o no existe un estilo decididamente femenino —tema de numerosas encuestas, de números enteros de revistas, de monografías— hay que admitir con humildad que la cuestión queda abierta: abierta como el libro que la mujer está escribiendo. Su dominio es lo indefinible: «los hombres construyen, las mujeres escriben hacia lo desconocido», afirma Ingrid Cella.[52] Ahora están empezando a escribir hacia el futuro, lo cual hace la tarea de definir este estilo aun más difícil, ya que no sólo no se puede adivinar qué caminos seguirá la escritura, sino tampoco se puede prever a qué cambios se someterá la estructura de la sociedad, que la literatura habrá de reflejar. La escritura femenina concebida como tal se encuentra aún en el estadio de experimentación. El pájaro está volando y no quiere volver a la jaula. Con la esperanza de que su existencia y su libertad sean incontestadas, exploran caminos de lo andrógino y de lo lesbiano. La distancia recorrida no es insignificante. En *Fortunata y Jacinta*, se graba para siempre en la memoria del lector la sensación de liberación que siente Fortunata mientras recorre las calles de Madrid después de la encerrona en las Micaelas. El movimiento hacia la liberación se verifica en Molly Bloom a través del lenguaje, que demuestra aún huellas de angustias reprimidas. Pero la última protagonista de Jasukaityté canta ya sólo la victoria, repitiendo que el mundo está bien hecho, porque sabe que hay unos ojos azules que la miran desde cualquier distancia, cuando lo desee ella. El lenguaje casi corporal de la primera pasa por el estadio psicoanalítico-monológico de la segunda, para desembocar en apertura para el diálogo de igual a igual en la tercera. Va ensanchándose la temática al acoger aspectos existenciales al lado de los funcionales. Mientras las jóvenes autoras se van abriendo camino hacia el futuro, queda desterrada la concepción antigua del estilo femenino: «Avant, il y avait une littérature qui se voulait féminine comme on disait, *primesautière, charmante"*, et dont le périmètre était la famille. Cette littérature-là existe peut-être encore dans le genre populaire, mais heureusement elle a disparu des maisons d'édition dites sérieuses».[53]

NOTAS

1. Marguerite Duras, en Duras & Gauthier, *Les Parleuses*, p. 187.

2. Christiane Rochefort, *C'est bizarre l'écriture*, Grasset, París, 1970, p. 134.

3. Darío Villanueva, *La novela lírica*, I, Taurus, Madrid, 1983. El estudio de base sobre la novela lírica sigue siendo el de Ralph Freedman, *La novela lírica. Hermann Hesse, André Gide y Virginia Woolf*, 1963; trad. José Manuel Llorca, Barral, Barcelona, 1972. Ricardo Gullón incluye en sus observaciones acerca de esta modalidad también a autores de la posguerra, sin llegar, sin embargo, hasta los años que nos ocupan (*La novela lírica*, Cátedra, Madrid, 1984).

4. Joanne S. Frye, *Living Stories/Telling Lives. Women and the Novel in Contemporary Experience*, University of Michigan Press, Ann Arbor, 1986. Véase sobre todo el cap. 3: «The Subversive "I": Female Experience, Female Voice», pp. 49-76.

5. Jean Rousset, *Narcisse romancier. Essai sur la première personne dans le roman*, p. 154.

6. La novela fantástica, a la que no se ha dedicado un capítulo aparte en el presente trabajo, sigue cultivándose. Hay un gran número de escritoras que han incorporado elementos fantásticos a su narración; algunas de ellas han hecho de ello el eje estructural. Particularmente lograda es la amalgama de lo real y lo fantástico en *Karneval*, de Eva Demski; *Retable*, de Chantal Chawaf; casi toda la narrativa de Gertrud Leutenegger. Jennifer Johnston, aun sin basarse en lo fantástico, le da la entrada en más de una novela suya. Barbara Frischmuth ha ensayado este modo en *Die Frau im Mond*. Entre las autoras españolas, obras muy sugerentes, aladas han surgido de la pluma de Cristina Fernández Cubas, maestra en crear ambientes misteriosos. Se apoyan en lo fantástico Soledad Puértolas, Emma Cohen; no lo desdeña Ana María Navales. Concha Alós une mito y fantasía para producir sus novelas más complejas, como *Os habla Electra*. Y Carmen Martín Gaite señala directamente la fuente de la teoría sobre la escritura fantástica —Todorov— en *El cuarto de atrás*.

7. Friederike Roth, *Ordnungsträume*, 1979, Luchterhand, Darmstadt, 1984, p. 23.

8. Janet Pérez hace observaciones sugerentes acerca de este aspecto en «Functions of the Rhetoric of Silence», *South Central Review I*, 1-2 (1984), pp. 108-130.

9. Alice Jardine, «Pre-Texts...», p. 230.

10. Véase Nancy Topping Bazin, *Virginia Woolf and the Androgynous Vision*, Rutgers University Press, Nueva Brunswick, New Jersey, 1973, pp. 22 y 44, y R. L. Chambers, *The Novels of Virginia Woolf*, Oliver & Boyd, Edimburgo, 3.ª ed., 1957, p. 7.

11. Ulanov, *op. cit.*, p. 177; García, *op. cit.*, I, p. 203; Herrmann, *op. cit.*, p. 154.

12. *Op. cit.*, p. 35.

13. *Op. cit.*, p. 37. El juego de palabras empleado por Didier, muy frecuente entre las autoras francesas, apunta hacia un aspecto particular: la casa se asocia con la figura de la madre (protección), que a la vez se relaciona con el mar/el agua (lo femenino). El deseo de liberarse de la concepción tradicional de la mujer se refleja en el título de una reciente colección de cuentos de Annie Leclerc, *Le Mal de mère*. Para un acercamiento deconstructivista a los problemas femeninos, véase Alice Jardine, *Gynesis: Configurations of Woman and Modernity*, Cornell University Press, Ithaca & Londres, 1985 y Gayatri Chakravorty Spivak, «Displacement and the Discourse of Woman», en *Displacement. Derrida and After*, ed. de Mark Krupnick, Indiana University Press, Bloomington, 1983. Es útil compararlos con Toril Moi, *Sexual/Textual Politics: Feminist Literary Theory*, Methuen & Co., Nueva York & Londres, 1985.

14. Carol P. Christ, *Diving Deep and Surfacing*, Gaston Bachelard, *La Poétique de l'espace*, Presses Universitaires de France, París, 1957; Erik Erikson, *op. cit.*; Carol Gilligan, *op. cit.*, pp. 11 y 38.

15. García, *op. cit.*, I, p. 310; Annie Leclerc, *Epousailles*, citada por García, p. 59.

16. Anne Cuneo, *Passage des panoramas*, Bertil Galland, Vevey, 1978, p. 7.

17. Marie Chaix, *Les Silences ou la vie d'une femme*, p. 78.

18. Véanse las declaraciones recogidas por Silvia Bovenschen en *Die imaginierte Weiblichkeit*, pp. 200-250.

19. Citado por Serke, en *Frauen schreiben*, p. 27.

20. *Op. cit.*, p. 152.

21. Anaïs Nin, *The Novel of the Future*, pp. 113 y 128.

22. *Les Parleuses*, p. 11.

23. *Wir müssen...*, p. 20.

24. Véase Yaguello, *op. cit.*, p. 58.

25. Luce Irigaray, *Passions élémentaires*, Minuit, París, 1982, p. 7.

26. Para un estudio comparativo del discurso femenino creado por escritoras y escritores contemporáneos españoles, véase la tesis doctoral de María del Mar Martínez Rodríguez, *El lenguaje del autodescubrimiento en la narrativa de M. Rodoreda y C. Martín Gaite*, University of Wisconsin-Madison, 1988. Sobre el uso de parataxis en la prosa modernista en general, David Hayman *Re-Forming the Narrative*, Cornell University Press, Ithaca & Londres, 1987, pp. 147-211.

27. Véase Cheris Kramarae, *Women and Men Speaking*, Newbury House Publishers, Rowley, Massachusetts, 1981, p. 8.

28. *C'est bizarre...*, p. 52.

29. Véase Ruth Führer, *Das Ich im Prozess. Studien zur modernen Autobiographie*, tesis doctoral, Universidad de Freiburg, 1982.

30. En Serke, *Frauen schreiben*, p. 23.

31. Chantal Chawaf, *Cercoeur*, Mercure de France, París, 1975, p 14. Véase su descripción de cómo nace esta escritura: «Et le langage que j'apprends à ton contact prend racine dans les sens, dans les organes sensoriels, suit les chaînes des neurones qui relient les sens au cerveau, puis, de ma tête, je te nomme, je ne manque plus aucun de tes noms, chaque parcelle de ton corps a son nom, habite ma voix qui te chante, car je t'ai reçue par tous mes nerfs» (*Le Soleil et la terre*, Jean-Jacques Pauvert, Saint-Germain lès Corbeil, 1977, p. 101).

32. Marie Cardinal, *Autrement dit*, p. 62.

33. Citada en Karen Horney, *Self-Analysis*, W.W. Norton & Co., Nueva York, 1942, p. 94. Véase también la tesis doctoral de Sydney Janet Kaplan, *The Feminine Consciousness in the Novels of Five Twentieth Century British Women*, University of California-Los Angeles, 1971. Para un ejemplo impresionante del uso de la asociación libre y lenguaje completamente espontáneo, véase Margot Schroeder, *Ich stehe meine Frau*, sobre todo las primeras páginas.

34. *Op. cit.*, I, p. 41.

35. *Blitz aus heiterem Himmel*, ed. de Edith Anderson, ensayo de Annemarie Auer, pp. 237-284, Hinstorff, Rostock, 1975. La narración más atrevida, de Irmtraud Morgner, conocida por su actitud polémica, no se incluyó y pasó a formar parte de su novela *La trobadora Beatriz*.

36. Christa Wolf, «Selbstversuch. Traktat zu einem Protokoll», en Sarah Kirsch, Irmtraud Morgner, Christa Wolf, *Geschlechtertausch*, Luchterhand, Darmstadt, 1980.

37. Véase Gilligan, p. 16; Robin Tolmach Lakoff, *Language and Woman's Place*, Harper Colophon Books, 1975; los ensayos reunidos en *Women's Language and Style*, ed. de Douglas Butturff & Edmund L. Epstein, Dept. of English, University of Akron, Akron, 1978.

227

38. En Hilde Schmölzer, *Frau sein und schreiben*, Oesterreichischer Bundesverlag, Viena, 1982, pp. 89-90. Concha Alós refiere que la reacción de la crítica a su primera obra ha sido semejante: «escribir de este modo no procede tratándose de una mujer quien lo hace» (Fermín Rodríguez, *Mujer y sociedad. La novelística de Concha Alós*, Orígenes, Madrid, 1985, p. 21.

39. Véase Marina Yaguello, *Les Mots et les femmes. Essai d'approche socio-linguistique de la condition féminine*, Payot, París, 1979, pp. 63 y 152.

40. Yaguello, *op. cit.*, p. 23; Mary Ritchie Key, *Male/Female Language*, The Scarecrow Press, Metuchen, Nueva Jersey, 1975.

41. Dwight Bolinger, *Language, the Loaded Weapon. The Use and Abuse of Language Today*, Longman, Londres & Nueva York, 1980.

42. Cubierta de *Révolutions pour plus d'un Faust*, Seuil, París, 1975.

43. Helena Parente Cunha, *Mulher no Espelho*, Fundação Catarinense de Cultura, Florianópolis, 1983, p. 66.

44. *Op. cit.*, p. 48.

45. Marianne DeKoven, *A Different Language: Gertrude Stein's Experimental Writing*, University of Wisconsin Press, Madison, 1983, pp. XIII-XIV.

46. En Kramarae, *op. cit.*, p. 57.

47. Sigrid Weigel, «Der schielende Blick», en *Die verborgene Frau. Sechs Beiträge zu einer feministischen Literaturwissenschaft*, Argument, Berlín, 1983, p. 6. El espejo reflejaba antes a la mujer según el deseo o el ideal del hombre. Esta actitud es evidente en la pintura de los siglos pasados. Al reseñar la exposición «Eva und die Zukunft» en Hamburgo en 1986, observa Georg Hensel: «En esta exposición Eva apenas puede verse tal como se ve ella —su espejo es el hombre. No se refleja tal como se presenta delante del espejo: el espejo no muestra lo que siente ella, sino lo que siente el hombre al estar con ella» (*Frankfurter Allgemeine*, 30 julio 1986).

48. Carmen Martín Gaite tiene observaciones interesantes sobre este aspecto en su *Desde la ventana*, así como Yannick Resch, *Corps féminin, corps textuel. Essai sur le personnage féminin dans l'oeuvre de Colette*, Klincksieck, París, 1973.

49. *Ce sexe...*, p. 28.

50. Jacques Lacan, «Fonction et champ de la parole et du langage», *Écrits*, p. 293.

51. Véase DeKoven, *op. cit.*, p. 20.

52. «"Das Rätsel Weib" und die Literatur. Feminismus, feministische Aesthetik und die Neue Frauenliteratur in Oesterreich», *Amsterdamer Beiträge zur neueren Germanistik*, 14 (1982), p. 203. En este trabajo da un buen resumen de las características más salientes de la escritura femenina.

53. Marguerite Duras, en una entrevista, en Suzanne Horer & Jeanne Socquet, *La Création étouffée*, p. 182.

BIBLIOGRAFÍA

La bibliografía que se ofrece aquí de ninguna manera pretende ser exhaustiva. Se limita a obras y autores a los que hay referencias directas en el texto. Para hacerla más manejable, se ha dividido en dos grandes grupos: teoría y estudios generales, y obras de ficción. Cuando hay estudios de crítica literaria referentes a una sola autora, van enumerados en el mismo apartado que sus obras, al final y en orden cronológico. Su presentación se conforma a las instrucciones de la editorial.

I. Teoría y estudios generales

ABEL, Elizabeth; HIRSCH, Marianne; LANGLAND, Elizabeth (eds.): *The Voyage In: Fictions of Female Development*, University Press of New England, Hanover y Londres, 1983.

ANZIEU, Didier: *Le Corps de l'oeuvre: essais psychanalytiques sur le travail créateur*, Gallimard, París, 1981.

AUBURTIN, Graziella: *Tendenzen der zeitgenössischen Frauenliteratur in Frankreich*, Hart y Herchen, Frankfurt/Main, 1979.

AXTHELM, Peter M.: *The Modern Confessional Novel*, Yale University Press, New Haven y Londres, 1967.

BACHELARD, Gaston: *La Poétique de l'espace*, Presses Universitaires de France, París, 1957.

BACHMANN, Ingeborg: *Wir müssen wahre Sätze finden. Gespräche und Interviews,* ed. de Christine Koschel e Inge von Weidenbaum, Piper, Munich-Zurich, 1983.

BEAUJOUR, Michel: *Miroirs d'encre: rhétorique de l'autoportrait,* Seuil, París, 1980.

BEAUVOIR, Simone de: *Le Deuxième sexe,* Gallimard, París, 1949.

BENET, Mary Kathleen: *Writers in Love,* Macmillan, Nueva York, 1977.

BERTRAND, Marc: «Roman contemporain et histoire», *The French Review,* 56, 1 (oct. 1982), pp. 77-86

BÖHMER, Ursula: «*se dire - s'écrire*: Frauen, Literatur, Psychoanalyse in den siebziger Jahren in Frankreich», *Die Literatur der siebziger Jahre,* ed. de H. Kreuzer (número especial de *Zeitschrift für Literaturwissenschaft und Linguistik*) Vandehoeck & Ruprecht, Göttingen, 1979, pp. 60-81.

BOLINGER, Dwight: *Language, the Loaded Weapon. The Use and Abuse of Language Today,* Longman, Londres & Nueva York, 1980.

BOVENSCHEN, Silvia: *Die imaginierte Weiblichkeit. Exemplarische Untersuchungen zu kulturgeschichtlichen und literarischen Präsentationsformen des Weiblichen,* Suhrkamp, Frankfurt/Main, 1979.

BOYD SIVERT, Eileen: «*Lélia* and Feminism», *Yale French Studies,* 62 (1981), pp. 45-66.

BRAVO, María Elena: *Faulkner en España,* Edicions 62, Barcelona, 1985.

BROOKS, Peter: «Constructions psychanalytiques et narratives», *Poétique,* 61 (feb. 1985), pp. 63-74.

BRUSS, Elizabeth: *Autobiographical Acts. The Changing Situation of a Literary Genre,* Johns Hopkins University Press, Baltimore, 1976.

BURUNAT, Silvia: *El monólogo interior como forma narrativa en la novela española (1940-1975),* Porrúa Turanzas, Madrid, 1980.

BUTTERFIELD, Henry: *The Historical Novel. An Essay,* The University Press, Cambridge, 1924.

BUTTURFF, Douglas y EPSTEIN, Edmund L. (eds.): *Women's Language and Style,* Dept. of English, University of Akron, Akron, Ohio, 1978.

CELLA, Ingrid: «"Das Rätsel Weib" und die Literatur. Feminismus, feministische Aesthetik und die neue Frauenliteratur in Oesterreich», *Amsterdamer Beiträge zur neueren Germanistik,* 14 (1982), pp. 189-228.

230

CHACEL, Rosa: *La confesión*, Edhasa, Barcelona, 1971.

CHASSEGUET-SMIRGEL, Janine (ed.): *Psychoanalyse der weiblichen Sexualität*, (1964), trad. de Grete Osterwald, Suhrkamp, Frankfurt/Main, 1974.

—: «Die weiblichen Schuldgefühle», en *Psychoanalyse...*, pp. 134-191.

CHESLER, Phyllis: *Women and Madness*, Doubleday, Garden City, N.Y., 1975.

CHODOROW, Nancy: *The Reproduction of Mothering. Psychoanalysis and the Sociology of Gender*, University of California Press, Berkeley-Los Angeles, 1978.

CHRIST, Carol P.: *Diving Deep and Surfacing. Women Writers on Spiritual Quest*, Beacon Press, Boston, 1980.

CIXOUS, Hélène: *Die unendliche Zirkulation des Begehrens*, trad. de Eva Meyer y Jutta Kranz, Merve, Berlín, 1977.

— y CLÉMENT, Catherine: *La Jeune née*, Union Générale d'Editions, París, 1975.

—: «L'approche de Clarice Lispector», en *Entre l'écriture*, Des femmes, París, 1986, p. 122.

—: *Prénoms de personne*, Seuil, París, 1974.

—. «The Character of "Character"», trad. Keith Cohen, *New Literary History*, V, 2 (invierno 1974), pp. 383-402.

—: «Le Rire de la Méduse», *L'Arc* (1975), pp. 39-54.

CRONAN ROSE, Ellen: «Through the Looking Glass: When Women Tell Fairy Tales», en *The Voyage In*, ed. de E. Abel & al., pp. 209-227.

DAVIDSON, Cathy N. y BRONER, E. M. (eds.): *The Lost Tradition. Mothers and Daughters in Literature*, Frederick Ungar, Nueva York, 1980.

DEKOVEN, Marianne: *A Different Language: Gertrude Stein's Experimental Writing*, University of Wisconsin Press, Madison, 1983.

DÉMORIS, René: *Le Roman à la première personne*, Armand Colin, París, 1975.

DIDIER, Béatrice: *L'Écriture-femme*, Presses Universitaires Françaises, París, 1981.

DOLEZEL, Lubomir: *Narrative Modes in Czech Literature*, University of Toronto Press, Toronto, 1973.

DUPLESSIS, Rachel Blau: *Writing Beyond the Ending. Narrative Strategies of Twentieth-Century Women Writers*, Indiana University Press, Bloomington, 1985.

DURAS, Marguerite y GAUTHIER, Xavière: *Les Parleuses*, Minuit, París, 1974.

— y PORTE, Michèle: *Les Lieux de Marguerite Duras*, Minuit, París, 1977.

—: Entrevista, en *La Création étouffée*, ed. de Suzanne Horer y Jeanne Socquet, Pierre Horay, París, 1973.

EAGLETON, Mary (ed.): *Feminist Literary Theory. A Reader*, Basil Blackwell, Oxford, 1986.

ERIKSON, Erik: *Childhood and Society*, W.W. Norton, Nueva York, 1950.

—: *Dimensions of a New Identity*, W.W. Norton, Nueva York, 1974.

EYMARD, Julien: *Ophélie ou le narcissisme au féminin. Étude sur le thème du miroir dans la poésie féminine*, Minard, París, 1977.

EZERGAILIS, Inta: *Women Writers. The Divided Self: Analysis of Novels by Christa Wolf, Ingeborg Bachmann, Doris Lessing and others*. Bouvier, Bonn, 1982.

FELMAN, Shoshana: *Writing and Madness (Literature/Philosophy/Psychoanalysis)*, Cornell University Press, Ithaca, 1985.

—: *La Folie et la chose littéraire*, Seuil, París, 1978.

FLAX, Jane: «Mother-Daughter Relationships: Psychodynamics, Politics, and Philosophy», *Future of Difference*, ed. de Hester Eisenstein y Alice Jardine, G. K. Hall, Boston, 1980, pp. 20-40.

FOUCAULT, Michel: *Histoire de la sexualité* I. *L'Usage des plaisirs*, Gallimard, París, 1976.

FREEDMAN, Ralph: *La novela lírica. Hermann Hesse, André Gide y Virginia Woolf*, 1963, trad. José Manuel Llorca, Barral, Barcelona, 1972.

FRYE, Joanne S.: *Living Stories/Telling Lives. Women and the Novel in Contemporary Experience*, University of Michigan Press, Ann Arbor, 1986.

FÜHRER, Ruth: *Das Ich im Prozess. Studien zur modernen Autobiographie*, tesis doctoral, Universidad de Freiburg, 1982.

GALERSTEIN, Carolyn L. (ed.): *Women Writers of Spain. An Annotated Bio-Bibliographical Guide*. Greenwood Press, Nueva York, 1986.

GALLOP, Jane: *The Daughter's Seduction: Feminism and Psychoanalysis*, Cornell University Press, Ithaca, 1982.

GARCÍA, Irma: *Promenade femmilière. Recherches sur l'écriture féminine*, 2 vols., Des femmes, París, 1981.

GAUTHIER, Xavière: *Surréalisme et sexualité*, Gallimard, París, 1971.

—: *Dire nos sexualités*, Galilée, París, 1976.

GILLIGAN, Carol: *In a Different Voice. Psychological Theory and*

Women's Development, Harvard University Press, Cambridge, 1982.

GRIFFIN CROWDER, Diane: «Amazons and Mothers? Monique Wittig, Hélène Cixous and Theories of Women's Writing», *Contemporary Literature*, XXIV, 2, 1983, pp. 117-144.

GRIMM, Reinhold: «Elternspuren, Kindheitsmuster», en *Vom Anderen und vom Selbst. Beiträge zu Fragen der Biographie und Autobiographie*, ed. de R. Grimm y J. Hermand, Athenäum, Königstein/Taunus, 1982, pp. 167-182.

GROULT, Benoîte: *Le Féminisme au masculin*, Grasset, París, 1978.

GRUNBERGER, Béla: «Beitrag zur Untersuchung des Narzissmus in der weiblichen Sexualität», en Janine Chasseguet-Smirgel, *Psychoanalyse der weiblichen Sexualität*, Suhrkamp, Frankfurt/Main, 1974, pp. 97-119.

GULLÓN, Ricardo: *La novela lírica*, Cátedra, Madrid, 1984.

HALSALL, Albert W.: «Le roman historico-didactique», *Poétique*, 57 (febrero 1984), pp. 81-104.

HAMBURGER, Käte: *Die Logik der Dichtung*, Ernst Klett, Stuttgart, 1957.

HARTLAUB, G.F.: *Zauber des Spiegels. Geschichte und Bedeutung des Spiegels in der Kunst*, Piper, Munich, 1951.

HEILBRUN, Carolyn G.: *Reinventing Womanhood*, W.W. Norton, Nueva York, 1979.

HERRMANN, Claudine: *Les Voleuses de langue*, Des femmes, París, 1976.

HIRSCH, Marianne: «The Novel of Formation as Genre: Between Great Expectations and Lost Illusions», *Genre*, XII, 2 (otoño 1979), pp. 293-311.

—: «Mothers and Daughters», *Signs* VII, 1 (otoño 1981), pp. 205-222.

HORER, Suzanne y SOXQUET, Jeanne (eds.): *La Création étouffée*, Pierre Horay, París, 1973.

HORNEY, Karen: *Self-Analysis*, W.W. Norton, Nueva York, 1942.

IRIGARAY, Luce: *Speculum de l'autre femme*, Minuit, París, 1974.

—: *Ce sexe qui n'en est pas un*, Minuit, París, 1977.

—: *Et l'une ne bouge pas sans l'autre*, Minuit, París, 1979.

—: *Le Corps-à-corps avec la mère*, Editions de la Pleine Lune, Montréal, 1981.

JARDINE, Alice: «Pre-Texts for the Transatlantic Feminist», *Yale French Studies*, 62 (1981), pp. 220-236.

—: *Gynesis: Configurations of Woman and Modernity*, Cornell University Press, Ithaca & Londres, 1985.

JELINEK, Estelle C. (ed.): *Women's Autobiography. Essays in Criticism*, Indiana University Press, Bloomington, 1980.

JONES, Margaret E.W.: «Del compromiso al egoísmo: la metamorfosis de la protagonista en la novelística femenina de la posguerra», en *Novela femenina de la posguerra española*, ed. de Janet W. Pérez, Porrúa Turanzas, Madrid, 1983, pp. 125-134.

JONG, Erica: «Blood and Guts: The Tricky Problem of Being a Woman Writer in the Late Twentieth Century», en *The Writer on her Work*, ed. de Janet Sternburg, W.W. Norton, Nueva York, 1980, pp. 169-179.

JUNG, Emma: «On the Nature of the Animus», ed. de Jean Strouse, *Women & Analysis, Dialogues on Psychoanalytic Views of Femininity*, Grossman, Nueva York, 1974, pp. 195-226.

JUNG, Carl Gustav: *Bewusstes und Unbewusstes*, Fischer, Frankfurt/Main, 1972.

—: *Symbole der Wandlung, Gesammelte Werke*, V, Walter, Olten, 1973.

—: *Die Dynamik des Unbewussten, GW* VIII, 1971.

—: *Die Archetypen und das kollektive Unbewusste, GW* IX, 1976.

—: *Ueber die Entwicklung der Persönlichkeit, GW* XVIII, 1972.

—: *Gestaltung des Unbewussten*, Rascher, Zurich, 1956.

—: *Mensch und Seele*, Walter, Olten, 1971.

—: *Heros und Mutterarchetyp*, Walter, Olten, 1985.

JÜRGENSEN, Manfred (ed.): *Frauenliteratur. Autorinnen - Perspektiven - Konzepte*, Berna y Frankfurt/Main, 1983.

KAMUF, Peggy: *Fictions of Feminine Desire. Disclosures of Heloise*, University of Nebraska Press, Lincoln, 1982.

KAPLAN, Sydney Janet: *Feminine Consciousness in the Modern British Novel*, University of Illinois Press, Urbana, 1975.

KEY, Mary Ritchie: *Male/Female Language*, Scarecrow, Metuchen, N.J., 1975.

KRAMARAE, Cheris: *Women and Men Speaking: Frameworks for Analysis*, Newbury House Publishers, Rowley, Massachusetts, 1981.

KRISTEVA, Julia: «Oscillation du "pouvoir" au "refus"», *Tel Quel* (verano 1974), reproducido en *New French Feminisms*, ed. de Elaine Marks & Isabelle de Courtivron, University of Massachusetts Press, Amherst, 1979, p. 166.

LACAN, Jacques: «Fonction et champ de la parole et du langage» *Écrits*, Seuil, París, 1966, pp. 237-322.

—: «Le stade du miroir comme formateur de la fonction du Je», *Écrits*, pp. 93-100.

—: «Subversion du sujet et dialectique du désir dans l'inconscient freudien », *Écrits*, pp. 793-827.

LAKOFF, Robin: *Language and Woman's Place*, Harper Colophon Books, Nueva York, 1975.

LAUTER, Estella y SCHREIER RUPPRECHT, Carol (eds.): *Feminist Archetypal Theory. Interdisciplinary Re-Visions of Jungian Thought*, University of Tennessee Press, Knoxville, 1985.

LECLERC, Annie: *Parole de femme*, Grasset, París, 1975.

LEJEUNE, Philippe: *Lire Leiris. Autobiographie et langage*, Klincksieck, París, 1975.

—: *Le Pacte autobiographique*, Seuil, París, 1975.

—: *Je est un autre. L'Autobiographie, de la littérature aux médias*, Seuil, París, 1980.

LEPECKI, Maria Lúcia: «Ficção 82: um percorso», *Expresso*, 15 enero 1983.

LESSING, Doris: *A Small Personal Voice*, Alfred A. Knopf, Nueva York, 1974.

LUKÁCS, György: *Le Roman historique*, Payot, París, 1972.

MAKWARD, Christiane: «To Be or not to Be ... a Feminist Speaker», *The Future of Difference*, ed. de Eisenstein & Jardine, pp. 95-105.

MARINI, Marcelle: *Territoires féminins avec Marguerite Duras*, Minuit, París, 1977.

MARKS, Elaine: «Lesbian Intertextuality», en *Homosexualities and French Literature*, ed. George Stambolian y Elaine Marks, Cornell University Press, Ithaca y Londres, 1979, pp. 353-377.

MARROU, Henri-Irénée: *De la connaissance historique*, Seuil, París, 1954.

MARTÍN GAITE, Carmen: *Desde la ventana,* Espasa Calpe, Madrid, 1987.

McDOUGALL, Joyce: «Ueber die weibliche Sexualität» (1964), en *Psychoanalyse der weiblichen Sexualität*, ed. de Janine Chasseguet-Smirgel, pp. 233-292.

MERCIER, Michel: *Le Roman féminin*, Presses Universitaires Françaises, París, 1976.

MEYER SPACKS, Patricia: «Women's Stories, Women's Selves», *Hudson Review*, XXX, 1 (primavera 1977), pp. 29-46.

MILLER, Nancy K.: *The Heroine's Text. Readings in the French and English Novel, 1722-82*, Columbia University Press, Nueva York, 1980.

MITCHELL, Juliet: *Psychoanalysis and Feminism*, Allen Lane, Londres, 1974.

— *et al.: Feminine Sexuality*, Macmillan Press, Londres & Basingstoke, 1982.

MOERS, Ellen: *Literary Women*, Double Day & Co., Garden City, N.Y., 1976.

MOI, Toril: *Sexual/Textual Politics: Feminist Literary Theory*, Methuen & Co., Nueva York & Londres, 1985.

MONTRELAY, Michèle: *L'Ombre et le nom*, Minuit, París, 1977.

NELSON GARNER, Shirley; KAHANE, Claire; SPRENGNETHER, Madelon (eds.): *The (M)other Tongue*, Cornell University Press, Ithaca y Londres, 1985.

NEUMANN, Bernd: «Die Wiedergeburt des Erzählens aus dem Geist der Autobiographie», *Basis*, 9 (1979), pp. 91 ss.

NIN, Anaïs: *The Novel of the Future*, Macmillan, Nueva York, 1968.

—: *In Favour of the Sensitive Man and other Essays*, Harcourt, Brace, Jovanovich, Nueva York, 1976.

OSTRIKER, Alicia: *Writing Like a Woman*, University of Michigan Press, Ann Arbor, 1983.

PASCAL, Roy: *Design and Truth in Autobiography*, Routledge & Kegan Paul, Londres, 1960.

PÉREZ, Janet: «Functions of the Rhetoric of Silence», *South Central Review*, I, 1-2 (1984), pp. 108-130.

—(ed.): *Novelistas femeninas de la posguerra española*, Porrúa Turanzas, Madrid, 1983.

PERI-ROSSI, Cristina: «Asociaciones», Montserrat Ordóñez, escribiente, *Eco* (Bogotá), 248 (junio 1982).

PERREIN, Michèle: *Entre chienne et louve*, Grasset, París, 1978.

PILLING, John: *Autobiography and Imagination. Studies in Self-Scrutiny*, Routledge y Kegan Paul, Londres, 1981.

PRATT, Annis: «Spinning among Fields: Jung, Frye, Lévi-Strauss and Feminist Archetypal Theory», en *Feminist Archetypal Theory. Interdisciplinary Re-Visions of Jungian Thought*, ed. de Estella Lauter y Carol Schreier Rupprecht, University of Tennessee Press, Knoxville, 1985, pp. 93-136.

—: *Archetypal Patterns in Women's Fiction*, Indiana University Press, Bloomington, 1981.

RANK, Otto: *The Double*, University of North Carolina Press, Chapel Hill, 1971.

—: *Psychology and the Soul*, University of Pennsylvania Press, Philadelphia, 1950.

RESCH, Yannick: *Corps féminin, corps textuel. Essai sur le personnage féminin dans l'oeuvre de Colette*, Klincksieck, París, 1973.

RICHMAN, Michèle: «Sex and Signs. The Language of French Feminist Criticism», *Language and Style*, XIII, 4 (otoño 1980), pp. 62-80.

RIFFATERRE, Michael: *Text Production*, trad. de Terese Lyons, Columbia University Press, Nueva York, 1983.

RIGNEY, Barbara Hill: *Madness and Sexual Politics in the Feminist Novel. Studies in Brontë, Woolf, Lessing, and Atwood*, University of Wisconsin Press, Madison, 1978.

ROCHEFORT, Christiane: Entrevista en *Women Writers Talking*, ed. de Janet Todd, pp. 213-222.

—: *C'est bizarre l'écriture*, Grasset, París, 1970.

—: «The Privilege of Consciousness», en *Homosexualities*, ed. G. Stambolian, pp. 101-113.

ROGERS, Robert: *A Psychoanalytic Study of the Double in Literature*, Wayne State University Press, Detroit, 1970.

ROIG, Montserrat: *Mujeres en busca de un nuevo humanismo*, Salvat, Barcelona, 1981.

ROSOWSKI, Susan J.: «The Novel of Awakening», *Genre*, XII, 3 (otoño 1979), pp. 313-332.

ROUSSET, Jean: *Narcisse romancier. Essai sur la première personne dans le roman*, José Corti, París, 1973.

RUBENSTEIN, Roberta: *Boundaries of the Self: Gender, Culture, Fiction*, University of Illinois, Urbana y Chicago, 1987.

SARRAUTE, Nathalie: «Esthétique», en *L'usage de la parole*, Gallimard, París, 1980, pp. 85-99.

SCHMÖLZER, Hilde: *Frau sein und schreiben*, Oesterreichischer Bundesverlag, Viena, 1982.

SCHOR, Naomi: «*Eugénie Grandet*: Mirrors and Melancholia», en *The (M)other Tongue*, pp. 217-237.

SERKE, Jürgen: *Frauen schreiben. Ein neues Kapitel deutschsprachiger Literatur*, Fischer, Frankfurt/Main, 1982.

SHOWALTER, Elaine: *A Literature of their Own. British Women Novelists from Brontë to Lessing*, Princeton University Press, Princeton, 1977.

—: «Toward a Feminist Poetics», en *Women, Literature, Theory*, ed. de Elaine Showalter, Pantheon Books, Nueva York, 1985, pp. 125-143.

SIMMEL, Georg: *Philosophische Kultur*, Gustav Kiepenhauer, Potsdam, 1923.

SKURA, Meredith Anne: *The Literary Use of the Psychoanalytic Process*, Yale University Press, New Haven y Londres, 1981.

SPENCER, Sharon: *Collage of Dreams. The Writings of Anaïs Nin*, Swallow Press, Chicago, 1977.

SPIVAK, Gayatri Chakravorty: «Displacement and the Discourse of Woman», en *Displacement. Derrida and After*, ed. de Mark

Krupnick, Indiana University Press, Bloomington, 1983, pp. 169-195.

STAMBOLIAN, George y MARKS, Elaine (eds.): *Homosexualities and French Literature*, Cornell University Press, Ithaca y Londres, 1979.

SULEIMAN, Susan R.: «La pornographie de Bataille. Lecture textuelle, lecture thématique», *Poétique*, 64 (nov. 1965), pp. 483-493.

—: «Writing and Motherhood», en *The (M)other Tongue*, pp. 352-377.

TANNER, Tony: *Adultery in the Novel. Contract and Transgression*, Johns Hopkins University Press, Baltimore, 1979.

TODD, Janet (ed.): *Women Writers Talking*, Holmes y Meir, Nueva York-Londres, 1983.

TRUXA, Sylvia: *Die Frau im spanischen Roman nach dem Bürgerkrieg*, Klaus-Dieter Vervuert, Frankfurt/Main, 1982.

TURNER, Joseph W.: «The Kinds of Historical Fiction. An Essay in Definition and Methodology», *Genre*, XXI, 3 (otoño 1979), pp. 333-355.

ULANOV, Ann Belford: *The Feminine in Jungian Psychology and in Christian Theology*, Northwestern University Press, Evanston, 1971.

VILAINE, Anne-Marie de: «Le Corps de la théorie», *Magazine Littéraire*, 180 (febrero 1982) pp. 25-28.

VILLANUEVA, Darío (ed.): *La novela lírica*, I, Taurus, Madrid, 1983.

WAELTI-WALTERS, Jennifer R.: *Fairy Tales and the Female Imagination*, Eden Press, Montreal, 1982.

WEIGEL, Sigrid: «Der schielende Blick», en *Die verborgene Frau. Sechs Beiträge zu einer feministischen Literaturwissenschaft*, Argument, Berlín, 1983, p. 6.

WITTIG, Monique: «The Straight Mind», *Feminist Issues*, 1 (verano 1980), pp. 103-111.

—: *Brouillon pour un dictionnaire des amantes*, Grasset, París, 1976.

WOLF, Christa: *Aufsätze und Betrachtungen*, Aufbau-Verlag, Berlín-Weimar, 1971.

WOLFF, Charlotte: *Bisexuality. A Study*, Quartet Books, Londres, 1977.

WOODWARD, Kathleen: «The Mirror Stage of Old Age», en *Memory and Desire*, ed. de K. Woodward y M.M. Schwartz, Indiana University Press, Bloomington, 1986, pp. 97-113.

WOOLF, Virginia: «Women and Fiction», en *Women and Writing*, ed. de Michele Barrett, Harcourt, Brace, Jovanovich, Nueva York, 1979, pp. 43-52.

—: *A Room of One's Own*, Harcourt, Brace, Jovanovich, Nueva York, 1957.

YAGUELLO, Marina: *Les Mots et les femmes. Essai d'approche sociolinguistique de la condition féminine*, Payot, París, 1979.

YOURCENAR, Marguerite: *Le Temps, ce grand sculpteur*, Gallimard, París, 1983.

ZATLIN BORING, Phyllis: «La aparición de nuevas corrientes femeninas en la novela española de posguerra», *Letras femeninas*, IX, 1 (1983), pp. 35-42.

II. Obras de ficción

ALDECOA, Josefina: *La enredadera*, Seix Barral, Barcelona, 1984.

ALÓS, Concha: *Os habla Electra*, Plaza & Janés, Barcelona, 1975.

ANDERSON, Edith (ed.): *Blitz aus heiterem Himmel*, con un ensayo de Annemarie Auer, Hinstorff, Rostock, 1975.

ATWOOD, Margaret: *Surfacing*, McClelland y Stewart, Toronto, 1972.

BACHMANN, Ingeborg: *Malina*, Suhrkamp, Frankfurt/Main, 1971.
    JÜRGENSEN, Manfred: *Ingeborg Bachmann. Die neue Sprache*, Peter Lang, Frankfurt/Main, 1981.

BALAGUER, Soledad: *Zarabanda*, Laia, Barcelona, 1982.

BARBERO, Teresa: *Un tiempo irremediablemente falso*, Organización Sala Editorial, Madrid, 1973.

—: *La larga noche de un aniversario*, Ibérico Europea de Ediciones, Madrid, 1982.

—: *Y no serás juzgado*, Noega, Gijón, 1984.

BARRENO, Maria; HORTA, Maria; VELHO DA COSTA, Maria: *Novas cartas portuguesas*, Futura, Lisboa, 1974.
    EZERGAILIS, Inta: *Women's Novels, The Divided Self*, Bouvier, Bonn, 1982.

BEAUVOIR, Simone de: *La Femme rompue*, Gallimard, París, 1967.

BECK, Béatrix: *L'épouvante, l'émerveillement*, Le Sagittaire, París, 1977.

—: *La Décharge*, Le Sagittaire, París, 1979.

—: *Devancer la nuit*, Grasset, París, 1980.

BOURIN, Jeanne: *Très sage Héloïse*, Hachette, París, 1966.

—: *Agnès, dame de Beauté*, Presses de la Cité, París, 1970.

—: *La Chambre des dames*, La Table Ronde, París, 1979.

—: *Le Jeu de la tentation*, La Table Ronde, París, 1981.

—: *Le Grand feu*, La Table Ronde, París, 1985.

GILSON, Étienne: *Héloïse et Abélard*, Librairie Philosophique J. Vrin, París, 1938.

PERNOUD, Régine: *Héloïse et Abélard*, A. Michel, París, 1970.

The Letters of Abelard and Heloise, trad. de Betty Radice, Penguin Books, Londres, 1974.

BRECHT, Bertolt: *Die Geschäfte des Herrn Julius Caesar*, Gebr. Weiss, Berlín-Schöneberg, 1957.

BRÜKNER, Christine: *Wenn du geredet hättest, Desdemona*, Hoffmann & Campe, Hamburgo, 1983.

CAPMANY, Maria Aurèlia: *Lo color més blau*, Planeta, Barcelona, 1982 (*El color más azul*, trad. de Carolina Rosés, Planeta, Barcelona, 1984.)

CARDINAL, Marie: *Les Mots pour le dire*, Grasset, París, 1975.

—: *Autrement dit*, Grasset, París, 1977.

—: *Au pays de mes racines*, Grasset, París, 1980.

—: *Le Passé empiété*, Grasset, París, 1983.

CENTENO, Yvette K.: *No jardim das nogueiras*, Livraria Bertrand, Amadora, 1983.

CERF, Muriel: *Le Lignage du serpent*, Mercure de France, París, 1978.

CHACEL, Rosa: *Barrio de Maravillas*, Seix Barral, Barcelona, 1976.

—: *Acrópolis*, Seix Barral, Barcelona, 1984.

CHAIX, Marie: *Les Silences ou la vie d'une femme*, Seuil, París, 1976.

CHANDERNAGOR, Françoise: *L'Allée du roi*, Julliard, París, 1981.

CHAWAF, Chantal: *Retable*, Des Femmes, París, 1974.

—: *Cercoeur*, Mercure de France, París, 1981.

—: *Le Soleil et la terre*, Jean-Jacques Pauvert, Saint-Germain lès Corbeil, 1977.

—: *Maternité*, Stock, París, 1979.

CHEDID, Andrée: *Nefertiti et le rêve d'Akhnaton*, Flammarion, París, 1974.

KNAPP, Bettina L.: «Interview avec Andrée Chedid», *The French Review*, 57, 4 (mayo 1984), pp. 520-521.

—: *Andrée Chedid*, Rodopi, Amsterdam, 1984.

CIXOUS, Hélène: *Le Troisiéme corps*, Grasset, París, 1970.

—: *Les Commencements*, Grasset, París, 1970.

—: *Tombe*, Seuil, París, 1973.

—: *Souffles*, Des femmes, París, 1975.

—: *Révolutions pour plus d'un Faust*, Seuil, París, 1975.

—: *La*, Gallimard, París, 1976.

—: *Anankê*, Des femmes, París, 1979.

—: *Illa*, Des femmes, París, 1980.

240

—: *With ou l'art de l'innocence*, Des femmes, París, 1981.

—: *Limonade, tout était si infini*, Des femmes, París, 1982.

—: *Le Livre de Prométhéa*, Gallimard, París, 1983.

—: Entrevista, en *Homosexualities and French Literature*, ed. de G. Stambolian y E. Marks, pp. 70-86.

    FINAS, Lucette: Introducción a *Le Troisième corps*, Grasset, París, 1970, pp. I-V.

    ARMBRUSTER, Carol: «Hélène-Clarice: Nouvelle voix», *Contemporary Literature*, 29, 2 (1983), pp. 145-157.

    ANDERMATT CONLEY, Verena: *Hélène Cixous: Writing the Feminine*, University of Nebraska Press, Lincoln, Nebr., 1984.

COHEN, Emma: *Toda la casa era una ventana*, Debate, Madrid, 1983.

Colette: *La Naissance du jour*, Flammarion, París, 1928.

—: *Le Pur et l'impur*, Aux Armes de France, París, 1941.

CUNEO, Anne: *Passage des panoramas*, Bertil Galland, Vevey, 1978.

DEMSKI, Eva: *Karneval*, Karl Hanser, Munich, 1981.

DÍAZ-MAS, Paloma: *El rapto del Santo Grial*, Anagrama, Barcelona, 1984.

DRABBLE, Margaret: *The Millstone*, George Weindenfeld y Nicolson, Londres, 1965.

—: *The Waterfall*, George Weidenfeld y Nicolson, Londres, 1969.

DURAS, Marguerite: *L'Amant*, Minuit, París, 1984.

ERNAUX, Annie: *Les Armoires vides*, Gallimard, Paris, 1974.

—: *La Place*, Gallimard, París, 1983.

ETCHERELLI, Claire: *Elise, ou la vraie vie*, Denoël, París, 1967.

FALLACI, Oriana: *Lettera a un bambino mai nato*, Rizzoli, Milán, 1975.

FERNÁNDEZ CUBAS, Cristina: *Mi hermana Elba*, Tusquets, Barcelona, 1980.

—: *Los altillos de Brumal*, Tusquets, Barcelona, 1983.

—: *El año de Gracia*, Tusquets, Barcelona, 1985.

FORRESTER, Viviane: *Vestiges*, Seuil, París, 1978.

FRANÇOIS, Jocelyne: *Le Bonheur*, Robert Laffont, París, 1970.

FRISCHMUTH, Barbara: *Klosterschule*, Suhrkamp, Franfurt/Main, 1968.

—: *Bindungen*, Residenz, Salzburgo, 1980.

—: *Die Frau im Mond*, Residenz, Salzburgo, 1982.

GALLOIS, Claire: *Le Coeur en quatre*, Grasset, París, 1981.

GARCÍA MORALES, Adelaida: *El silencio de las sirenas*, Anagrama, Barcelona, 1985.

    SÁNCHEZ ARNOSÍ, Milagros: «Entrevista. Adelaida García Morales: La soledad gozosa», *Ínsula*, 472 (marzo 1985), p.4.

GARCÍA, Consuelo: *Las cárceles de Soledad Real*, Alfaguara, Madrid, 1982.

GAUTHIER, Xavière: *Rose saignée*, Des femmes, París, 1974.

GERSÃO, Teolinda: *Paisagem com mulher e mar ao fundo*, O Jornal, Lisboa, 1982.

GINZBURG, Natalia: *Caro Michele*, Mondadori, Milán, 1973.

—: *È stato così*, Einaudi, Torino, 1974.

GÓMEZ OJEA, Carmen: *Cantiga de Agüero*, Destino, Barcelona, 1982.

—: *Otras mujeres y Fabia*, Argos Vergara, Barcelona, 1982.

—: *Los perros de Hécate*, Grijalbo, Barcelona, 1982.

GONÇALVES, Olga: *Ora esguardae*, Livraria Bertrand, Lisboa, 1982.

—: *Mandei-lhe uma boca*, Livraria Bertrand, Lisboa, 1983.

GROULT, Benoîte: *Ainsi soit-elle*, Grasset, París, 1975.

GROULT, Benoîte et Flora: *Le Féminin pluriel*, Denoël, París, 1965.

HARTLAUB, Geno: *Freue dich, du bist eine Frau. Briefe der Priscilla*, Gebr. Herder, Freiburg, 1983.

HYVRARD, Jeanne: *Les Prunes de Cythère*, Minuit, París, 1975.

—: *Les Doigts du figuier*, Minuit, París, 1977.

—: *La Meurtritude*, Minuit, París, 1977.

Im Jahrhundert der Frau. Ein Almanach des Suhrkamp Verlags, ed. de Elisabeth Borchers y Hans-Ulrich Müller-Schwefer, Suhrkamp, Frankfurt/Main, 1980.

IRIGARAY, Luce: *Passions élémentaires*, Minuit, París, 1982.

JASUKAITYTÉ, Vidmanté: *Stebuklinga patvoriu zolé*, Vaga, Vilnius, 1981.

JOHNSTON, Jennifer: *The Christmas Tree*, Hamish Hamilton, Londres, 1981.

JORGE, Lídia: *O día dos prodígios*, Publicações Europa-América, 1978.

KAUFMANN, Erika: *Transfert*, Feltrinelli, Milán, 1974.

KEMPFF, Diana: *Fettfleck*, Residenz, Salzburgo, 1979.

—: *Der vorsichtige Zusammenbruch*, Residenz, Salzburgo, 1981.

KERSCHBAUMER, Marie-Thérèse: *Der weibliche Name des Widerstands*, Walter, Olten, 1980.

KIRSCH, Sarah: «Blitz aus heiterem Himmel», en *Geschlechtertausch*, Luchterhand, Darmstadt, 1980.

KLUMP, Brigitte: *Das rote Kloster. Eine deutsche Erziehung*, Hoffmann y Campe, Hamburgo, 1978.

KURTZ, Carmen: *Sic Transit (Al otro lado del mar*, 1973; *El viaje*, 1975; *El regreso*, 1976), Planeta, Barcelona.

LAFORET, Carmen: *Nada*, Destino, Barcelona, 1944.

242

LECLERC, Annie: *Le Pont du Nord*, Gallimard, París, 1976.
—: *Au jeu du jour*, Grasset, París, 1979.
—: *Hommes et femmes*, Grasset, París, 1984.
—: *Le Mal de mère*, Grasset, París, 1986.
LEDUC, Violette: *La Bâtarde*, Gallimard, París, 1964.
LESSING, Doris: *The Golden Notebook*, M. Joseph, Londres, 1961.
—: *Briefing for a Descent to Hell*, J. Cape, Londres, 1971.
—: *The Summer before the Dark*, J. Cape, Londres, 1973.
—: *The Memoirs of a Survivor*, Octagon Press, Londres, 1975.
>   DRAINE, Betsy: *Substance under Pressure. Artistic Coherence and Evolving Form in the Novels of Doris Lessing*, University of Wisconsin Press, Madison, 1983.

LEUTENEGGER, Gertrud: *Gouverneur*, Suhrkamp, Frankfurt/ Main, 1981.
—: *Komm ins Schiff*, Suhrkamp, Frankfurt/Main, 1983.
LISPECTOR, Clarice: *Agua viva*, Artenova, Rio de Janeiro, 1973.
MARAINI, Dacia: *Memorie di una ladra*, Bompiani, Milán, 1972.
—: *Donna in guerra*, Einaudi, Turín, 1975.
—: *Lettere a Marina*, Fabbri-Bompiani, Milán, 1981.
MARTÍN GAITE, Carmen: *El balneario*, Artes Gráficas Clavileño, Madrid, 1955.
—: *Entre visillos*, Destino, Barcelona, 1958.
—: *Ritmo lento*, Seix Barral, Barcelona, 1963.
—: *Retahílas*, Destino, Barcelona, 1974.
—: *El cuarto de atrás*, Destino, Barcelona, 1978.
—: *Cuentos completos*, Alianza, Madrid, 1978.
—: *La búsqueda de interlocutor y otras búsquedas*, Destino, Barcelona, 1982.
—: *El cuento de nunca acabar*, Trieste, Madrid, 1983.
>   MATAMORO, Blas: «Carmen Martín Gaite: el viaje al cuarto de atrás», *Cuadernos Hispanoamericanos*, 351 (sept. 1979), pp. 581-605.
>   PALLEY, Julian: «El interlocutor soñado de "El cuarto de atrás" de Carmen Martín Gaite», *Ínsula*, 404-405 (ag. 1980).
>   DURÁN, Manuel: «Carmen Martín Gaite: *Retahílas, El cuarto de atrás*, y el diálogo sin fin», *Revista Iberoamericana*, 116-117 (junio-dic. 1981), pp. 233-240.
>   GAZARIAN GAUTIER, Marie-Lise: «Conversación con Carmen Martín Gaite en Nueva York», en *From Fiction to Metafiction: Essays in Honor of Carmen Martín Gaite*, ed. de Mirella Servodidio y Marcia L. Welles, Soc. of Spanish and Spanish-American Studies, Lincoln, Nebr., 1983, pp. 25-33.

SPIRES, Robert C.: «Product Preceding Process: *El cuarto de atrás*», en *Beyond the Metafictional Mode. Directions in the Modern Spanish Novel*, University Press of Kentucky, Lexington, 1985, pp. 197-214.

NAVAJAS, Gonzalo: «El diálogo y el yo en "Retahílas" de Carmen Martín Gaite», *Hispanic Review*, 53, 1 (invierno 1985), pp. 25-39.

EL SAFFAR, Ruth: «Redeeming Loss: Reflections on Carmen Martín Gaite's *The Back Room*» *Revista de Estudios Hispánicos*, 20, 1 (en. 1986), pp. 1-14.

MATUTE, Ana María: *Primera memoria*, Destino, Barcelona, 1960.

—: *La trampa*, Destino, Barcelona, 1969.

—: *La torre vigía*, Lumen, Barcelona, 1971.

MAYORAL, Marina: *La única libertad*, Cátedra, Madrid, 1982.

—: *Contra muerte y amor*, Cátedra, Madrid, 1985.

MAYRÖCKER, Friederike: *Heiligenanstalt*, Suhrkamp, Frankfurt/Main, 1978.

—: *Die Abschiede*, Suhrkamp, Frankfurt/Main, 1980.

MECHTEL, Angelika: *Wir sind arm, wir sind reich*, Deutsche Verlagsanstalt, Stuttgart, 1977.

—: *Die andere Hälfte der Welt oder Frühstücksgespräche mit Paula*, Paul List, Munich, 1980.

MEDIO, Dolores: *El fabuloso imperio de Juan sin Tierra*, Plaza & Janés, Barcelona, 1981.

MELCÓN, María Luz: *Celia muerde la manzana*, Barral, Barcelona, 1972.

MERIAN, Svende: *Der Tod des Märchenprinzen*, Rowohlt, Hamburgo, 1980.

MOIX, Ana María: *Julia*, Seix Barral, Barcelona, 1970.

—: *Walter, ¿por qué te fuiste?*, Barral, Barcelona, 1973.

JONES, Margaret E.W.: «Ana María Moix: Literary Structure and the Enigmatic Nature of Reality», *Journal of Spanish Studies: 20th Century*, 4 (1976), pp. 105-116.

SHYFTER, Sara E.: «Rites without Passage: the Adolescent World of Ana María Moix's *Julia*», en *The Analysis of Literary Texts. Current Trends in Methodology*, ed. de Randolph D. Pope, York College, Ypsilanti, 1980, pp. 41-50.

MONTERO, Rosa: *Crónica del desamor*, Debate, Madrid, 1979.

—: *La función Delta*, Debate, Madrid, 1981.

—: *Te trataré como a una reina*, Seix Barral, Barcelona, 1983.

—: «Rosa Montero presenta su primera novela en Barcelona», *El País*, 25 nov. 1983.

MIGUEL MARTINEZ, Emilio de: *La primera narrativa de Rosa Montero*, Universidad de Salamanca, Salamanca, 1983.

MORANTE, Elsa: *La storia*, Einaudi, Turín, 1974.

—: *Aracoeli*, Einaudi, Turín, 1982.

MORGNER, Irmtraud: *Leben und Abenteuer der Trobadora Beatriz nach Zeugnissen ihrer Spielfrau Laura*, Aufbau-Verlag, Berlín, 1974.

NAVALES, Ana María: *La tarde de las gaviotas*, Unali, s.l., s.f.

NOVAK, Helga M.: *Die Eisheiligen*, Luchterhand, Darmstadt, 1979.

ORTIZ, Lourdes: *Luz de la memoria*, Akal, Madrid, 1976.

—: *Urraca*, Puntual, Barcelona, 1982

    MORALES VILLENA, Gregorio: «Entrevista con Lourdes Ortiz», *Ínsula*, 479 (oct. 1986), pp. 1 y 10.

    NAVARRO VILLOSLADA, Francisco: *Doña Urraca de Castilla. Memorias de tres canónigos*, 5.ª ed., Apostolado de la Prensa, 1956.

    FLÓREZ DE SETIÉN, P. Eugenio: *Memoria de las reinas católicas de España* I, Aguilar, Madrid, 1945.

PARENTE CUNHA, Helena: *Mulher no espelho*, Fundação Catarinense de Cultura, Florianópolis, 1983.

PEDRETTI, Erika: *Veränderung*, Suhrkamp, Frankfurt/Main, 1977.

PORTAL, Marta: *Un espacio erótico*, Ibérico Europea de Ediciones, Madrid, 1982.

—: *Pago de traición*, Planeta, Barcelona, 1983.

PUÉRTOLAS, Soledad: *El bandido doblemente armado*, Legasa Literaria, Madrid, 1980.

QUIROGA, Elena: *Viento del Norte*, Destino, Barcelona, 1951.

—: *Algo pasa en la calle*, Destino, Barcelona, 1954.

—: *La enferma*, Noguer, Barcelona, 1955.

—: *La Careta*, Noguer, Barcelona, 1955.

—: *Tristura*, Noguer, Barcelona, 1960.

—: *Escribo tu nombre*, Noguer, Barcelona, 1964.

—: *Presente profundo*, Destino, Barcelona, 1973.

    VILLEGAS, Juan: «Los motivos estructurantes de "La careta" de Elena Quiroga», *Cuadernos Hispanoamericanos*, 224-225 (ag.-sept. 1968), pp. 638-648.

    BECK, Mary Ann: «*La careta* y el héroe de la "noluntad", de Elena Quiroga», *Cuadernos Hispanoamericanos*, 325 (julio 1977), pp. 111-123.

    ZATLIN BORING, Phyllis: *Elena Quiroga*. Boston, Twayne, 1977.

    —, «Faulkner in Spain: the Case of Elena Quiroga», *Comparative Literature Studies*, XIV, 2 (1977) pp. 166-176.

    BRAVO, María Elena: *Faulkner en España*, Edicions 62, Barcelona, 1985.

RAVERA, Lidia: *Bambino mio*, Bompiani, Milán, 1979.

REINIG, Christa: *Die himmlische und die irdische Geometrie*, Eremiten-Presse, Düsseldorf, 1975.

—: *Entmannung*, Luchterhand, Darmstadt, 1976.

245

Horn, Peter: «Christa Reinig und "Das weibliche Ich"», en Manfred Jürgensen, ed., *Frauenliteratur*, Peter Lang, Berna & Frankfurt/Main, 1983.

Reschke, Karin: *Memoiren eines Kindes*, Rotbuch, Berlín, 1980.

—: *Verfolgte des Glücks*, Rotbuch, Berlín, 1982.

Rhys, Jean: *Wide Sargasso Sea*, Deutsch, Londres, 1966.

Riera, Carme: *Palabra de mujer. (Bajo el signo de una memoria impertinente)*, Laia, Barcelona, 1980.

Rihoit, Catherine: *Les Abîmes du coeur*, Gallimard, París, 1980.

—: *La Nuit de Varennes ou L'Impossible n'est pas français*, Ramsay, París, 1982.

Rinser, Luise: *Mirjam*, Fischer, Frankfurt/Main, 1983.

Rochefort, Christiane: *Les Stances à Sophie*, Grasset, París, 1963.

—: *Archaos, ou, le jardin étincelant*, Grasset, París, 1972.

—: *Quand tu vas chez les femmes*, Grasset, París, 1982.

Rodoreda, Mercè: *La Plaça del Diamant*, Club dels Novel.listes, Barcelona, 1962. [*La Plaza del Diamante*, trad. de Enrique Sordo, Edhasa, Barcelona, 1965].

—: *El carrer de les Camèlies*, Club dels Novel.listes 1966. [*La calle de las Camelias*, trad. de José Battló, Bruguera, Barcelona, 1970].

—: *La meva Cristina i altres contes*, Edicions 62, Barcelona, 1969, [*Mi Cristina y otros cuentos*, trad. José Batlló, Alianza, Madrid, 1982].

—: *Semblava de seda i altres contes*, Edicions 62, Barcelona, 1978.

—: *Mirall trencat*, Club Editor, Barcelona, 1974 [*Espejo roto*, Seix Barral, Barcelona, 1978].

—: *Quanta, quanta guerra*, 1980. [*Cuánta, cuánta guerra*, Edhasa, Barcelona, 1982].

—: *La mort i la primavera*, 1985 [*La muerte y la primavera*, trad. de Enrique Sordo, Seix Barral, Barcelona, 1986].

    Arnau, Carme: «Introducció a la narrativa de Mercè Rodoreda», *Obres completes I (1936-1960)*, Edicions 62, Barcelona, 1976.

    —: Prólogo a *Semblava de seda...*, pp. 5-14.

    Álvarez, Blanca: «Mercè Rodoreda, un diamante oculto entre el bullicio de la plaza», *Los Cuadernos del Norte*, III, 16 (nov.-dic. 1981), pp. 34-37.

Roig, Montserrat: *Molta roba i poc sabó*, Selecta, Barcelona, 1971 [*Aprendizaje sentimental*, trad. de Mercedes Nogués, Argos Vergara, Barcelona, 1981].

—: *Ramona, adéu (1894-1969)*, Edicions 62, Barcelona, 1972 [*Ramona, adiós*, trad. de Joaquim Sempere, Argos Vergara, Barcelona, 1980].

246

—: *El temps de les cireres*, Edicions 62, Barcelona, [*Tiempo de cerezas*, trad. de Enrique Sordo, Argos Vergara, Barcelona, 1980].

—: *L'hora violeta*, Edicions 62, Barcelona, 1980 [*La hora violeta*, trad. de Enrique Sordo, Argos Vergara, Barcelona, 1980].

—: *L'òpera quotidiana*, Planeta, Barcelona, 1982, [*La ópera cotidiana*, trad. de Enrique Sordo, Planeta, Barcelona, 1983].

ROGERS, Elisabeth: «Montserrat Roig's *Ramona, adiós*: A Novel of Suppression and Disclosure», *Revista de Estudios Hispánicos*, 20, 1 (en. 1986), pp. 103-121.

ROMÁ, Rosa: *La maraña de los cien hilos*, Destino, Barcelona, 1976.

ROTH, Friederike: *Ordnungsträume*, Luchterhand, Darmstadt, 1979.

—: *Das Buch des Lebens*, Luchterhand, Darmstadt, 1983.

SALISACHS, Mercedes: *La gangrena*, Planeta, Barcelona, 1975.

—: *El volumen de la ausencia*, Planeta, Barcelona, 1983.

SANTOS, Emma: *L'Illulogicienne*, Flammarion, París, 1971.

—: *La Malcastrée*, Maspero, París, 1973.

SCHAVELZON, Irène: *Les Escaliers d'eau*, Des femmes, París, 1978.

SCHRIBER, Margrit: *Kartenhaus*, Huber, Frauenfeld, 1978.

SCHROEDER, Margot: *Ich stehe meine Frau*, Fischer, Frankfurt/Main, 1975.

SCHUTTING, Jutta: *Der Vater*, Residenz, Salzburgo, 1980.

SCHWAIGER, Brigitte: *Lange Abwesenheit*, Paul Zsolnay, Viena-Hamburgo, 1980.

SORIANO, Elena: *La playa de los locos*, Saturnino Calleja, Madrid, 1955/Argos Vergara, Barcelona, 1984.

SPARK, Muriel: *The Prime of Miss Jean Brodie*, Macmillan, Londres, 1961.

STEFAN, Verena: *Häutungen*, Frauenoffensive, Munich, 1975.

STRUCK, Karin: *Die Mutter*, Suhrkamp, Frankfurt/Main, 1975.

—: *Kindheits Ende*, Suhrkamp, Frankfurt/Main, 1982.

TUSQUETS, Esther: *El mismo mar de todos los veranos*, Lumen, Barcelona, 1978.

—: *El amor es un juego solitario*, Lumen, Barcelona, 1979.

—: *Varada tras el último naufragio*, Lumen, Barcelona, 1980.

—: *Siete miradas en un mismo paisaje*, Lumen, Barcelona, 1981.

—: *Para no volver*, Lumen, Barcelona, 1985.

SUÑÉN, Luis: «El amor es un juego solitario», de Esther Tusquets», *Ínsula*, 394 (sept. 1979), p. 5.

CLEARY NICHOLS, Geraldine: «The Prison House (and Beyond): *El mismo mar de todos los veranos*», *Romanic Review*, 75, 3 (mayo 1984), pp. 366-85.

BELLVER, Catherine G.: «The Language of Eroticism in the No-

247

vels of Esther Tusquets», *Anales de literatura española contemporánea*, 9, 1/3 (1984), pp. 13-27.

GOLD, Janet L.: «Reading the Love Myth: Tusquets with the Help of Barthes», *Hispanic Review*, 55, 3 (verano 1987), pp. 337-346.

VELHO DA COSTA, Maria: *Lúcialima*, O Jornal, Lisboa, 1983.

VILAINE, Anne-Marie de: *Un regard plus tranquille*, Julliard, París, 1976.

—: *La Mère intérieure*, Mercure de France, París, 1982.

WALKER, Alice: *The Color Purple*, Washington Square Press, Nueva York, 1982.

WELDON, Fay: *The Life and Loves of a She-Devil*, Hodder & Stoughton, Londres, 1983.

WITTIG, Monique: *Les Guérillères*, Minuit, París, 1969.

—: *Le Corps lesbien*, Minuit, París, 1973.

—: *Virgile, non*, Minuit, París, 1985.

THIÉBAUX, Marcelle: «A Mythology of Women: Monique Wittig's *Les Guérillères*», (1969), en *The Analysis of Literary Texts*, ed. de Randolph D. Pope, Bilingual Press, Ypsilanti, 1980, pp. 89-94.

ROSENFELD, Marthe: «Language and Vision of a Lesbian Feminist Utopia in Wittig's *Les Guérillères*», *Frontiers*, VI, 1/2 (prim.-verano 1981), pp. 6-9.

GRIFFIN-CROWDER, Diane: «Amazons and Mothers? Monique Wittig, Hélène Cixous and Theories of Women's Writing», *Contemporary Literature*, 29, 2 (1983), pp. 117-144.

WOHMANN, Gabriele: *Ausflug mit der Mutter*, Luchterhand, Darmstadt, 1976.

WOLF, Christa: *Nachdenken über Christa T.*, Neuwieder Verlagsgesellschaft, Neuwied, 1969.

—: *Kindheitsmuster*, Aufbau-Verlag, Berlín, 1976.

—: *Kein Ort. Nirgends*, Luchterhand, Darmstadt, 1979.

—: «Selbstversuch. Traktat zu einem Protokoll», en *Geschlechtertausch*, Luchterhand, Darmstadt, 1980.

—: *Kassandra*, Luchterhand, Darmstadt, 1983.

—: *Voraussetzungen einer Erzählung: Kassandra*, Luchterhand, Darmstadt, 1983.

WOOLF, Virginia: *Mrs. Dalloway*, Harcourt, Brace, Jovanovich, Nueva York, 1925.

—: *Orlando*, Crosby Gaige, Nueva York, 1928.

—: *The Waves*, Harcourt, Brace, Jovanovich, Nueva York, 1931.

CHAMBERS, R.L.: *The Novels of Virginia Woolf*, 3.ª ed., Oliver y Boyd, Edimburgo, 1957.

TOPPING BAZIN, Nancy: *Virginia Woolf and the Androgynous Vision*, Rutgers University Press, Nueva Brunswick, N.J., 1973.

PORESKY, Louise A.: *The Elusive Self. Psyche and Spirit in Virginia*

Woolf's Novels, University of Delaware Press, Londres, Newark, Toronto, 1981.

—, «Narrative Structure(s) and Female Development. The Case of *Mrs. Dalloway*», *The Voyage In*, University Press of New England, Hanover y Londres, 1983.

YOURCENAR, Marguerite: *Mémoires d'Hadrien*, Plon, París, 1951.

—: *Carnets de notes de Mémoires d'Hadrien* (1952), en *Oeuvres romanesques*, Gallimard, París, 1982.

GAUDIN, Colette: «Marguerite Yourcenar's Prefaces: Genesis as Self-effacement», *Studies in Twentieth Century Literature*, X, 1 (otoño 1985), pp. 31-55.

ZILINSKAITÉ, Vytauté: «El breve triunfo de Judit», *Fin de Siglo*, 4 (1983), pp. 46-50.

Ya en imprenta el libro, han aparecido dos importantes publicaciones: *Anales de la literatura española contemporánea* 12, 1-2 (1987) que reúne 12 ensayos bajo el título global de *Reading for Difference: Feminist Perspectives on Women Novelists of Contemporary Spain*.

MANTEIGA, Robert, C., GALERSTEIN, Carolyn y McNERNEY, Kathleen (eds.): *Feminine Concerns in Contemporary Spanish Fiction by Women*, Scripta Humanistica, Potomac, Md., 1988.

ÍNDICE DE AUTORES

Chodorow, Nancy: 37, 68, 75, 81
Christ, Carol P.: 33, 210, 226
Cixous, Hélène: 28, 29, 53, 81, 86, 88, 90, 118, 163, 175, 181-188, 200-202, 205, 207, 214, 218, 220, 223, 224
Cohen, Emma: 77, 207, 226
Colette: 32, 168, 228
Conley, Verena Andermatt: 118, 202
Cronan Rose, Ellen: 200
Cuneo, Anne: 211, 226

Davidson, Cathy N.: 84
DeKoven, Marianne: 221, 224, 228
Deleuze, Gilles: 202
Démoris, René: 32, 200
Demski, Eva: 70, 179, 226
Díaz-Mas, Paloma: 147
Didier, Béatrice: 13, 18, 22, 29, 30, 38, 45, 78, 80, 125, 205, 210, 224, 226
Dolezel, Lubomir: 19, 32, 47
Drabble, Margaret: 57, 59, 60, 76, 83
Draine, Betsy: 69, 83
DuPlessis, Rachel Blau: 167, 200
Durán, Manuel: 112, 121
Duras, Marguerite: 15, 17, 22, 31, 41, 62, 104, 120, 124, 187, 189, 209, 213, 225, 228

El Saffar, Ruth: 121
Erikson, Erik: 210, 226
Ernaux, Annie: 76
Etcherelli, Claire: 68
Eymard, Julien: 78, 84
Ezergailis, Inta: 9, 23, 31, 33, 70, 73, 74, 120, 172

Fallaci, Oriana: 65
Faulkner, William: 63, 116, 117, 122
Felman Shoshana: 22, 32, 87, 119
Fernández Cubas, Cristina: 28, 226
Fiedler, Leslie: 216

Finas, Lucette: 186, 202
Flax, Jane: 84
Flórez de Setién, P. Eugenio: 149, 164
Forrester, Viviane: 207
Foucault, Michel: 88, 94, 119, 200
François, Jocelyne: 168
Freedman, Ralph: 225
Freud, Sigmund: 16, 24, 75, 82, 84, 86, 88, 93, 94, 96, 101, 109, 113, 118, 167, 171, 224
Frischmuth, Barbara: 24, 35, 37, 41, 71, 74, 81, 211, 214, 216, 226
Frye, Joanne S.: 206, 225
Führer, Ruth: 227

Gallois, Claire: 63
Gallop, Jane: 84
Gándara, Alejandro: 214
García, Consuelo: 68
García, Irma: 80, 83, 164, 209, 210, 217, 223, 226
García Morales, Adelaida: 198, 199, 203
Gaudin, Colette: 162
Gauthier, Xavière: 187, 188, 199
Gazarian Gautier, Marie-Lise: 121
Gersão, Teolinda: 39, 82, 145
Gilligan, Carol: 36, 37, 68, 81, 208, 210, 226, 227
Gilson, Étienne: 135
Ginzburg, Natalia: 211, 216
Gold, Janet L.: 201
Gómez Ojea, Carmen: 147, 148, 208, 211
Gonçalves, Olga: 42, 82, 145, 213
Greenacre, Phyllis: 75, 84
Greer, Germaine: 14
Griffin Crowder, Diane: 163, 200
Grimm, Reinhold: 30
Groult, Benôite: 62, 63, 83, 220
Grunberger, Béla: 104, 120, 121
Gullón, Ricardo: 225

Halsall, Albert W.: 161
Hamburger, Käte: 130, 162

251

254

ÍNDICE GENERAL